TURING 图灵原创

信息流广告入门

宁阿姨 著

人民邮电出版社

北京

图书在版编目（CIP）数据

信息流广告入门 / 宁阿姨著. -- 北京：人民邮电出版社，2020.10
（图灵原创）
ISBN 978-7-115-55029-3

Ⅰ．①信… Ⅱ．①宁… Ⅲ．①网络广告 Ⅳ．①F713.852

中国版本图书馆CIP数据核字(2020)第190198号

内 容 提 要

信息流广告是一种新的广告形式，主要在内容流中穿插展现，近年来从业人员激增。本书是为即将入行以及刚入行的从业者量身定制的"入门操作手册"，从零开始介绍信息流广告的行业知识和优化师的日常工作。

本书讲解了信息流广告的概念、广告投放的基本流程及其基本原理，介绍了字节跳动、腾讯和百度这三个信息流广告媒体后台的使用方法，带领大家学习广告创意的基本思路和数据分析的方法，最后分析了实际投放案例。

本书语言简练，通俗易懂，没有互联网和广告基础知识的朋友也能读懂，比如大学生或想转到互联网行业的朋友。

◆ 著　　宁阿姨
责任编辑　王军花
责任印制　周昇亮

◆ 人民邮电出版社出版发行　北京市丰台区成寿寺路11号
邮编　100164　电子邮件　315@ptpress.com.cn
网址　https://www.ptpress.com.cn
廊坊市印艺阁数字科技有限公司印刷

◆ 开本：800×1000　1/16
印张：16.5　　　　2020年10月第1版
字数：368千字　　2025年5月河北第12次印刷

定价：99.00元

读者服务热线：(010)84084456-6009　印装质量热线：(010)81055316
反盗版热线：(010)81055315

前　言

我曾是一名代理商的优化师，2016年开始从事信息流广告行业，从最基础的工作开始做起，发日报、做素材、调账户、走充值……现在已经创业三年，这个行业深刻地改变了我的命运。

我不是广告专业出身，可以说从零基础入行。从我开始接触广告、接触信息流到现在，得到了许多人的帮助和指点，我公司里的同事们，媒体的朋友们，他们的热心分享给了我非常多的启发和帮助，我很感激。

我带过很多零基础的新同事，他们有的是大学毕业生，有的是即将毕业的实习生，还有的是想转行到信息流广告行业的人……这份工作很琐碎，为了帮助他们快速了解这个行业，我做过很多总结，给他们介绍这个行业的基本知识，告诉他们需要注意哪些方面。这个过程给了我很大的快乐和满足感。

信息流行业发展很快，不断有新人涌进来，据艾瑞咨询的数据显示，这个行业近三年每年以超过50%的速度增长；这个行业也很新，因此很多优化方法都是"口耳相传"，还没有形成体系。对此，我十分希望能做点什么，帮助新入行的人。现在，我很高兴能有机会把对这个行业的理解写出来，为似乎每个人都知道但又不太能说清楚的东西做个解释。

第1章介绍了信息流广告行业内的基本概念，包括信息流广告的定义、行业发展和常用术语等。

第2章简要介绍了广告投放的全部流程，包括开户、充值、审核、数据监测和计费5个步骤。

第3章从"选定广告给谁看""给用户看什么""广告之间的PK"这3个环节介绍广告投放的基本原理。

第4章介绍了字节跳动的媒体资源以及在上面投放广告的操作流程。

第5章介绍了在腾讯投广告的玩法。

第6章介绍了百度信息流广告是怎样投放的。

第7章从零开始讲解如何做创意。

第 8 章重点介绍了视频创意的制作思路。

第 9 章介绍如何通过数据分析找出广告投放中的问题，以及解决问题的思路。

本书通俗易懂，细致介绍了媒体后台的具体操作步骤，其中不乏一些注意事项，让你读完就能上手操作。希望本书能成为大家入行的垫脚石，为你应聘一份优化师的工作助力。如果你是一位刚入行的优化师，那么花两天时间看看这本书，能够让你对这个行业有更进一步的理解。

欢迎你将阅读本书之后的想法告诉我，可以在购书平台上留言，也可以在我的微信公众号"三里屯信息流"上留言反馈。广告投放代运营、培训课程学习和商务合作等请加我的微信 ningayi3。

最后，感谢任斌大哥，在你的鼓励之下，我完成了本书的写作；感谢所有一起共事过的同事，我们一起参与了这个行业的发展，那是很开心的日子。

宁阿姨

2020 年 7 月 22 日

目　录

基 础 篇

第 1 章　信息流广告基本介绍 ... 2
1.1　信息流广告是什么 ... 2
1.1.1　信息流广告的定义 ... 2
1.1.2　信息流广告的特点 ... 4
1.2　信息流广告的行业发展 ... 6
1.2.1　网络广告的常见形式 ... 6
1.2.2　信息流广告的规模 ... 11
1.2.3　主要企业介绍 ... 13
1.3　信息流广告在产业链中的主要角色 ... 14
1.4　一条广告是怎么出现在你的手机上的 ... 16
1.5　信息流广告常用术语 ... 17
1.5.1　互联网常用语 ... 17
1.5.2　媒体广告常用语 ... 18
1.5.3　广告主常用语 ... 18

第 2 章　广告投放流程 ... 21
2.1　开户 ... 21
2.1.1　账户是什么 ... 21
2.1.2　开户的行业限制 ... 22
2.1.3　开户需要的资质 ... 22
2.2　充值 ... 23
2.3　广告内容审核常见要求 ... 23
2.4　监测广告效果 ... 24
2.4.1　数据监测的作用 ... 24
2.4.2　数据监测方式 ... 24
2.4.3　常见数据监测公司 ... 27

2.5　广告的收费方式 ... 27
2.5.1　广告拍卖会 ... 27
2.5.2　计费点 ... 29
2.5.3　"广义第二计费"机制 ... 30

第 3 章　广告投放的基本原理 ... 31
3.1　一个卖鸡肉的摊位 ... 31
3.2　定向——选定广告给谁看 ... 33
3.2.1　产品的用户画像 ... 33
3.2.2　媒体支持的定向 ... 35
3.2.3　把它们做匹配 ... 37
3.3　创意——给用户看什么 ... 38
3.3.1　投放 App 下载 ... 38
3.3.2　投放落地页 ... 39
3.4　竞价——广告之间的 PK ... 40
3.4.1　预算 ... 41
3.4.2　出价 ... 41
3.4.3　媒体的流量分配逻辑 ... 42

媒 体 篇

第 4 章　字节跳动广告 ... 46
4.1　媒体资源介绍 ... 47
4.1.1　头条不只是头条 ... 47
4.1.2　广告位的设立 ... 48
4.1.3　广告展现机制 ... 53
4.1.4　广告的创意形式 ... 56
4.1.5　一条广告的构成分析 ... 58

4.2 媒体后台整体介绍·················60
　4.2.1 巨量引擎后台怎么登录·········61
　4.2.2 后台有哪些功能···············61
　4.2.3 可以在哪里学习这个媒体
　　　　怎么投·······················64
4.3 账户搭建的两个基本概念·········66
　4.3.1 计划是什么···················66
　4.3.2 账户结构是怎么回事·········67
4.4 后台主要功能介绍···············69
　4.4.1 巨量引擎有哪些定向功能·····69
　4.4.2 动态创意·····················75
　4.4.3 程序化创意···················77
　4.4.4 选标题·······················78
　4.4.5 预算功能·····················79
　4.4.6 转化出价·····················81
　4.4.7 投放管家·····················86
4.5 从一个案例来看后台的具体设置···86
　4.5.1 投放规划·····················87
　4.5.2 账户层级的设置···············87
　4.5.3 广告组的设置·················88
　4.5.4 计划的设置···················89
　4.5.5 创意的设置···················91
4.6 怎样查看数据···················94
　4.6.1 "报表"主要功能·············95
　4.6.2 怎样使用"报表"来做日报···96
　4.6.3 "报表"的一些高级功能·····102

第5章 腾讯广告··················104

5.1 腾讯广告资源···················104
　5.1.1 腾讯有哪些产品···············104
　5.1.2 腾讯在什么地方可能有广告···105
　5.1.3 腾讯可以投放哪些形式的
　　　　广告··························113
　5.1.4 腾讯支持哪些投放目的·······114
　5.1.5 用户从看见广告到转化需要
　　　　经历哪些步骤·················114
5.2 腾讯广告后台整体介绍···········117

　5.2.1 腾讯广告后台登录·············117
　5.2.2 腾讯广告后台概括介绍·······117
　5.2.3 在哪里学习腾讯广告投放·····121
5.3 腾讯广告的账户结构·············122
5.4 后台主要功能介绍···············123
　5.4.1 推广目标·····················123
　5.4.2 "行为兴趣意向"定向·······125
　5.4.3 人群包·······················128
　5.4.4 出价方式·····················134
　5.4.5 日期和时间···················136
　5.4.6 广告版位·····················140

第6章 百度广告··················143

6.1 百度广告资源···················144
　6.1.1 百度有哪些产品···············144
　6.1.2 百度广告的位置···············145
　6.1.3 百度支持的创意形式·········147
6.2 百度后台·······················148
　6.2.1 百度后台登录·················148
　6.2.2 百度后台概括介绍···········148
　6.2.3 媒体投放知识去哪里学·······151
6.3 百度广告投放的账户结构·······154
6.4 百度后台主要功能介绍·········154
　6.4.1 转化出价·····················155
　6.4.2 意图词·······················157
　6.4.3 广告的"开"和"关"·······168
　6.4.4 后台复制单元的快捷方式·····171
　6.4.5 历史操作记录·················173

创 意 篇

第7章 信息流广告的创意·········176

7.1 信息流广告创意的特点·········177
　7.1.1 广告要"像内容"···········177
　7.1.2 信息流内容的特点···········178
　7.1.3 广告创意的特点·············179

7.2 信息流广告创意制作 180
　　7.2.1 创意是谁做的,是优化师吗 180
　　7.2.2 优化师做的创意 182
　　7.2.3 "量产"的信息流广告 184
　　7.2.4 信息流广告的质量低吗 184
7.3 学习信息流创意的第一步 187
7.4 信息流广告创意的基本原则 193
　　7.4.1 吸引用户 194
　　7.4.2 看得明白 197
7.5 贷款产品创意案例 202

第 8 章 视频创意方法 205

8.1 做创意最重要的是什么 206
8.2 创意内容的常用思路 208
　　8.2.1 卖家秀:直接使用产品 208
　　8.2.2 买家秀:描述产品使用体验 210
　　8.2.3 故事引入 213
8.3 常用的爆款套路 217
　　8.3.1 对比 217
　　8.3.2 游戏化 219
　　8.3.3 街边采访 222
8.4 免费小说产品创意案例 223
　　8.4.1 产品分析 223
　　8.4.2 用户分析 223
　　8.4.3 创意的表现形式 223

数 据 篇

第 9 章 数据分析 228

9.1 数据从哪儿看 228
9.2 数据分析看什么 229
9.3 数据分析的基本思路 232
9.4 信息流广告的规律 233
　　9.4.1 数据和投放时间的关系 233
　　9.4.2 账户内的二八定律 236
9.5 信息流广告数据的特点 238
9.6 账户调整"三板斧" 240
　　9.6.1 出价 240
　　9.6.2 预算 241
　　9.6.3 开关 242
　　9.6.4 组合应用 243
9.7 数据分析的案例 245

附录 A 信息流广告常用行话 248

附录 B 常用优化思路 251

附录 C 一些"凭感觉"的参考值 253

附录 D 优化师常用的工具和参考资料 255

基 础 篇

第 1 章

信息流广告基本介绍

说到广告，大家脑中可能会浮现出电视上"今年过节不收礼，收礼只收脑白金"的广告语。电视广告是我们最熟悉的广告形式之一。电视、报纸、杂志、广播被合称为四大传统媒体，和传统媒体广告对应的是网络广告。随着互联网的快速发展，网络广告数量高速增长，目前已经超越四大传统媒体，成为市场份额最大的广告形式。

而在各种形式的网络广告中，移动广告因手机的普及而成为新的中坚力量，并且衍生出一些新的广告形式，而信息流广告就是其中的代表。

在本章接下来的内容中，我们就来看一下信息流广告行业内的一些基本知识：定义、行业发展和常用术语等。

1.1 信息流广告是什么

你可能不知道"信息流广告"这个名字，但一定见过。你在刷微信朋友圈、刷微博，或者在浏览新闻资讯的过程中都可能看到过"一小条"广告，不仔细分辨可能都没注意到那是广告，这就是信息流广告。在本节中，我们先来看一下信息流广告的定义和特点。

1.1.1 信息流广告的定义

信息流（feed）广告，是在内容流中穿插展现的广告，常出现在社交网络、资讯媒体和视频平台，以文字、图片、视频或它们相结合的方式展现。它主要出现在移动端，相对于传统的网络广告，内容更加灵活、有趣，受用户欢迎程度更高。它是通过平台发出的，明确标注"广告"两个字(是平台自动给所有广告加上的标识)，但是微商发的个人广告不包含在内。如图 1-1 所示，其中图 1-1a 为微信朋友圈信息流广告，图 1-1b 为今日头条 App[①] 信息流广告，图 1-1c 为快手信

---

① 本书中"今日头条 App"指手机客户端，"今日头条"指今日头条整个产品。

息流广告。"广告"两个字一般都在画面的小角落里,字比较小,大家可以找找看。

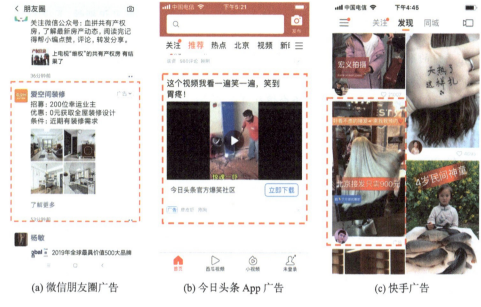

(a) 微信朋友圈广告　　(b) 今日头条 App 广告　　(c) 快手广告

图 1-1　信息流广告展示

> **说明**
>
> 　　为了便于区分,我们将用户自发发布的内容叫作"内容",将给平台带来明确收益的商业推广叫作"广告"。

信息流广告起源于社交网络,在 2006 年由 Facebook 首先推出,后来被微博、微信和 QQ 空间等采用,在用户的好友动态中插入广告。广告的形式和用户发布的状态很相似,不会让用户觉得太突兀,比如图 1-1a 的微信朋友圈广告。后来,信息流广告也逐渐出现在一些非社交类的媒体上,如今日头条和百度等,现在已经成为一种常见的广告形式。各大媒体信息流广告的上线时间如图 1-2 所示。

图 1-2　各大媒体信息流广告的上线时间

> **说明**
>
> 《互联网广告管理暂行办法》第七条规定：互联网广告应当具有可识别性，显著标明"广告"，使消费者能够辨明其为广告。这里提到的互联网广告是指通过官方平台发出的广告，不是指用户的个人行为。比如你在微博上发一条"这个洗面奶真是太好用了"，这不算我们说的广告；但如果洗面奶公司向微博平台支付了广告费用，平台为这条微博打上"广告"标识并展示给更多的用户，这时这条微博就算是广告。

1.1.2 信息流广告的特点

要理解信息流广告的特点，先要领会两个关键词：原生和效果。

信息流广告的一大优势是原生，即广告和环境内容在形式上高度相似。比如你在微信朋友圈投广告，那么广告就要长得像"一条朋友圈"；你在抖音①投广告，那么广告就要长得像一个抖音视频，这就是原生。相比传统的网站悬浮广告和弹窗广告，信息流广告的用户体验更好。信息流广告因为形式上"长得很像"内容，容易在不经意间"溜"进用户的视线，降低被用户直接过滤的可能性，所以更容易被用户接受。信息流广告就像图1-3所示的树干上的变色龙，和媒体平台的内容融为一体了。

图1-3 信息流广告原生性类此示意图

---

① 本书中"抖音"指抖音短视频App。

传统广告被大家吐槽的一个点就是"所有人看到的都是一样的广告,不管你有没有需求"。比如电视上卖酒的广告,无论男女老少,无论你喝不喝酒,看到的广告都一样。而信息流广告的一个核心在于通过对技术的应用,尽量避免将广告展现给不需要的人。之所以能做到这一点,是因为它能通过推荐算法确保广告精准匹配用户,对不同的用户展现不同的广告,也就是所谓的"千人千面",实现广告和用户的精准匹配。

精准匹配的背后隐藏着什么技术呢?用户的每一次上网行为都会留下痕迹(点击、搜索、浏览等),媒体通过一定的技术手段对用户行为数据进行搜集分析,从而形成对用户偏好的判断。再结合具体的环境(时间、网络环境和位置信息等),向用户推荐其可能感兴趣的广告,从而提升广告和用户的匹配度,促进用户转化。现在大家到哪儿都带着手机,干什么也都用手机,这让手机软件相对于计算机软件有更多的机会了解用户,因而手机上的广告也会更精准。如图1-4所示,暑假即将到来的晚上,在家长使用的媒体平台上针对性地推送一条小孩学英语的广告,转化的可能性就更高一些。

图1-4 广告和用户精准匹配示例

> **说明**
>
> 转化也就是"转化成你的用户"的意思,获取一个用户叫作一个转化。转化可以指激活了一个App或者购买了一件商品等。无论你在哪个媒体上投广告,最终都是为了让这个媒体的用户变成你的用户,所以转化效果是大家最关心的。"你"就是指投放广告的商家,即广告主。

同时，与传统的地铁、公交广告的效果难以估算不同，信息流广告的投放都在线上，广告投放效果能够量化。你可以清楚地知道广告投放之后，有多少用户订单是由这条广告带来的。此外，用户各个维度的数据也都可以被统计到，比如英语培训课程的广告，你可以知道有多少人点击了这条广告，有多少人留了电话号码，最终有多少人报名参加了课程。因此，信息流广告一般被认为是效果广告。

> **效果广告和品牌广告**
>
> 对于两种广告形式，我们借用《计算广告》一书中的定义："希望借助媒体的力量来快速接触大量用户，以达到宣传品牌形象、提升中长期购买率与利润空间的目的。这种目的的广告称为品牌广告。当然，也有许多广告商希望能利用广告手段马上带来大量的购买或其他转化行为，这种目的的广告称为直接效果广告，有时也简称效果广告。"比如，在机场投放衣柜的广告，能让大家知道这个品牌，但很难当场购买；在朋友圈投放了衣柜的广告，用户就可以立即点击这条广告，然后购买。我们一般将机场广告这种长期投放才能看得到效果的广告看成品牌广告，将朋友圈这种当下立即能展现效果的广告看成效果广告。

信息流广告的原生性及对目标用户的精准匹配，提高了广告投放的效率。从2016年开始，信息流广告逐渐成为热门的广告投放方式，深受广告主的认可。接下来，我们看一下信息流广告的行业发展。

1.2 信息流广告的行业发展

随着互联网尤其是移动互联网的普及，人们的注意力逐渐从报纸、电视和杂志等传统媒体转向网络媒体。网络广告也迅速发展起来，已经成为广告主们必不可少的营销渠道。信息流广告作为网络广告的一种，是近几年来的新起之秀。为了让大家能更顺畅地理解信息流广告的出现和发展，本节中我们先来看一下网络广告有哪些常见形式，再来了解信息流广告目前的行业发展和其中的一些主流公司。

1.2.1 网络广告的常见形式

网络广告是指广告主基于互联网所投放的广告。目前，大部分互联网产品是免费的，用户很多但没有利润，广告是这些公司变现的重要手段。因此，广告设计的思路就是在用户关注度高的地方拦截用户的注意力，让用户顺便或者不得不看到广告。我们看一下常见的几种广告形式。

1. 开屏广告

开屏广告指在 App 启动时占据屏幕大部分或全部面积的广告,一般停留 3~5 秒,一闪而过,也叫"闪屏广告"。它出现在用户进入 App 的第一入口,覆盖面最广,价格一般也相对较高。基本上,各大 App 都会有开屏广告,比如图 1-5a 为小米应用商店的开屏广告,图 1-5b 为喜马拉雅 App 的开屏广告。因为开屏广告占据了整个页面,所以会有用户"误点"的情况——用户没想点广告,但不小心碰到了,或者其实是想点击右上角"跳过广告"字样,结果点到了旁边的地方,这些都会算作广告的点击。因此,开屏广告的点击率比其他广告高一些。

(a) 小米应用商店　　　　　　(b) 喜马拉雅 App

图 1-5　开屏广告

2. banner 广告

banner 广告就是横幅广告,以通栏或矩形框的形式出现在页面中,一般展现在用户停留较久或者访问频繁的页面上。banner 广告在形式上特别简单,就是网站或 App 里留出"一小条"的位置卖广告,是网络广告最早的展现形式,但是点击率相对比较低。图 1-6a 为新闻网站的两处 banner 广告,图 1-6b 为天气 App 内的 banner 广告。

8 | 第 1 章 信息流广告基本介绍

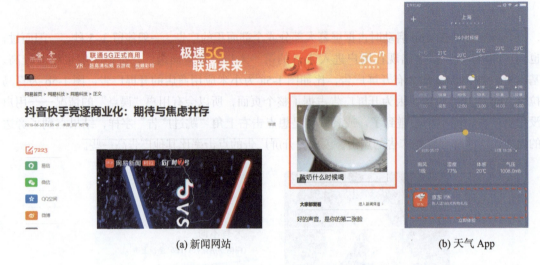

(a) 新闻网站　　　　　　　　　　　　(b) 天气 App

图 1-6　banner 广告

3. 插屏广告

插屏广告一般出现在 App 暂停或场景切换的时候,以全屏、半屏的方式弹出。常见的场景有视频前贴、暂停、后贴、游戏暂停、过关和图书翻页等。由于插屏广告都出现在一些比较"特殊"的场景里,所以能减少广告对 App 固定界面的占用,视频和游戏等产品多采用这种广告形式。图 1-7a 为视频暂停时出现的插屏广告,图 1-7b 为游戏内场景切换时展现的插屏广告。

(a) 视频暂停时出现的插屏广告　　　　(b) 游戏内场景切换时展现的插屏广告

图 1-7　插屏广告

> **注意**
>
> 有的地方将贴片广告和插屏广告算作两类广告。贴片广告主要跟随视频的播放出现，包含视频播放之前的前贴片广告和播放之后的后贴片广告。

4. 激励广告

激励广告多为视频形式，通过设置奖励来吸引用户主动观看广告。激励广告多出现在游戏里，给用户的奖励通常是人物复活机会、一些道具或者特权等。图1-8是用户在游戏里观看一段广告换取奖励的过程，他得到了一次免费复活的机会。用户也可以选择不看广告，那么就无法在当前关卡复活，只能从头开始游戏。图1-9是常见的激励广告样式，激励广告有两个主要特点。

(1) 保证广告播放时长。用户一旦选择看广告，就必须播放完毕才能领取奖励。

(2) 用户对广告的接受程度相对较高。因为是用户主动选择播放广告，并且播放完毕可以获得直接收益，所以从一定程度上确保了广告的效果。

(a) 点击中间的视频播放按钮

(b) 广告播放页面

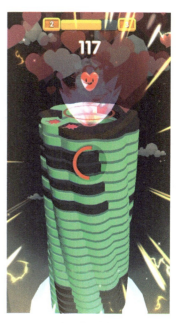
(c) 用户得到一次复活机会

图1-8 用户在游戏里播放一段广告换取奖励的过程

(a) 用户播放一段视频广告可以领取 5 倍的游戏币　　(b) 用户播放一段视频广告可以给车换上新配色

图 1-9　常见的激励广告样式

5. 搜索引擎广告

搜索引擎广告是通过用户搜索关键词而触发的广告。搜索引擎广告是典型的原生广告，广告的样式和搜索出的词条内容非常相似，并且广告的内容和用户的搜索意图相关，形式和内容上都很"原生"，因此转化效果较好。投放搜索引擎广告通常是广告主必不可少的营销手段，提供搜索引擎广告的企业主要有百度、搜狗、神马和 360 等。图 1-10 为在百度上搜索"搬家"之后展示的搜索引擎广告。

6. 信息流广告

信息流广告和搜索引擎广告是原生广告的两个典型代表，两者在形式和内容上很相似。不同的是，信息流广告是媒体主动推荐给用户的广告，可以出现在任意内容中间；而搜索引擎广告是用户搜索关键词之后才能展现的，局限性很强，所以信息流广告的曝光机会更多。图 1-11 是知乎上的信息流广告。

1.2 信息流广告的行业发展 | 11

图 1-10 百度搜索引擎广告　　　　图 1-11 知乎上的信息流广告

从广告形式上，我们也能看出信息流广告的一些优势。它不像开屏广告和视频前贴片广告那样具有强制性，用户不喜欢就可以滑过去。同时，跟 banner 广告相比，它和用户的相关性更强，广告的展示基于用户兴趣，千人千面。比如你喜欢漂亮裙子，平台就给你推送裙子相关的广告。而且，它很适合移动端的碎片化阅读。无论是社交产品、新闻产品还是视频产品，每条内容之间的相关性都很弱，并不存在严格的上下文联系，所以在信息流中插入一条广告也不会特别干扰用户。

> **说明**
>
> 对于网络广告形式的划分有很多种说法，这里给出的是比较简单的说法，大家知道网络广告大概有这几种形式就可以了。

1.2.2 信息流广告的规模

信息流广告基于自己的优势，近几年来迅速崛起。2019 年，中国网络广告市场规模达 6464.3 亿元，并且持续高速增长，增速达 30.2%，如表 1-1 所示。

表 1-1　2016~2019 年网络广告市场规模与增速

年份	2016	2017	2018	2019
市场规模（亿元）	2884.9	3762.7	4965.2	6464.3
同比增长率	32.1%	30.4%	32.0%	30.2%

数据来源：艾瑞咨询。

在网络广告中，移动广告的市场份额占比达 83.8%，占绝对优势。再细分到信息流广告，据艾瑞咨询数据显示，2019 年信息流广告的市场规模为 1761.7 亿元，较 2018 年增速超 60%，具体如表 1-2 所示。1761.7 亿元是什么概念呢？我们可以看一下国家市场监督管理总局的另外一组数字：2019 年中国电视广告、广播电台广告、报社广告和期刊广告的收入总和是 1911.06 亿元，如表 1-3 所示。

表 1-2　2016~2019 年中国信息流广告市场规模与增速

年份	2016	2017	2018	2019
市场规模（亿元）	359.7	688.8	1090.4	1761.7
同比增长率	109.3%	91.5%	58.3%	61.6%

数据来源：艾瑞咨询。

表 1-3　2016~2019 年电视广告、广播电台广告、报社广告和期刊广告收入数据

| 年份 | 各平台广告收入（亿元） | | | | 合计（亿元） |
	电视	广播电台	报社	期刊	
2016	1239	172.64	359.26	60.31	1831.21
2017	1234.39	136.68	348.63	64.95	1784.65
2018	1564.36	136.66	312.57	58.79	2072.38
2019	1341.14	128.82	373.52	67.58	1911.06

数据来源：国家市场监督管理总局。

这个发展速度是非常惊人的，是绝对的朝阳行业。为什么信息流广告呈爆发式增长？其根本原因是流量爆发。手机的计算能力提升但价格降低，网速变快但资费便宜，上网成本很低，大家把大量时间耗在手机上，进而催生出一批拥有巨大流量的产品。流量通常意味着收入，信息流广告是流量变现的一种高效方式。接下来，我们看一下通过信息流变现的几家代表企业。

> **说明**
>
> 本书提到的"流量"指一定时间内网站的用户访问量，可以体现网站的人气，不是指手机的网络数据和套餐流量。

1.2.3 主要企业介绍

在信息流广告领域，比较知名的公司有字节跳动、腾讯、百度和快手 4 家，我们分别来介绍。

1. 字节跳动

字节跳动公司的早期产品"今日头条"打破了内容分发行业的传统，利用算法智能推荐用户喜欢的内容，避免用户看到的内容千篇一律，大大提高了用户黏性。字节跳动公司的另一款代表产品"抖音"则是目前短视频领域最大的赢家，和微信、微博并称"两微一抖"。

字节跳动公司是通过信息流广告崛起的典型代表，我们可以看一下它惊人的业绩增长：2016 年营收约 44 亿元，2017 年营收约 155 亿元，2018 年营收约 500 亿元。500 亿元是什么概念呢？差不多相当于 3 个海底捞了（海底捞 2018 年营收为 170 亿元）。①

2. 腾讯

腾讯的两大国民级 App——微信和 QQ，覆盖了中国大多数网民，加上腾讯视频、腾讯新闻、天天快报等产品汇聚成的腾讯生态，让腾讯拥有巨大流量。2019 年 11 月，腾讯将天天快报、QQ 看点和 QQ 浏览器 3 款信息流产品打通，整合为"腾讯看点"。腾讯的另一个优势是基于社交网络下丰富的用户行为（发动态、好友关系、支付等），对用户的了解比较精确，有利于实现广告和用户的精准匹配。

3. 百度

百度以搜索起家，是国内搜索领域的绝对霸主，"百度一下，你就知道"是众所周知的广告语。百度在信息流领域起步相对较晚，2016 年第四季度才上线信息流广告业务，但基于公司的搜索业务，加上成熟的客户和销售体系，百度的信息流广告发展得很快。

4. 快手

快手的人群覆盖面很广，包含很多乡村的用户。快手的商业化做得比较晚，但发展得非常快，2019 年开始，有越来越多的广告主开始在快手上投放广告。

除了这些公司，小米、OPPO、vivo 等手机厂商也有信息流广告业务，在内置的浏览器下方、新闻资讯 App 内都会插入信息流广告。其中，小米是厂商中做信息流广告比较早的，做得也比较好。大家都知道小米的硬件不怎么赚钱，那它靠什么赚钱呢？广告是它的重要收入来源。根据小米 2018 年的财报显示，以广告为主的互联网服务收入仅占公司整体收入的 9%，但毛利贡

---

① 字节跳动的营收数据来自《财经》杂志 2019 年第 7 期的报道，海底捞的营收数据来自 2018 年财报。

献了46%，毛利率高达64%，而公司的整体毛利率仅为13%。接下来，我们看一下信息流广告在产业链中的主要角色。

1.3 信息流广告在产业链中的主要角色

信息流广告是围绕"用户"展开的：一个产品有大量用户，就可以卖广告；产品想获取用户，就买广告。在买卖的过程中，形成了信息流广告的产业链。整个产业链主要由三方组成，分别是媒体、广告主和代理商。

- **媒体**：流量供给方，就是我们上面提到的腾讯、字节跳动和百度等。用户在哪儿，广告就在哪儿，每一个大流量主都是新时代的"媒体"。
- **广告主**：流量需求方，希望通过广告来获取用户或者促进销售，是这个产业链中的甲方。比如我有一个App，我一定很想让大家都来用。怎样让大家知道呢？投广告就是最常见的方式。信息流广告为什么能有如此快速的发展？根本上还是因为广告效果被广告主认可，广告主才是买单的那一方。
- **代理商**：提供优化服务的一方，帮助广告主提升广告投放效果，他们一般招募大量优化师。媒体和广告主一个卖方、一个买方，看起来已经可以完成交易了，为什么还会有"代理商"呢？卖广告不像超市卖白菜，你来了就能拿走。广告需要创意，广告主希望通过广告来和目标用户沟通，告诉他们"我们的产品好，你快来用吧"，说服他们买单，这个"说服"的过程就需要创意。不只是创意，广告投放过程中还需要进行一系列管理，比如今天花多少钱，获得了多少用户，什么样的广告效果好等，我们把这一系列操作称为"优化"，做这项工作的人称为"优化师"。

媒体、广告主和代理商三方共同构成了信息流广告的产业链，他们的关系如图1-12所示。

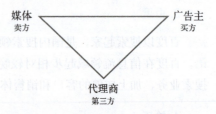

图1-12 信息流广告产业链中的三方

我们进一步来看各方的诉求。

Q1：媒体的诉求是什么？

媒体希望自己的广告都卖出去，赚足钱。想要有人买你的广告，那广告效果就得好。媒体的主要工作是通过技术提升广告效果，让广告主买单。前面我们提到，信息流广告是效果广告，能让广告精准匹配目标用户，这个匹配过程靠的就是媒体的算法，算法能力是一个媒体的核心能力。

Q2：甲方投广告的诉求是什么？

不论甲方的产品是什么，获客都是其核心诉求。通过广告增加曝光，几乎是每一个产品必不可少的营销方式。每一个风口上的App，其背后都少不了广告的帮助。比如ofo小黄车、拼多多和猿辅导等，广告主在它们快速增长的阶段都投入了大把的广告费。目前，各行业都有不少公司或者产品投放信息流广告，比较知名的有京东、苏宁这类电商产品，人人贷、360借条等金融产品，西瓜视频、好看视频等视频产品。大家是不是发现这里提到的产品都是互联网产品？确实，传统企业投放信息流广告的比较少，像意风、索菲亚等家居品牌目前还是以传统广告为主的。

Q3：代理商的诉求是什么？

代理商没有用户资源，也不是出钱的一方，因此是行业里相对没有话语权的一方。但是代理商的优化能力很重要，能够帮助甲方在媒体上投放广告，优化广告效果。

Q4：必须要有代理商存在吗？

不一定。目前代理商模式是主流，但也有一些广告主直接和媒体合作，由媒体提供优化服务，这种合作模式叫"直签"，意思是直接跟媒体签合同。另外有一种情况是，广告主虽然和代理商合作，但是不需要代理商提供优化服务，他们自己有优化人员，这种合作模式叫"自运营"。行业内比较知名的代理商有云锐集团、派瑞威行、创彩和品众等。

广告主选择通过代理商来投放广告的原因，除了前面提到的代理商会提供优化服务外，还有一个理由就是代理商会借钱给甲方，业内叫"垫款"。广告行业现金流很大，很多广告主每天要花几十万元的广告费，代理商先替甲方把广告费付给媒体，之后甲方再把钱还给代理商。很多媒体不愿意"赊账"给广告主，必须先支付，而代理商可以帮忙垫款，这种短期资金周转往往会让广告主选择和代理商合作。

代理商的盈利模式

代理商一般根据服务的广告金额从媒体处获取佣金，称为"返点"。返点一般为6%~10%，也有部分媒体返点能达到20%以上。举例说明，代理商A在2018年给百度服务了1000万元的广告金额，百度的返点政策是6%，那么代理商A能从百度获得的佣金为1000万元×6%=60万元。

那么，优化师的收入怎么样呢？这与各个城市的平均收入有很大关系。在北京的话，零基础的大学毕业生一般从助理开始做起，月收入是4000~6000元。积累一年左右的经验，过了新手期，月收入能达到8000~10 000元。做得比较优秀的优化师，能够获得业绩提成

> （一般指广告投放金额），月收入有机会达到两三万元，甚至更多。相对传统岗位，优化师算是高薪。本书在介绍信息流广告的同时，也会教你如何从 0 到 1 成长为一名优秀的优化师。

从上面的产业链中，我们不难看出，流量（用户）是这个产业链的核心。媒体拥有流量，卖广告；广告主需要流量，买广告；代理商服务买卖的过程。我们换一个角度想，媒体和广告主也是相对的，那些媒体就不需要流量了吗？当然不是。字节跳动也在花大把银子从其他渠道获取用户，比如时下热门的免费小说软件，它们先通过广告宣吸引用户来看小说，有一定用户量之后就可以卖广告获取收入，所以也是一个媒体。"先获取用户，再卖广告"是一个很强的商业模式，让很多免费的互联网产品也能赚到钱。

接下来，我们从用户的角度来看看一条广告是怎么出现在用户手机上的。

1.4 一条广告是怎么出现在你的手机上的

不知道你有没有过这样的经历：你在新闻 App 上浏览新闻资讯的过程中刷到了一条广告，小小的一条，是一个游戏打斗的画面。你好奇点开看了一下，随后就接连刷到了好几条游戏的广告。又比如，你读了一篇介绍 vivo 手机的文章，接下来几天都会看到 vivo 手机的广告。你猜它们之间好像有某种联系，这到底是什么联系呢？

就像你点击鼠标后，后台操作系统会运作一样，在你看得见的广告背后，还有一个看不见的后台在操纵着广告的投放。你能看到的广告，都是在这个后台里操作的，而你猜测的"它们之间的联系"，就是媒体的推荐机制，即广告和用户匹配的算法。假设你是一名 28 岁的女性，有一天你收到了一条如图 1-13 所示的广告，我们看一下它出现在你手机上背后的故事。

首先，你是被这条广告选定的人群。广告主希望通过广告来接触目标用户，因此广告投放首先要进行人群筛选，这个过程称为定向。对于母婴类产品来说，

图 1-13 出现在你手机上的广告

购买可能性最高的人群是 26~35 岁的女性，你属于被选定的这部分人。

其次，广告主需要准备广告投放的物料，也就是你在手机上看到的图片和广告词，一般称为广告创意。创意是直接给用户看的，要考虑用什么样的创意能够吸引她们？奶粉、尿不湿这些刚需类产品覆盖面更广，所以我们挑选了奶粉作为宣传的产品。那关于奶粉，妈妈们首要关注的可能是奶粉安全。广告主设计了"18 道工序检验，打造妈妈们放心的好奶粉"这样的广告词，配一张亲子的照片来引起妈妈们的关注。

最后是广告之间的 PK。可能同一时间会有很多产品在进行广告投放，有关于早教的、产后修复的，你都是他们选定的人群，为什么是这条广告出现在了你的手机上呢？其实在这个时候，媒体会根据广告的点击率、广告主预算等因素综合衡量，最终 PK 胜出的广告会出现在你的手机上。广告之间 PK 的过程我们称为竞价。

因此，这条广告经过了"选定广告给谁看，给用户看什么，广告之间的 PK" 3 个步骤，最终出现在了你的手机上。

这 3 个步骤就是我们做广告投放的主线，简称定向、创意和竞价。大家先有个印象，后面的章节会详细展开介绍。

1.5 信息流广告常用术语

为了方便大家理解，我整理了一些信息流广告行业内常见的术语，可以分为互联网常用语、媒体广告常用语和广告主常用语。

1.5.1 互联网常用语

在信息流广告行业，互联网常用语如下。

- PV（page view）。页面浏览量，是评价网站流量最常用的指标之一。
- UV（unique visitor）。独立访客数，和 PV 的区别在于去重：UV 只记录一天内第一次进入网站的 IP，PV 则每次都记录。如果某用户同一天内再次访问该网站，则 PV 会增加，而 UV 不变。
- DAU（daily active user）。日活跃用户数（简称日活），也就是每天使用产品的用户数，是一个用来评价产品用户量的指标。比如 2019 年 1 月，张小龙在微信公开课上说"微信到了 10 亿的 DAU"，就是指微信日登录用户数达到了 10 亿人。

- MAU（monthly active user）。月活跃用户数（简称月活），即每个月使用产品的用户数，也是反映产品用户量的指标。因为统计的是一个月内的活跃人数，所以月活通常会比日活高很多。比如在本月范围内，用户今天没用 App，过两天又用了，那今天日活就不算他，但月活会算。哔哩哔哩 2019 年第三季度的财报显示：哔哩哔哩月活 1.28 亿，日活 3760 万。

1.5.2 媒体广告常用语

在信息流广告行业，媒体广告常用语如下。

- 展示（show）。广告被一个用户看见一次称为一次展示，展示也称为曝光，我们在本书中会根据行业内的惯用表达来灵活地使用这两个词语。广告主投放广告时，首先需要的就是曝光量，它是广告投放最基础的数据指标，比如投放一条广告获得 1000 万次曝光。
- 点击（click）。点击是展示的下一步，用户只有看见了才可能点击，因此一般点击的人数会比展示少很多。点击的发生可能是基于感兴趣，也可能是点错了，多数情况下还是感兴趣。
- CTR（click through rate）。点击率，用来反映用户对广告感兴趣的程度。CTR= 点击数 / 展示数。假设一个广告展示了 2000 次，有 40 个点击，则点击率为 40/2000=2%。
- 消耗（cost）。一般指广告花费，也叫花费或消费。投放广告得花钱，统计消耗一般精确到"分"，比如今天的广告消耗为 13 456.13 元。
- CPM（cost per thousand impression，cost per mille）。每千次展示成本（也叫千人成本），也就是广告每展示 1000 次的费用（或者广告送达 1000 人所需要的成本）。为什么会有这个指标呢？因为"一次展示"的费用金额太小，通常就几分钱，不好计算，所以一般用"千次展示"来衡量广告展示的价格。CPM= 消耗 / 展示数 ×1000，例如一个产品投放广告花了 1000 元，获得了 50 000 次展示，那么 CPM=1000/50 000× 1000=20 元。
- CPC（cost per click）。每次点击的成本（即点击成本）。CPC= 消耗 / 点击数，比如一个产品投放广告花费了 1000 元，获得了 5000 次点击，那么点击成本就为 1000/5000=0.2 元。

1.5.3 广告主常用语

广告主投放广告，最关心的两个指标就是量级和成本。量级是指获得的用户量，成本是得到这些用户付出了多少钱。成本总是和用户的某个关键行为直接相关，比如下载对应下载成本，激活对应激活成本。接下来，我们以 App 下载为例，看一下广告主关注的行为。

- **下载**：将安装包从网络复制到手机上。各个 App 的安装包大小不一，会存在部分用户下载到一半不想下载了，因此下载又细分为"下载开始"和"下载完成"两个指标。下载开始是指点击了下载按钮，下载完成是指将 App 安装包完整地下载到手机上。
- **安装**：将程序文件和文件夹添加到硬盘并将相关数据添加到注册表中，以使软件能够正常运行。安装过程可以简单理解成"解压"——你把安装包下载到手机上了，但压缩包需要解压才能用，解压的这步就叫"安装"。
- **激活**：一般指首次联网打开应用，通俗理解就是"戳一下"。下载完 App 之后戳了一下，就激活 App 了；没戳，就是没激活。戳一下很简单，但很多时候用户下载完成后，就再也不碰该 App 了。

3 个指标里最常用的是激活，激活成本是广告主比较关注的。我们以在百度 App 上刷到一条广告为例，看一下"下载 – 安装 – 激活"的过程，如图 1-14 所示。

图 1-14 "下载 – 安装 – 激活"过程示意图

除了上面与下载相关的 3 个行为以外，还有一些其他行为指标也常作为关键指标。

- **注册**：一般指填写用户信息（比如昵称、电话号码和电子邮件等），成为某个产品的用户。
- **付费**：用户在使用产品的过程中产生了实际花费。通常，盈利是产品的最终目的，因此付费是非常关键的指标。比如游戏用户充值一次就会成为付费用户，不管金额大小，充值 1 元也算付费。

用广告消耗除以这些指标，就是每一步行为对应的成本。例如，激活成本就是"消耗/激活数"。

除了以上指标，还有一个"终极"指标：ROI（return on investment，投资回报率）。ROI 的计算方法是用广告投放的产出除以广告投入。广告主常用 ROI 来判断广告投放的效果。例如一个教育产品的广告 ROI 是 3，就是指每投放 1000 元的广告，就卖出 3000 元的课程，收入/消耗=3000/1000=3。如果只卖出去 100 元的课程，那么 ROI=100/1000=0.1，这个广告投得就太不值了。一般以 1 作为衡量 ROI 的标准，能到 1 就算没赔。（这里的收入一般是指流水，不是指利润。）

> **说明**
>
> 跟激活相对应的还有一个指标，那就是"留存"。也就是说，通过广告吸引了一些激活用户后，有多少用户留下来了。留存和时间联系在一起，一般以"日、周、月"为单位。比如"次日留存"是指在当天新增的用户中，第 2 天登录 App 的用户数。"七日留存"是指在当天新增的用户中，第 7 天还登录的用户数。对于工具类产品，留存是非常重要的指标，比如小说阅读软件等。

第 2 章

广告投放流程

通过上一章的介绍我们知道,在手机广告的背后,有一个看不见的"后台"在操作着广告的投放。这个后台就是优化师日常工作的地方,控制着广告投放的流程。本章中,我们从广告主的角度来看一下,想要在某个媒体上投放广告,后台需要走哪些必要的流程。

投广告之前,广告主可能会很关心以下这些问题。

- 我是卖洗衣液的,能在字节跳动上投广告吗?
- 在某个平台上投广告是怎么收钱的?
- 我如何知道花了广告费之后,从你这里卖出去多少东西呢?

别着急,我们将广告投放分成了 5 个步骤,分别是开户、充值、审核、数据监测和计费,将会逐一解答这些问题。

2.1 开户

如果你想用 QQ,那得先有个 QQ 号;如果你想要投广告,也得先有个广告账号。获取广告账号的过程也叫开通账户,简称"开户"。

投广告显然比申请 QQ 号复杂,而且不是什么产品都能投广告的,在投广告之前需要准备一些材料,媒体审核通过后,才能投放。

本节中,我们就来了解什么是账户以及如何开户。

2.1.1 账户是什么

广告主在媒体投放广告的第一步就是开通账户。为了便于大家理解广告账户的特点,我们把它和大家熟悉的 QQ 账户来进行比较。

- 申请 QQ 的时候需要设置账号和密码，广告账户也会有相应的账号和密码，账号一般是邮箱地址或手机号。
- 有了 QQ 号之后，就可以在 QQ 上聊天、发状态，这是 QQ 的功能；广告账户也会对应媒体后台的一些功能，可以在里面选择把广告投给谁、上传广告的物料等。简单理解，账户是广告主操作广告投放的地方。

比如你想在微博上投广告，你得有一个微博账号，然后申请开通广告权限。这个申请的过程就是开户，申请通过之后你就可以通过这个账号进入媒体后台，在这里准备广告需要的广告语、广告图片等，然后广告就可以展示在用户的手机上了。

2.1.2 开户的行业限制

广告出现在媒体上，就成了媒体内容的一部分，媒体需要对广告内容负责。因此，不是什么广告都能在媒体上出现的，媒体会对广告主的行业和产品进行限制。这里总结了最基本的几点限制。

首先是法律规定。法律规定一些行业和产品是不允许投放广告的，比如烟草制品就不允许投放广告，再比如涉及"黄赌毒"、代写论文等产品，也不能开户。

其次是平台自身的考量。有一些行业投广告可能不违法，但是平台出于对自身形象、用户体验上的考虑，会对广告有进一步的限制。比如，字节跳动不允许微商、代购、殡葬产品投放广告。

除了这两类以外，还有一类行业是大家默认不能开户的，就是各自的"竞品"。例如微信不允许投放 IM（instant messaging，即时通信）类社交通信软件的广告。

2.1.3 开户需要的资质

如果媒体允许你的行业投放广告，那么就可以进行下一步：对企业和产品进行审核。在申请开户的时候，广告主需要提交一些资质文件给媒体，证明企业和产品的合法性。一般必备的资质文件是营业执照和对应的行业资质文件。

比如，你要在字节跳动上投放一个看小说的产品，那么需要提供营业执照、中华人民共和国增值电信业务经营许可证及网络文化经营许可证（或网络出版服务许可证）。

如果材料准备齐全，一般在 2 个工作日之内就能成功开户。

你可能想："如果我提供的资质文件不全，是不是就无法开户了？"这个也不用担心，你想在一个媒体上开户，相当于要"买东西"，媒体会很积极地帮助你。缺了什么资质文件，系统都会明确地告知你，你按照提示往下走就行。各媒体也会有一些集中的总结，罗列出了行业的限制、对开户资质的要求等，供广告主提前查看。这些总结一般在媒体的官网上就可以找到。

回到本章最开始的问题："我是卖洗衣液的，能在字节跳动上投广告吗？"洗衣液没有违反字节跳动对行业的限制，只要不是假冒伪劣的违规产品，就可以投放。

2.2 充值

投广告需要花钱，所以充值是必备的一步。像打电话需要预存话费一样，广告投放也需要先把钱给媒体，然后花多少扣多少。如果账户余额为0，那么广告就会马上被系统停止投放。

还有一些媒体（例如白度），需要你先充值一定金额才可以成功开户，把充值作为开户流程的一部分。另外，各媒体会有最低充值金额的限制，起码也得1000元。字节跳动的首次充值金额是10 000元起，百度的首次充值金额是6000元起。

2.3 广告内容审核常见要求

你有了账户，账户里也有了钱，接下来就可以准备投广告了。选定目标用户，准备好给用户看什么……但在广告实际出现在用户面前之前，还有至关重要的一步，那就是：广告内容审核。

和前面开户有审核一样，平台需要对广告内容负责，国家也要求"压实互联网平台主体责任"，所以不是广告主想投什么内容就可以投的，必须要经过媒体审核，确保内容是合规的。审核作为广告投放必经的一个环节，也有一些经验可循。我总结了各媒体常见的一些审核要求，帮助大家对审核有基本的了解。

- 不能出现虚广告。比如表达咖啡促销，你可以说："新款咖啡1元起！"1元起是确定的事实，如果产品里没有1元的咖啡，那就是虚假广告。你可以说"咖啡火热促销"，这样只要有优惠活动，就不算虚假广告。
- 不能涉及色情、暴力的内容。比如模特衣着暴露、不文明用语等，这是广告常见的拒审理由。不能有"18岁以下禁入""老司机才懂的福利""求约"这样有性暗示的表达，也不能有"智障""沙雕""瓜娃子"等字样。
- 不能有保证性的承诺。比如职业技能培训广告"3个月包过，保证就业！"是承诺效果，不可以投放，但可以说"不通过退还学费"或"签订就业协议"，因为这些是客观描述。

- 不能贬低别人。比如卖裤子，说"比淘宝便宜多了"这就不行，会被认为是不良竞争，可以说"超便宜的裤子，要下手的赶快呀"。
- 不能侵犯版权。广告里最常见的侵权是人物肖像侵权，从网上找的图片不能直接用在广告投放里。广告中涉及人物素材时，一般会用公司员工形象或者付费模特形象。
- 不能用"国家级""最高级""最佳"等用语。
- 需要加一些提示语。我们在电视上常会听见"本品不能代替药品"的提示，这是国家对保健食品广告的要求，必须显著标明。互联网广告也一样，贷款产品一般平台会要求加上"借贷有风险""额度以最终审核为准"类似的风险提示语。

2.4 监测广告效果

广告主花钱投广告最终一定是为了赚钱，而赚钱的前提是要把账算明白，所以跟踪广告效果就是广告主非常关心的一步。本节中，我们就来了解一下数据监测。

2.4.1 数据监测的作用

监测在字典上的解释是"监视检测"，那么数据监测就是"监视检测数据"，用来确保广告投放数据的真实性和准确性。它的原理是什么呢？可以简单理解成：通过技术手段，我们能够知道从广告曝光的那一刻起，有什么人看了这条广告、点击了这条广告、产生了转化，数据详细而透明。这相当于有无数双眼睛在帮你盯着广告投放的一举一动。

其实我们已经习惯生活中存在数据监测了，比方说看微信的文章，文章底下有阅读量；看抖音的视频，视频右边有点赞量。我们能看到这些数据都是因为平台提供了数据监测的功能。这些数据为我们判断一个内容的受欢迎程度提供了参考指标。数据统计是做一切数据分析的前提，统计不到数据就什么都没办法分析。

通过数据监测，我们能够精确地统计到用户各个维度的行为，广告里的监测指标主要有展示、点击、下载、激活、注册、下单和付费等行为，这些也是广告主比较关注的维度。完整的数据监测能够为后续跟踪广告投放效果、分析用户行为等工作打下基础。

2.4.2 数据监测方式

广告主在媒体上投广告，媒体本身会进行数据监测，然后把数据反馈给广告主。但广告主可能会怀疑"数据的真实性"，所以很多媒体也支持数据监测，例如字节跳动、腾讯和百度等主流媒体都支持广告主自己监测数据。那具体怎么监测呢？

数据监测的方式跟投放目的有关，广告中常见的投放目的有两种：增加 App 下载量和增加页面浏览量。增加 App 下载量很好理解，就是吸引用户下载各种手机应用；增加页面浏览量就需要投放落地页（landing page）。落地页这个词不太常见，一般用在营销里，指的是"单页"，也可以理解成"传单"或者"调查问卷"。比如，我们在街上经常遇见的场景，有人走过来跟你说："美女，我们这新开了一家英语学习机构，可以免费体验一次，感兴趣的话留个联系方式。"在网上也是类似的宣传，只不过对你说话的不是推销员了，是一个个漂亮的单页，上面写着要说的话，这种单页我们就叫它"落地页"。

另外，落地页一般指点击之后的详细页面。你在朋友圈看到的广告一般属于"摘要"，需要点击之后跳转到另一个页面，才有更详细的介绍（通常是全屏的）。因为这个页面起到了承接和进一步介绍的作用，所以也叫"承接页面"，也叫"着陆页"或"引导页"。

投放落地页常见的目的有引导下载、搜集信息（例如电话号码）和售卖商品，如图 2-1 所示。

(a) 引导下载的落地页

(b) 搜集信息的落地页

(c) 商品购买的落地页

图 2-1　落地页示例

接下来，我们看一下投放 App 下载和投放落地页各自的数据监测方式。

如果投放 App 下载，那么你必须要有一个应用的下载链接，这个下载链接本身可以用来监测数据。除此之外，还有一种专门用来进行数据监测的链接。所以在投放 App 下载的时候，有两种数据监测方式，一是用下载链接监测，二是用专门的监测链接。它们有什么区别呢？从技术上来讲就复杂了，但优化师需要知道的很简单：首先，你要知道它们的填写位置不一样；其次，一般认为专门的监测链接数据会更准确一些，所以这种方式的使用频率更高。

类似地，投放落地页先要有一个落地页链接，点击之后可以跳转到对应的页面上，这个落地页链接本身也可以用来监测数据。此外，也支持用专门的监测链接进行监测，用哪一种都可以。

在数据监测这里，优化师比较重要的工作是要注意分渠道。分渠道是什么意思呢？比如一个产品既可以投放 UC 浏览器，也可以投放字节跳动，此时需要对这两个媒体的投放链接做区分，方便统计各渠道的广告效果。即使在一个媒体上，也可以分不同的渠道。比如我投放不同的广告创意，想要看看哪个创意好，就可以分渠道投放。在区分渠道的时候，一般会在链接里加一个"渠道号"，这个渠道号不影响实际页面的内容，但能用来统计后续的数据。渠道号可以任意命名，常见的就是媒体的英文缩写加上 1，2，3，…的数字编号。

下面我们看一个使用案例。对于下面的这 3 条链接（虚拟链接）：

https://jie.gomemyf.com/jieh5/html/activity/activity.html?vendor=UC&fromSource=UC1
https://jie.gomemyf.com/jieh5/html/activity/activity.html?vendor=UC&fromSource=UC2
https://jie.gomemyf.com/jieh5/html/activity/activity.html?vendor=TouTiao&fromSource=TouTiao1

页面内容都是一样的，只是在链接的末尾加上了渠道号。我们注意看链接末尾标注的部分，它们分别代表的意思是：在 UC 浏览器上投放的第 1 条链接，在 UC 浏览器上投放的第 2 条链接和在字节跳动上投放的第 1 条链接。把这 3 条链接投放出去之后，就可以知道 UC 浏览器和字节跳动各自的投放效果了，并且在 UC 浏览器上，也对两条链接进行了区分，可以用来表示不同创意的效果。实际操作的时候，一般一个媒体会有 5 条以上的链接，用来区分不同创意和定向等因素。

总的来说，分渠道就是"区分不同来源的数据"，是做数据监测至关重要的一步，也是比较容易出错的地方，大家在实际操作的时候需要小心一点。

怎么区分下载链接、落地页和专门的监测链接

有一个简单的办法，那就是点击一下。点击下载链接之后，就会显示开始下载；点击落地页链接之后，会跳转到一个页面，页面上是有内容的；点击专门的监测链接之后，没有内容。而且监测链接一般比较长。下面是 3 种链接对应的示例（虚拟链接）。

下载链接：http://download.365.com/cp365/version/android/android_cp365-27003100031-release.aPK

落地页：https://jie.gomemyf.com/jieh5/html/activity/activity.html?vendor=UC&fromSource=UC5

专门的监测链接：https://at.umeng.com/9f4jSb?cid=478&clickid=__CALLBACK_PARAM__&imei=__IMEI__&mac=__MAC__&android_id=__ANDROIDID1__&ts=__TS__&ip=__IP__&os=__OS__&s2s=1&md5=1

2.4.3　常见数据监测公司

数据监测可以是广告主的公司自己做，也可以应用第三方数据监测公司的服务。常见的数据监测公司有秒针系统（Miaozhen Systems）、AdMaster（精硕科技）、热云、TalkingData 和友盟等。这些公司都是专业做数据监测的，各媒体上的广告主都有使用。

2.5　广告的收费方式

广告审核通过并投出去了，我们也看到具体的数据了，接着就该给钱了。本节中，我们来看看怎么付钱给媒体。

2.5.1　广告拍卖会

假设你是一个广告主，要在一个媒体上投广告，就相当于要在一个媒体上买曝光，得先了解收费规则。现在投广告的收费方式主要有两种，一种是媒体定价售卖，另一种是拍卖。中央电视台新闻联播之后的广告会明码标价，比如10秒钟广告多少钱，这种就是媒体定价售卖，价格相对比较高。现在互联网广告主流的售卖方式是拍卖。媒体设置好一个底价（通常会非常低），然后买家出价，相互竞争，价高者得。传统的拍卖受场地和人员的限制，举办的场次有限，但基于互联网的拍卖不是，媒体通过算法技术，时时刻刻都在进行流量的拍卖会，系统自动核算此时的买家都有谁，分别出价多少，然后按照出价从高到低分配流量，这样的售卖方式有以下两个特点。

- ❑ 最终的成交价是由市场竞争决定的，而不是媒体单方面来定价，对广告主来说更公平。
- ❑ 对媒体来说实现了利益最大化，曝光始终是卖给此刻出价最高的人。

知道了广告是拍卖的,我们再进一步来看媒体具体的拍卖规则。

媒体给买家提供了3种参与出价的方式,具体如下。

- 按展示出价:每一次曝光最高愿意出多少钱。
- 按点击出价:每一次点击最高愿意出多少钱。
- 按转化出价:每一次转化最高愿意出多少钱。

那么,这几种出价方式有什么区别?用户行为不同。展示、点击和转化在用户行为上越来越深,并且人数会越来越少,最终呈现出漏斗状。因为被展示了广告的人不一定都会转化,点击了的用户也不一定都会转化,每多一步、人就少一点,如图2-2所示。

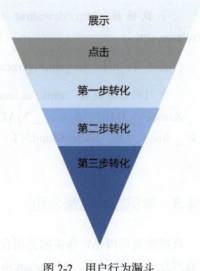

图 2-2 用户行为漏斗

> **为什么会有这么多步转化呢**
>
> 因为转化是一个泛指的词,点击之后的行为都可以叫作转化,比如 1.5.3 节中我们提到的用户下载一个 App 的 3 个步骤——"下载 – 安装 – 激活"都算作转化的过程,具体什么叫转化是广告主自己定义的。广告中对转化常见的定义有激活、注册或者付费等。

一般我们说的按转化出价,都是广告主预先定义好了什么叫转化行为,然后按这种行为来出价。比如我定义付费是转化,我说"一个转化出价 10 元",那么就是指"一个付费出价 10 元"。

我们再进一步看这几种出价方式的不同。只要记住一个"按什么出价,媒体就会帮你优化什么"。

- 按展示出价,媒体会帮你找到展示成本最低的用户,也就是降低 CPM。
- 按点击出价,媒体会帮你找到点击成本最低的用户,也就是降低 CPC。
- 按转化出价,媒体会帮你找到转化成本最低的用户,也就是降低转化成本。

目前,绝大多数广告主都愿意按照转化出价来投放。这也很好理解,有点像培训学校招生,展示出价是学生报了名,学校只负责让你上课(让你的广告能曝光出去);转化出价是包教包会包就业,在这上完课你就能找着工作了(让你的广告能直接卖出去东西)。关于这几种出价方式,下一节中我们还会详细介绍。

媒体会按照一定的机制，将这几种出价方式换算成曝光的单价，然后来决定把曝光卖给谁。每一种出价方式有相应的计费点。

2.5.2 计费点

计费点就是"干了什么才收钱"，它和出价有关系，但也不完全等同于出价。我们可能会想，难道不是按什么出价就按什么计费吗？还真不是。目前主流的方式是按转化出价但是按展示或点击计费。常见的计费点有展示和点击两种。

- "计费点为展示"的意思是广告展示了就收钱，一次曝光收一次钱。
- "计费点为点击"的意思是广告免费展示，只有用户点击了才会收费。相对于展示，计费点更靠后了一步。

有没有"计费点为转化"呢？也有，但是按这种方式计费的媒体很少。"计费点为转化"也就是展示、点击都免费，只有用户真的转化了才收费。如果你觉得这样说不好理解，可以给转化一个定义，把转化替换成"购买"再读一下："计费点为购买"也就是广告的展示、点击都免费，只有用户真的购买了才收费。是不是觉得非常吸引人？

如果你是广告主，投广告的时候，你愿意按展示计费还是点击计费？肯定是按点击对不对？最好是能按转化计费！因为风险小了，避免白花钱的情况。

如果你是媒体呢？卖广告的时候，你愿意按点击计费还是转化计费？肯定是按点击对不对？最好是能按展示计费！因为风险小了，避免赚不到钱的情况。

因此，广告主和媒体天然的会有冲突，双方都不想承担风险。那有没有一个折中的办法呢？有，机智的媒体朋友们想出了"按转化出价，但是按展示或点击计费"的方案。什么意思呢？比如你投广告是为了获取更多用户下载，媒体很自信地说："我们支持按转化出价，你直接说想要多少钱一个激活，我来帮你找到这样的用户，但是也不能打包票，我尽力按你的要求帮你按转化去投广告，但是给钱你还是得按展示或点击给。"

那媒体说的话靠不靠谱呢？一些发展比较成熟的媒体还是比较靠谱的，比如字节跳动、腾讯，你按照转化来出价，即使是按展示或点击计费，实际的成本也不会比你的出价高出太多，成本会贴近你的出价。

所以转化出价是一种非常受欢迎的出价方式，它极大地降低了广告投放的风险。比如我是一个卖洗衣粉的小老板，你让我投广告，告诉我可以让很多人看见我的洗衣粉，价格很便宜。我心里就很没底："看见倒是看见了，但买不买谁知道？光看见不买有什么用？钱不是白花了？"我可能不想投广告。但转化出价就不一样，我想卖洗衣粉，告诉媒体每"买"一位消费者，我愿意出多少广告费，然后媒体去帮我找人。这样一来，我就觉得靠谱多了，广告的成本是可控的，我的生意就不会亏。

2.5.3 "广义第二计费"机制

我们知道了广告是按照拍卖的方式来卖的，出价方式和计费点之间有一定对应关系，接下来我们再来更具体地看媒体是怎么算账的。

媒体计费是随着广告投放实时扣费的。但是不是你出多少钱就扣多少钱呢？我们站在媒体的角度来想一想，媒体的诉求就是把曝光都卖出去并且卖得尽量贵。所以他鼓励广告主出更高的价格。目前，各媒体多采用"第二价格密封拍卖"，意思是竞争者们不知道互相的出价，并且最终收取的费用并不是按获胜者自己的出价，而是按照自己下一名的出价，再加一个很低的溢价，常见的是 0.01 元，广告里也称为"广义第二计费"（generalized second-price auction，GSP）。

我们简化来看一个案例，如表 2-1 所示，有 3 位广告主小 A、小 B 和小 C 同时投放广告，他们按照展示来出价，每千次展示分别出价 15 元、10 元和 8 元，小 A 出价最高，排第 1 名。但是媒体收取小 A 的广告费不是 15 元，而是第 2 名小 B 出价再加 0.01 元，也就是 10.01 元。

表 2-1 "广义第二计费"使用案例

广告主	出　价	排　名
小 A	15 元	第 1 名
小 B	10 元	第 2 名
小 C	8 元	第 3 名

这种竞价机制有 3 个特点。

- 你的扣费不直接等于你的出价。
- 扣费是不确定的，因为你不知道下一名的出价是多少。
- 通常，实际扣费比出价略低一些。

目前，"广义第二计费"机制被绝大多数竞价广告采用，能够避免价格大幅波动，还能够让广告主主动出更高的价格。如果按出价多少就扣多少，广告主就会在广告投出去后持续尝试降低出价（这样能少花钱），造成广告主们都在不停地出价，价格波动就会很大。广义第二计费机制的实际扣费取决于其他出价者，只要他们的出价不变，你调价格也没用（甚至可能因为调得过低而竞价失败，广告展现不出去）。广告主只用出自己能接受的最高价格就可以了。现在字节跳动、腾讯和百度等都采用这种方式来计费。

第 3 章

广告投放的基本原理

通过 1.4 节的学习我们知道,一条广告最终能够展现出来,幕后需要经历选定广告投放的人群、准备广告投放的物料和与其他广告主 PK 这 3 个步骤,这也是一个广告主投放广告必须经历的 3 个步骤,我们称作"广告投放三部曲"。

广告主投放广告是为了和目标用户沟通,而产品有相应的核心受众,比如中老年奶粉的核心受众是中老年群体,考研资料的核心受众是大学生群体等。广告要重点投给核心受众看,这就是投放广告的第一步:选定广告投放的人群,即解决"选定广告给谁看"的问题。

每一类用户有相应的喜好,要用用户喜欢的方式来和他们沟通。比如用户都喜欢看短视频,那么广告也要做成短视频;用户喜欢轻松搞笑的内容,那么广告也要做得好玩,这就是投放广告的第二步:准备广告投放的物料,即解决"给用户看什么"的问题。

假设一个人要买房,各家房产公司都希望他买自家的房子,那么就需要房产公司之间 PK,看谁家的房子好、价格低。广告也一样,媒体知道一个人愿意买奶粉,那么让他看到谁家的奶粉广告呢?这就需要广告之间的竞争,也就是投放广告的第三步:与其他广告主 PK,也就是"广告之间的 PK"。

接下来,我们沿着"广告投放三部曲"来看看广告投放的基本原理。下面我们先从一个故事开始。

3.1 一个卖鸡肉的摊位

有一个卖鸡肉的摊位,鸡肉供不应求,于是摊主决定拍卖鸡肉!来买鸡肉的人告诉摊主买鸡翅还是买鸡腿,一个愿意出多少钱,一共打算买多少个,摊主一一登记后按照价格高低来卖,价高者得,售完为止。

这天店里只剩下 6 个鸡翅、2 个鸡腿了,同时进来了 3 个人。

- 咯咯咯要买 4 个鸡翅，出价 40 元 / 个。
- 喔喔喔要买 6 个鸡翅，出价 20 元 / 个。
- 叽叽叽要买 2 个鸡腿、2 个鸡翅，均出价 5 元 / 个。

我们从店主的角度来看一下要怎么卖：鸡翅是最抢手的，最高出价是 40 块，那一定先把 4 个鸡翅卖给出价最高的，然后剩下 2 个卖给第二位的，鸡腿今天生意不好，只有 1 个人想买，没得选就卖给他了。为了简化理解，这里我们没有按"广义第二计费"机制计价，直接按照出价来计费，售卖结果如下。

【鸡翅】

咯咯咯排第 1 名，买到了 4 个鸡翅，40 元 / 个。
喔喔喔排第 2 名，买到了 2 个鸡翅，20 元 / 个。
叽叽叽排第 3 名，没买到鸡翅。

【鸡腿】

叽叽叽排第 1 名，买到了 2 个鸡腿，5 元 / 个。

买家来摊位买鸡肉和广告主去一家媒体投广告很相似。

- 广告主是买家，媒体是摊主。
- 摊主卖的是鸡翅和鸡腿，媒体卖的是"广告曝光"。
- 摊主登记的地方就是广告的"后台"，在这里说明白你想要什么、要多少。
- 告诉摊主"自己想鸡翅还是鸡腿"也就是"选择广告给谁看"，在广告里也叫"定向"。
- 买家说"一个愿意出多少钱"也就是广告里的"出价"，"打算买多少个"是"预算"，这两者共同决定了你打算花多少钱。
- 店主决定卖给谁的依据就是"谁出的价格高"。媒体卖曝光也一样，广告里衡量曝光价格的指标叫作 CPM，也就是 1000 次曝光多少钱，媒体也希望把曝光卖给出价最高的人。

"治大国若烹小鲜"，在媒体投广告和去一个小摊位买东西的逻辑居然很相似。在这个故事里，我们看到了买家和摊主，也就是广告主和媒体之间的关系，在实际的广告投放中，还会加上"用户"角色。用户不是听你任意摆布的，尤其在信息流这样的环境下，他们遇到不愿意看的内容，就直接滑过去了，所以还要有"给用户看什么"这一项。

接下来，我们看看在广告里每一步是怎样进行的。

3.2 定向——选定广告给谁看

产品一般会对自己的目标用户有一个用户画像,包括年龄、性别和几线城市等。

媒体提供人群划分维度供广告主选择,支持定位到用户的性别、地域和婚恋状况等。这是媒体的定向能力。

"选定广告给谁看"就是将这两者做匹配——用媒体支持的方式圈出自己想要的用户。

信息流广告也称作效果广告,这在很大程度上是因为广告能够精准地投放给目标人群,大大节省广告费用。定向就是其中关键的一环。本节中,我们来了解媒体常见的定向功能。

3.2.1 产品的用户画像

每一个产品都有自己的定位,主要面向什么样的用户群,也就是用户画像。产品的用户画像一般可以从年龄、性别、地域和收入情况这几个方面进行概括。

图3-1是快手的用户画像:以二、三、四线城市及以下为主,"90后"占绝大多数。

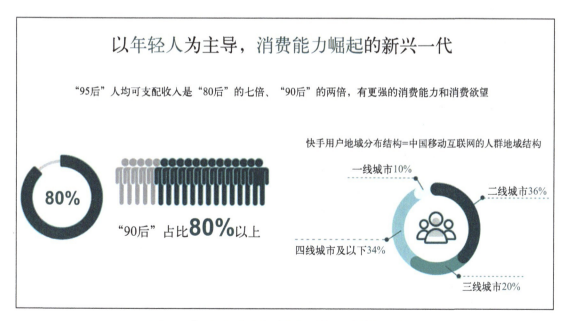

图3-1 快手的用户画像(数据来源:快手商业化资料)

但如果我们没有直接找到这样的资料,有哪些方式可以简单地了解一个产品的用户画像呢?

优化师对用户画像的了解可以直接来自于广告主，广告主一般会根据产品的特点给到目标用户画像。如果没给也没关系，自己也可以进行一些了解。这里有几个简单的方法，下面我们以快手 App 为例来看一下。

首先，你得下载一个 App，体验一下这个产品，这是最直接的。图 3-2 是快手 App 的界面截图，简单浏览一下，我们就能大概知道它的内容。

然后在应用商店里搜索这个 App，重点关注简介和用户的评论，如图 3-3 所示。可以看到，介绍部分包括不少综艺节目的介绍，那么肯定也有不少明星和节目的粉丝聚集在这里。

图 3-2　快手 App 里的内容　　　　图 3-3　快手 App 在应用商店的介绍

此外，我们也可以在网上搜索相关信息，进一步了解快手。比如直接在百度搜索"快手用户画像"，如图 3-4 所示，能找到一些专门机构做的用户画像分析。

图 3-4　网上搜索"快手用户画像"之后的结果

这样用不了 20 分钟，你就能对产品的用户画像有个大概的了解。知道要投广告给什么样的人以后，我们来看一下媒体能够怎样帮你找到这些人，也就是媒体支持的定向。

3.2.2　媒体支持的定向

定向，从字面上理解就是"确定方向"。定向了哪些人，就意味着只有这部分人能看到广告，其余的人被排除在外。

定向的本质是找人，媒体帮助广告主找到投广告给哪些人或者排除哪些人。比如一个广告主只想把广告投给男性，媒体能不能区分出男女用户呢？广告主想把广告投给年轻人，媒体能不能区分出用户的年龄段呢？如果不能，那么广告的很多曝光就浪费了。比如某共享单车广告，因为只在一些城市有自行车，所以肯定希望区分地域来投广告。这一系列区分的过程就是配合广告主"确定广告方向"，也就是"定向"。

那么，媒体都支持什么定向呢？常见的有如下几个。

❏ 用户基本情况：性别、年龄和地域。
❏ 兴趣：用户对什么感兴趣。

- 自定义人群：可以对人群做更灵活的处理，也支持广告主自己上传一些人群数据，一般称为人群包。

首先是用户基本情况。性别、年龄和地域是三大基础定向，也是对用户最基本的区分。

性别会分为男性、女性和不限。有一些产品有明显的性别倾向，比如汽车，那就可以只投男性；再比如美妆，就可以只投女性。也有一些没有明显限制，比如社交软件，可以不做限制。

年龄一般按年龄段区分，比如字节跳动将用户分成了6个年龄段，18岁以下、18~23岁、24~30岁、31~40岁、41~49岁和50岁以上。也有的平台可以自己选择年龄范围，比如腾讯可以自定义任意年龄范围，例如25~35岁。需要注意的是，定向中的年龄和用户的实际年龄不一定完全一致，有的是媒体基于用户阅读、社交等行为分析出来的推断年龄。

地域定向是对用户的地理位置做区分。比如，你选择了北京、上海和深圳，那么其他地方的用户不会看到你的广告；再比如你是做电商的，有一些地方没办法送货，那你就可以把不能送货的地域排除掉。

兴趣定向用来区分用户对什么东西感兴趣。比如用户经常看减肥相关的文章，有过点击或者收藏，那么系统就会认为这个用户对减肥感兴趣。媒体会提前准备好兴趣的分类，其中包含了各个行业，从粗到细做好了划分，供广告主选择。比如要给奔驰车做推广，我们可以选择具有什么兴趣的人群？首先，奔驰汽车属于汽车大类，再往下分，为高档汽车，那么你可以选择对"奔驰"本身感兴趣的人，也可以往外拓展选择对"汽车"或"高档汽车"感兴趣的人。只选择"奔驰"肯定精准，但是用户范围很少，拓展到"汽车"就是一个不错的选择。

上面这几个定向都是媒体给广告主提供的，帮助广告主找到他想要的人。那广告主可能想我不用你帮我找，我知道自己想要什么样的人，就想让这些用户看我的广告。媒体能不能实现呢？可以，这就是自定义人群，也就是"广告主自己定义人群"的意思，高档一点的说法是"将媒体数据和广告主数据进行打通"，但其实就是媒体对广告主说："你自己说想要投给谁、不投给谁，把名单给我。"广告主将用户的设备号或手机号上传到媒体后台，然后媒体看看这些用户有多少在我的平台上，广告只投给重合的这部分用户或者屏蔽这些人。

举一个只投放给这部分人的例子。一个电商网站，提供了一个浏览过网站但是没下单的人群名单，在媒体上只投放这部分人群，因为这部分人是感兴趣的，让他们再看见广告相当于"推他们一把"，促进下单，能有效提升购买率。这种方式也叫作再营销。

再举一个屏蔽的例子，比如高德地图。由于产品现有用户量非常大，所以如果想获得新用户，必须要排除现有用户，否则大部分看到广告的人是已经下载过高德地图的，造成广告重复曝光，新用户的获取成本提高。如果广告主自己上传已经激活过的用户设备号，那么广告投放就会精准很多，极大地节省广告成本。

设备号是什么

每一台手机都会有一个设备号，在安卓系统叫 IMEI 号，在 iOS 系统叫 IDFA 号。一般以 IMEI 号或 IDFA 号作为用户设备的唯一标识。比如想看一台手机有没有激活过某个 App，就可以让广告主查找已激活名单中有没有这台手机的设备号。

3.2.3 把它们做匹配

对人群的定向在媒体的数据分析中会有非常复杂的运算，但是在广告主使用的后台中，就会做成一个个清晰的按钮，你只要做简单的勾选，就可以圈出自己想要的人群，非常简单、方便。

这里我们介绍两种常见的按钮，看一下要怎样操作。

- 单选按钮。只能选择其中一个选项，比如图 3-5 中对于性别的设置，有"不限""男""女"3 个选项。"不限"的意思就是男女都可以，在性别上没有区分。

图 3-5 巨量引擎后台对于性别的选项设置

- 复选框。可以选择任意个选项，比如地域定向。我国有这么多的城市，像"性别"那种方式都展示出来，一个屏幕都放不下，怎么办呢？这时就出现了另一种方式，叫"复选框"。图 3-6 所示的状态就是只投放北京和天津。

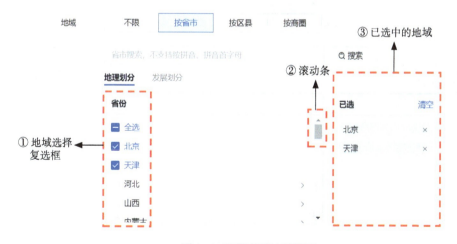

图 3-6 巨量引擎地域设置

你想把广告投到哪儿，在图 3-6 中位置①处选择就行了，这里可以同时选择多个，位置③处还会出现你选中的地域列表。

如果想排除某一个地方，怎么办呢？

媒体后台不能直接选"不投放什么地方"，但是可以选"投什么地方"。你把所有地域都选中（"省份"①第一个选项就是"全选"），然后勾选掉"不投放的地方"就可以啦！大家要注意选中与排除的设置，千万不要弄反了。

3.3 创意——给用户看什么

定向帮助我们找到了目标用户，接下来就该考虑给用户看什么。这里我们不讨论什么样的内容能够吸引用户，先看一下用户从看到广告到转化为广告主的用户的流程，从而了解在这个过程中用户能看到哪些内容，也就是广告都包括什么。本节中，我们按照两种最常见的投放方式来看一下。

3.3.1 投放 App 下载

假设广告主在微博上投放了 App 下载广告，我们看一下用户从看到 App 广告到激活这个 App 的步骤，这中间用户看到了什么，如图 3-7 所示。

(a) 用户看到广告　　(b) 进入广告详细页面　　(c) 安装 App　　(d) 进入 App 首页

图 3-7　用户从看到 App 广告到激活这个 App 的步骤

---

① 广告后台"省份"代表省级行政区，包括省、直辖市、自治区以及特别行政区。

如图 3-7a 所示，这条广告最显眼的是中间的视频，然后是视频上方的文案。广告文案 + 视频（或者是图片）就是一条广告最重要的组成部分，可以把它称作广告创意，在广告里也叫"素材"。广告创意好不好，决定了用户会不会点击这条广告。

> **说明**
>
> 素材指广告投放过程中用到的广告文案（或标题）、图片和视频，也称为创意，一般不包含落地页。

如果用户对这条广告感兴趣，就会点击进入广告详细页面。如图 3-7b 所示，页面可以分成上下两部分，上面的视频会继续播放，下面会出现一个类似于"应用商店"的界面，有图片和对这个 App 的一些介绍。因此，这个应用介绍的页面就是关键，如果介绍比较吸引用户，那么用户就会点击"下载"按钮。在等待下载完成的过程中，一定会有部分用户不耐烦中断下载，但如果刚才的广告创意足够好，就能持续吸引他，直到下载完成，打开 App。

进入 App 之后，广告的使命就结束了，剩下要看产品本身是否吸引用户。

前端行为和后端行为

在信息流广告里，对用户行为有"前端"和"后端"之分。前端指媒体端，后端指广告主端。一般将媒体能直接收集到的行为算作前端行为，将媒体收集不到的行为算作后端行为。投放 App 下载，媒体能收集到的最后一步行为是安装完成。常见的前端行为有展示、点击、下载和安装等，常见的后端行为有激活、注册和付费等。

因此，投放 App 下载的时候，广告展现给用户的是"广告文案 + 视频 / 图片"和"应用介绍页面"。

3.3.2 投放落地页

不是所有的广告主都有 App，广告主投广告自然也不都是为了吸引用户下载。广告主投广告还有一个非常常见的目的：获得销售线索或者直接卖东西。广告主花钱是为了让用户看到一个页面，我们把这个页面统称为落地页。

假设广告主在知乎上投放了落地页广告，我们看一下用户从看到广告到转化完成的步骤，了解这中间用户看到了什么,如图 3-8 所示。

(a) 用户看到广告　　　(b) 进入广告落地页　　　(c) 在页面上填写信息,转化完成

图 3-8　用户看到广告到转化完成的步骤

这条广告只有文字,没有图片或视频,还有这样的广告?是的,的确有这样的广告,信息流广告要和内容融为一体嘛,知乎上的内容以文字问答为主,所以广告也会做成只有文字的样式。因此,这里的几行广告文案就非常重要,它直接决定了用户会不会点击。

如果用户点击了,就会进入落地页。用户思考的逻辑和看见一个 App 下载的广告一样,虽然点击之前内容页面上的广告能介绍的信息很少,但用户比较感兴趣,就会点进去看看"到底是怎么回事"。因此,落地页的设计也非常关键。落地页的加载速度怎么样?页面设计是否突出重点?内容上是否和前面的页面承接?

所以,无论投放 App 下载还是投放落地页,我们准备给用户看的内容都包含两部分:用户首先看到的"广告创意"和点击之后的"详细页面"。

3.4　竞价——广告之间的 PK

知道了想把广告投给什么样的人,也准备好了广告内容,你的广告就一定能出现在用户的手机上吗?不是,因为还存在竞争对手。随着技术的发展,广告的售卖已经能够支持实时竞价和动态竞争,也就是媒体一直能把广告卖给对自己收益最高的人。所以广告之间需要实时进行

PK。在 PK 的过程中,对广告主而言有两个关键指标——预算(广告主打算花多少钱)和出价(能不能 PK 过别人,把钱花出去)。除此之外,还需要了解一下媒体的规则——媒体是怎么决定把广告卖给谁的呢?

3.4.1 预算

出门买东西得看兜里带多少钱,广告花多少钱得看自己有多少钱。你不能把所有的钱都用来投广告,你打算花的钱就叫"预算"——预先算好了要花的钱。预算相当于"你打算花的钱",你可以买几件东西,但总额不能超过你打算花的钱。

设置预算最大的作用就是"不会花超了"。媒体会严格遵守预算的设置金额,让"实际花费≤预算",比如今天预算是 300 元,那么媒体就不会让今天的广告花费超过 300 元。

预算分为日预算和总预算,日预算就是每天打算花多少钱,今天花完了这些预算,明天又有这些钱;总预算是一共只打算花多少钱,花光了广告就自动下线。假如设置日预算为 3000 元,广告投放 1 周,那么媒体认为你每天的预算都是 3000 元。如果当天花完 3000 元,广告就会下线,相当于游戏里"今天的能量用完了"。在第 2 天 0 点,仍会从 0 元开始计算花费,花完 3000 元广告下线。即使前一天没有花完 3000 元,今天也只有 3000 元的预算。假如设置的总预算为 21 000 元,广告投放 1 周,那么媒体会累计每天的花费,达到 21 000 元广告下线。我们有可能在第 1 天就花完全部的 21 000 元,也有可能在第 5 天或者第 6 天花完。

预算可以实时调整,开始不知道广告效果,就可以先少投点,比如设置预算为 300 元;投放过程中如果发现效果还可以,想再投一点,就可以把预算提升到 500 元、1000 元或者更多,这个由广告主自己决定。

预算是广告主投放广告非常重要的指标,也可以说是生命线,钱一旦花出去就要不回来了,所以一定要格外小心。

3.4.2 出价

决定广告主花多少钱的因素除了预算以外,还有出价。一个广告主的预算是 300 元,实际可能只花出去了 50 元、100 元,这是什么原因呢?因为媒体把广告卖给了别人。

在 2.5.3 节中我们知道,实际的计费一般会低于出价,也就是说无论你出多少钱,媒体的扣费一般都不会超过出价。如果使用的是转化出价,那么广告投放的风险就会很低——想花多少钱就出多少钱。也就是说转化出价直接决定了你广告投放的成本。出价越低,成本就越低。

那么，是不是意味着广告主可以随意出价，价格越低越好呢？当然不是。就像3.1节故事里的"叽叽叽"一样，别人出40元、20元买一个鸡翅，而他只出5元，结果就是他没有买到鸡翅。

所以广告主有自己决定出价的自由，但也要考虑媒体卖不卖给你广告。媒体是如何决定广告卖给谁的呢？这是广告主之间的比赛，媒体是裁判。我们想要赢得比赛，就要先了解裁判的规则。

3.4.3 媒体的流量分配逻辑

媒体是做生意的，做生意一定要赚钱，并且是赚得越多越好。摊主决定把鸡肉卖给谁的依据就是"谁出的价格高"，媒体卖曝光也一样，谁的出价高就卖给谁。

从2.5.1节中我们知道，常见的出价方式有3种：按展示出价、按点击出价和按转化出价。无论是哪种出价方式，媒体卖的都是广告展示数。所以媒体关心的是每一个曝光能有多少收益，即CPM。但在用户看见广告之前，大家并不知道真实的CPM是多少，所以广告后台会对CPM进行预估，我们平时看到的eCPM基本上是CPM的预估值。对应地，计算eCPM的过程中也需要使用预估点击率和预估转化率。但因为我们平时较少接触到预估的点击率和转化率，所以下文就简化写成"点击率"和"转化率"了。

媒体是怎么将广告曝光价格和广告主的出价联系在一起的呢？媒体会通过算法将出价换算成曝光价格。可以简单理解成广告主提供自己的产品名称、人群定向和广告创意，媒体就能预估出这部分用户会不会转化，这个转化的概率有多大，从而换算出CPM是多少，能获取多少收益。

我们来看一下各种出价方式下eCPM的计算方式。

(1) 按展示出价：eCPM=CPM出价。这个最简单，不需要换算。

(2) 按点击出价：$eCPM = 点击出价 \times \frac{点击数}{展示数} \times 1000$，即 $eCPM = 点击出价 \times 点击率 \times 1000$。

例如广告主小A按点击出价，每个点击出价2元，点击率是1%，那么 $eCPM = 2 \times 1\% \times 1000 = 20$ 元。

(3) 按转化出价：$eCPM = 转化出价 \times \frac{转化数}{展示数} \times 1000$，即 $eCPM = 转化出价 \times 转化率 \times 1000$。

按转化出价需要看对转化的定义是什么，我们上面定义了转化率=$\frac{转化数}{展示数}$。但是点击行为是用户主动的行为，能够帮助我们更好地分析用户，所以我们也常定义转化率=$\frac{转化数}{点击数}$，这时在按转化计算出价的时候，就需要考虑点击率，即 eCPM = 转化出价 × 点击率 × 转化率 × 1000。其实两种计算方式是一样的，展开就是：

$$eCPM = 转化出价 \times \frac{点击数}{展示数} \times \frac{转化数}{点击数} \times 1000 \qquad eCPM = 转化出价 \times \frac{转化数}{展示数} \times 1000$$

> **说明**
>
> 在信息流广告里，常把点击率叫作 CTR，转化率叫作 CVR，转化率可以指点击到转化，也可以指展示到转化，没有特殊说明的话一般指点击到转化。因此，计算 eCPM 的公式常写作：eCPM = 转化出价 × CTR × CVR × 1000。

知道了 eCPM 的计算公式，我们来看一个案例。

广告主小 B 按转化出价，每个转化出价 10 元，点击率是 1%，转化率是 5%；广告主小 C 也按转化出价，每个转化出价 3 元，点击率是 3%，转化率是 10%。那么他们各自的 eCPM 是多少呢？

小 B：eCPM=10 × 1% × 5% × 1000=5
小 C：eCPM=3 × 3% × 10% × 1000=9

可以发现，虽然小 B 的每个转化出价更高，但是媒体还是更愿意把流量分配给出价更低的小 C，这是为什么呢？因为小 C 的 eCPM 远高于小 B！

转化出价可以等同于获取用户的成本，说明在投放广告时，可以通过优化广告创意、落地页和人群定向等方式来提升点击率和转化率，进而提升 eCPM，最终用比较低的成本获得用户。如果你的创意、落地页和人群定向做得不好，就意味着你要在出价上让步，通过提升出价来提升 eCPM，获取用户的成本就会提升！

因此，了解信息流广告投放的"门道"可以帮助广告主节省获取用户的成本，这是实实在在地省钱。更不要提这些获得的用户能够给企业带来的收益。接下来，我们从几个主要的信息流媒体开始，走进信息流广告的实际投放，开启优化帅之旅。

媒 体 篇

第 4 章

字节跳动广告

字节跳动①凭借旗下抖音、今日头条 App 等产品，快速成长为科技互联网巨头。该公司成立于 2012 年 3 月，是最早把人工智能技术大规模应用于信息分发的公司之一。字节跳动以算法能力著称，主打基于机器学习的个性化推荐机制，智能推荐用户可能感兴趣的内容，实现"越用越懂你"。

今日头条 App 是字节跳动公司早期的旗舰产品，于 2012 年 8 月上线，它是一款基于数据挖掘技术的个性化推荐引擎产品，也是国内移动互联网领域成长最快的产品之一。早期大家习惯以"今日头条"来代称字节跳动公司，2018 年 4 月起改称为"字节跳动"，推测是因为随着公司的发展，今日头条已经不能再代表公司整体，所以启用了新的品牌形象。

字节跳动公司从 2014 年开始商业化，信息流广告是其产品重要的商业变现方式之一。很多行业的广告主（比如游戏、金融和电商等）都在字节跳动上大规模投放广告，一些 Top 广告主日花费超过 1000 万元。除了这些投放量比较大的广告主，一些规模比较小的广告主也有投放，比如小型律师事务所、本地装修公司等。针对不同广告主的投放情况，字节跳动的客户体系分为 3 个部分：KA（Key Account，大客户）、LA（Local Account，地方大客户）和 SMB（Small and Midsize Business，中小企业客户）。2019 年以前，KA、LA 客户的广告投放量占主导，但从 2019 年开始，SMB 客户的广告投放成为字节跳动重要的业务增长点。

一家媒体商业化有两个核心考量因素：一个是活跃用户量，另一个是怎样把这些用户变现。字节跳动打造了庞大的内容矩阵，覆盖不同用户群体需求，拥有海量用户；同时，它搭建了广告投放平台"巨量引擎"，通过技术能力，提升广告和用户的匹配度，满足广告主对广告效果的要求，成功实现商业化。

本章中，我们将围绕这两个方面了解字节跳动的媒体资源以及在其上投放广告的全过程。

---

① 全称为北京字节跳动科技有限公司。

4.1 媒体资源介绍

2020 年 1 月,抖音宣布日活跃用户数突破 4 亿,真正成为了一款国民级 App。除了抖音以外,字节跳动旗下还有诸多 App,它们共同构成了一个丰富的内容矩阵,覆盖了各类人群。字节跳动的商业化也做得非常成功,广告植入方式很"原生",能降低对用户的打扰。它的广告投放效果被广告主广泛认可,已经成为广告主流量采买的重要来源。

本节中,我们就来看一下字节跳动公司有哪些 App,这些 App 里广告的植入方式,以及一条广告的具体构成。

4.1.1 头条不只是头条

你可能用过轻颜相机,刷过抖音,看过懂车帝,但可能不知道它们都来自于同一家公司——字节跳动。字节跳动公司旗下拥有今日头条 App、抖音、抖音火山版、西瓜视频、懂车帝、GoGoKid 英语、皮皮虾、飞书、番茄小说、Faceu 激萌、轻颜相机等十几款产品。这些产品覆盖了不同的兴趣人群,聚集了海量用户。截至 2019 年 7 月,字节跳动对外公布旗下产品全球总 DAU 超过 7 亿,总 MAU 超过 15 亿(数据来源:字节跳动官网)。

截至 2020 年 7 月,在巨量引擎后台明确显示已经商业化的 App 有如下 4 款。

- 今日头条 App:这是一款个性化资讯推荐引擎产品。
- 西瓜视频:这是一个基于个性化推荐的综合视频平台,想要做中国的 YouTube。
- 抖音火山版:这是一个全民短视频创作分享平台。
- 抖音:这是一个年轻时尚的短视频社区。

字节跳动旗下的这些产品有着差异化的定位,下面以 3 款视频产品为例来介绍。

- 西瓜视频是一款主打 PGC(professional generated content,专业生产内容)的视频平台,包含一些自制的综艺节目,如 papi 酱参与制作的《别人家的公司》,也购买了部分电影的版权,例如《囧妈》等。
- 抖音更年轻化,以音乐为切入点,是一个从年轻人逐步扩散到全年龄段的短视频平台,内容也比较丰富,以 UGC(user generated content,用户生产内容)为主。
- 抖音火山版是一个更下沉的产品,原名"火山小视频",2020 年 1 月宣布和抖音品牌整合,更名为"抖音火山版"。它覆盖三四线城市及周围城镇用户,定位为"15 秒原创生活短视频社区",主要以 UGC 为主,我身边的很多长辈把它当成朋友圈来用。

为了进一步扩展流量，字节跳动除了自有产品以外，也接入了其他媒体的外部流量，合作进行广告投放，这也是常见的模式。主流媒体基本上都会接入外部流量，这些外接合作媒体的流量一般在业内被统称作"联盟流量"。它在各媒体上又有不同的名字，在字节跳动的名字有点特别，叫"穿山甲"。

传统联盟流量都是媒体的中尾段流量，广告投放效果一般不太理想，很多广告主比较排斥它。但穿山甲与合作媒体采用"按 DAU 随机切量"的流量分配方式，引入的流量不再是被"剩下"的，广告投放效果还可以接受，一些广告主在其上的广告日花费达到数十万元。

穿山甲的合作媒体包含手机厂商及各类 App，覆盖范围很广，手机厂商有小米、OPPO、vivo 等，App 有迅雷、追书神器、美图秀秀、墨迹天气、百合网等。穿山甲的流量增长很快，因为自主搭建一个广告平台的成本还是比较高的，所以很多产品也愿意把流量卖给字节跳动。截至 2019 年 7 月，穿山甲对外公布日活超过 7 亿（数据来源：穿山甲服务平台官方公众号），并且穿山甲的用户和字节跳动自有产品日活用户的重合度很低，官方公布的数据称重合率不足 20%。引入了穿山甲流量之后，字节跳动旗下产品真的覆盖了海量用户，称得上"巨量引擎"[1]了。

这些产品共同构成了一个丰富的 App 内容矩阵，同时覆盖了不同类型的人群，能够满足广告主对目标用户多样化的需求。有了用户，媒体紧接着就会考虑通过广告进行商业化变现。那么在这些形态各异的产品中，是怎样展现广告的呢？接下来，我们来看一下广告植入的方式和广告的样式。

4.1.2 广告位的设立

一个产品要做广告植入，首先要考虑的是用户体验。如果广告给用户的体验很差，那势必会造成用户流失，广告投放的效果也不能保证。然后是展现量，在展现量低的地方插入广告，媒体的收入就会不理想。所以"怎样在曝光量大的位置，尽量自然地插入广告"，是媒体一直在思考的问题。

为了更好地理解媒体广告位插入的逻辑，我们先看一个日常的例子：如果你去一个饭店吃饭，哪些地方会有广告？

首先门口的位置可能会放一个宣传板，上面会提示你店内的招牌菜"剁椒鱼头"；然后坐下点菜，在桌子上可能有一个小桌牌，写着店内新推出的菜品"酸菜鱼"；吃完结账，收银台后面的液晶屏上显示消夜"麻辣小龙虾"8 折优惠。

---

[1] 巨量引擎是字节跳动广告投放平台的名字。

我们发现饭店会顺着用户"进店、点菜、结账"的各个行为植入广告,让广告自然地融入整个吃饭过程。媒体也一样,从用户打开 App,到用户在 App 上浏览内容,也会让广告随着用户各个行为节点进行植入。在字节跳动旗下的 App 上,用户常见的行为有 3 个:在首页上浏览内容,点击之后进入详细页面继续观看,搜索关键词。针对这 3 个关键行为,媒体设立了相应的广告位:信息流广告、详情页广告和搜索广告。接下来,我们来看一下各广告位的特点。

- **信息流广告**。它在列表页的内容流中穿插展现,广告形式和环境内容高度相似。用户进入 App 后,在首页最先看到的就是信息流广告的位置,其展现量很大,是核心的广告位,如图 4-1 所示。信息流广告在字节跳动旗下各 App 中都有展现。

图 4-1 信息流广告

列表页是什么

列表页是指以卡片形式逐条展现标题和摘要(含缩略图)的页面,图 4-1 所示的页面就叫"列表页"。

- **详情页广告**。这里的"详情页"和淘宝里的"宝贝详情"是一个意思,都是指"详情介绍页面"。详情页广告指在列表页中点击文章或视频之后,出现在文章或视频下方、相关阅读上方的广告,一般用户向下滑动并查看评论的时候,就会看到详情页广告。它和信息流广告的区别是它出现在"点击之后"的页面中,如图 4-2 所示,其中图 4-2a 为视频详情页广告,图 4-2b 为文章详情页广告。
- **搜索广告**。在用户输入话题或关键词之后,搜索结果页中展现的广告,图 4-3 为搜索"汽车"之后出现的广告。搜索广告是 2019 年年初推出的,相对于其他几种广告形式,上线时间较晚。

第 4 章 字节跳动广告

(a) 视频详情页广告　　　　(b) 文章详情页广告

图 4-2　详情页广告

图 4-3　搜索广告

除了这 3 个常见的广告位之外,还有一些其他广告位,比如视频后贴片广告、视频相关推荐广告和图集尾帧广告,大家在自己的手机上也能经常看到。我们来看一下它们各自的特点。

- 视频后贴片广告。广告位于内容视频尾帧,视频播放完之后出现,一般展示时间为 15 秒或 30 秒,曝光时间较长,如图 4-4 所示。在今日头条 App 和西瓜视频中,经常见到这类广告。
- 视频相关推荐广告。它出现在详情页中,但比我们前面说到的"详情页广告"位置更靠前。在视频播放过程中,广告持续出现在用户面前,位置比较显眼,平均曝光时间长,如图 4-5 所示。

图 4-4　视频后贴片广告　　　　　图 4-5　视频相关推荐广告

- 图集尾帧广告。顾名思义,图集尾帧的意思是"图集内容的最后一张",图集尾帧广告是指在组图内容的末尾额外添加了一张图片广告。它一般出现在图片数量比较多的图集后面,用户一张一张往下滑动看图片,可能滑了七八下,最后一张是广告。该广告的植入方式很"原生",如图 4-6 所示,其中图 4-6a 为图集内容的最后一张,图 4-6b 为图集尾帧广告。在今日头条 App 中,可以看到这类广告。

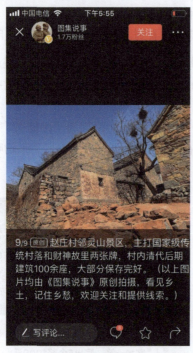 

(a) 图集内容的最后一张　　　　(b) 图集尾帧广告

图 4-6　集尾帧广告

> **注意**
>
> 这里对这些广告位做了详细区分,但在日常使用的时候,"信息流广告"也常作为一个总称,泛指字节跳动的所有广告。在广告投放后台,只单独区分了搜索广告和信息流广告,其他广告(如详情页广告、视频相关推荐广告、视频后贴片广告、图集尾帧广告等)都统一归属到"信息流广告"范畴内,不支持单独筛选某一类广告投放或者排除。我们后续也不做详细区分。

这些广告位看起来有点多,但其实都可以跟用户行为串起来。以今日头条 App 为例,我们模拟一下用户的行为。

用户小张打开 App,在首页上看新闻,新闻内容中间会穿插着出现信息流广告;他对一篇文章比较感兴趣,点进去看详细内容,看到最后时,会发现评论上方的详情页广告;接着看一个视频,在视频下方相关推荐的位置会有视频相关推荐广告,视频播放完后,会出现视频后贴片广告；然后看到一组图集，在图集末尾可能会出现图集尾帧广告；又搜索一个关键词，会展示相关的搜索广告，如图 4-7 所示。

图 4-7　今日头条 App 中的各种广告

一句话总结一下广告位设立的特点：紧随用户使用行为，以原生的方式植入广告。就是用户走到哪儿，广告就跟到哪儿。

4.1.3　广告展现机制

上面我们了解了广告常见的分类，知道广告大概会出现的位置，但并不知道具体是怎么穿插的，广告会出现在第几位呢？这就涉及广告展现机制。广告展现机制是一个非常复杂的课题，这里我们只讨论最简单的两个问题：广告展现次序和频率。

我们知道，广告一定要和内容穿插出现，一屏都是广告肯定没人看，所以广告展现机制可以简单理解成"每隔几个内容展现一个广告"，这里的"隔几个"就是广告出现的策略之一。头条系产品的广告展现机制都很类似，由于信息流广告的体量比搜索广告大很多，我们就只讨论信息流广告。

信息流广告会出现在第几位呢？数字很容易混淆，可以先记一个小窍门：广告一般出现在前两屏，很多时候直接出现在第一屏，具体出现的次序跟一屏里的内容条数有关。广告会随着刷新出的内容一起展现，即刷即有。下面我们来看一下信息流广告在各 App 里出现的具体次序。

- 在今日头条 App 中，一屏包含 3~5 条内容，如图 4-8 所示，广告出现在刷新出的信息流内容的第 3~5 条。
- 在抖音火山版中，一屏包含 4 条内容，如图 4-9 所示，广告出现在刷新出的信息流内容的前 8 条。

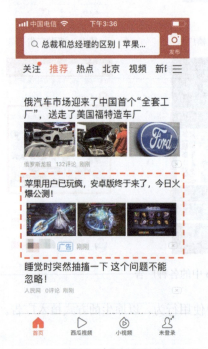
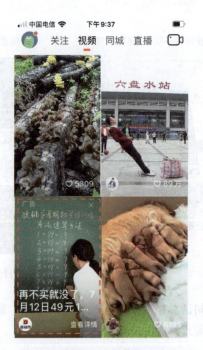

图 4-8　今日头条 App 信息流广告　　　　图 4-9　抖音火山版信息流广告

- 西瓜视频中一屏只能展现两条内容，如图 4-10 所示，广告出现在刷新出的信息流内容的第 2~5 条。
- 抖音的内容是全屏的，一屏只有 1 条视频，如图 4-11 所示，所以广告没办法出现在第一屏。抖音广告展现策略相对复杂，每隔 90 秒，间隔 12 个用户视频有可能刷到一次广告。

4.1 媒体资源介绍 | 55

图 4-10 西瓜视频信息流广告

图 4-11 抖音信息流广告

这些广告的位置和策略变化得很快，早期今日头条 App 广告一定是出现在第 4 位的，后来就改成了第 3~5 位。

这里再介绍一下头条系广告位置的命名。今日头条 App 的广告位置按"X-Y"来命名，其中 X 指一刷中的第几个位置，Y 指第几次刷新（这里的刷新是指手指向下拉或向上推，出现新的信息条目）。比如在图 4-12 中，4-1 就是黄金位置，是指一个用户每天第 1 次刷新时的第 4 个位置。

看了这么多广告的介绍，你可能会想：一个用户一天到底能看到多少广告？

一个用户一天能看到很多广告，几十条、上百条都有可能。用户在使用产品时就会出现广告，看到多少广告跟使用时长有关。那么，是不是我们说的每一个广告位，每一次刷新都会有广告呢？也不是。不是所有的文章下面都有详情页广告，这其中的影响因素很多，比如广告和内容的相关性、投放广告时的竞争情况等。

图 4-12 头条系广告位置命名

同时也会有一些频率控制机制来保护用户体验：比如会避免让用户 1 天内重复看到相同的广告，新用户前 7 天少展现广告等。这也是广告位设立的一个考量：广告位多了，广告展现量就大了；但也要控制广告展现的频率，保护用户体验。

4.1.4 广告的创意形式

报纸上的广告很多是一小段文字说明，高速公路上的广告是一张大图片，然而手机上的这些 App 本身有图文、视频等多种类型的内容，所以给了广告很大的创意空间。接下来，我们来看一下巨量引擎广告支持的创意形式。

巨量引擎的广告创意目前有大图、小图、组图和视频这 4 种样式，它们填充在信息流、详情页、搜索等各个页面中。其中，大图和小图都是单张图，但是图片大小不同，组图是由 3 张小图组合在一起的，如图 4-13 所示。各创意形式的主要特点如下。

- 大图的版面比较大，占据整个屏幕 1/2 左右的空间，视觉冲击力强，容易引起用户关注，是图片样式中使用频率最高的一种。
- 组图和小图版面比较小，广告和 App 原生内容相似度很高，更像是一条内容资讯，在原生性上更容易被用户接受，组图比小图表达的信息更多。
- 视频比图片的表现更加生动，信息传递效率更高。从 2018 年开始，视频广告呈爆发式增长，目前已经成为整个巨量引擎最主要的广告表现形式。

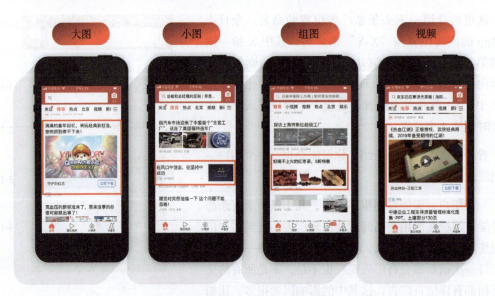

图 4-13　巨量引擎支持的广告创意形式

这里需要单独说明一下竖版的概念。大家一般默认的大图或视频都是指横版（宽高比为16∶9），但是在字节跳动旗下的产品中，抖音和抖音火山版都是以竖版内容为主，所以巨量引擎推出了竖版视频（宽高比为9∶16）和竖版大图的广告样式。对于同一个广告创意，竖版展现面积更大，更适应手机屏幕比例，给人沉浸式的体验，如图4-14所示。

(a) 横版创意　　　　　　　(b) 竖版创意

图4-14　横版创意和竖版创意对比

加上横竖版的概念之后，创意形式就更多了起来。为了方便读者观看，表4-1给出了各种创意形式的详细尺寸要求。

表4-1　巨量引擎创意尺寸要求

	大图横图	横版视频	大图竖图	竖版视频	组　图	小　图
宽高比/比值	16∶9	16∶9	9∶16	9∶16	1.52	1.52
尺寸	1280×720 ≤尺寸 ≤2560×1440	无	720×1280 ≤尺寸 ≤1440×2560	无	456×300 ≤尺寸 ≤1368×900	456×300 ≤尺寸 ≤1368×900
视频特征	无	视频码率≥ 516 kbit/s, 分辨率≥ 1280×720	无	视频码率≥ 516 kbit/s, 分辨率≥ 720×1280	无	无
大小	无	≤1000 MB	无	≤100 MB	无	无

目前巨量引擎大部分产品支持以上所有形式的创意,但是抖音只支持视频形式的广告。

> **注意**
>
> 因为媒体产品不断更新,所以广告形式也在不断发生变化。比如抖音从前只支持竖版视频,后来也支持横版视频。

4.1.5 一条广告的构成分析

看了前面的内容,大家应该能够知道一条广告大概长什么样,有图片、有视频,还有文字。但广告的构成远不止这些,这里我们以今日头条 App 和抖音的两条信息流广告为代表,详细分析一条广告的具体构成。

图 4-15 是一条今日头条 App 上的信息流广告,我们把它单独拆分出来。

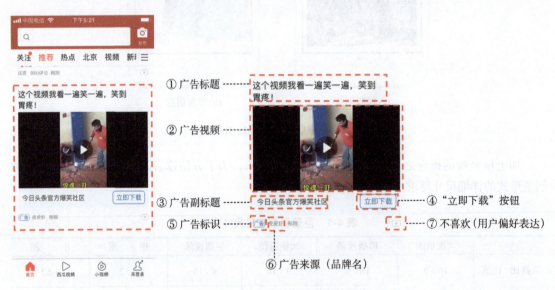

图 4-15 今日头条 App 信息流广告

我们发现最显眼的两个部分是①和②,即广告标题和广告视频,它们也是广告中最主要的组成部分。除了①以外,我们发现视频下方还有一处文字描述"今日头条官方爆笑社区",即③位置,称作广告副标题,是对视频内容的补充说明。除了这 3 个元素之外,其他部分占的版面都很小,很容易被用户忽略,但也不可缺少;④是"立即下载"按钮,引导用户下载App;⑤是广告标识,这是所有广告必须明确标注的;⑥是广告来源,也就是这条广告是哪个产品投放的;⑦是用户偏好的表达,意思是"不喜欢",点击这个 × 按钮,媒体就会减少此类视频的推荐。点击①~⑥的任意一处,都会跳转到下载界面。

抖音的广告有一些不同,它和用户互动的元素更多,如图4-16所示。

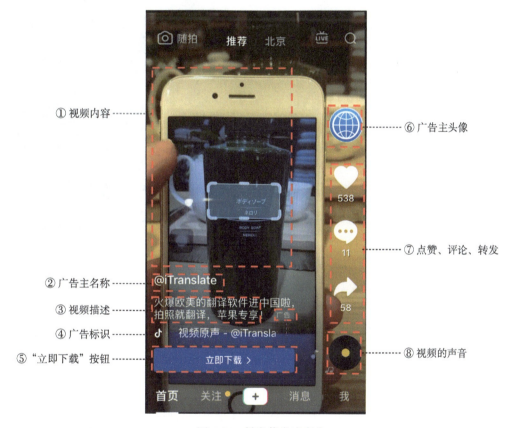

图4-16 抖音信息流广告

①是视频内容,②是广告主名称,③是视频描述,也就是广告标题。①和③是一条广告主要的组成部分,基本能说明白这条广告是什么。④是广告标识,在视频描述的右边,⑤是"立即下载"按钮,⑥是广告主头像,一般为品牌Logo,⑦是点赞、评论、转发3个用户互动的地方,⑧是视频的声音。点击①~⑤的任意一处,都会跳转到下载界面。此外,左滑视频也会跳转到下载界面,如图4-17所示。

大家刷抖音的时候都很喜欢看评论,所以抖音在评论区也增加了引导用户转化的入口,分别在评论区的上方和下方,这是抖音独有的转化入口,如图 4-18 所示。

图 4-17　左滑抖音信息流广告
之后的下载界面

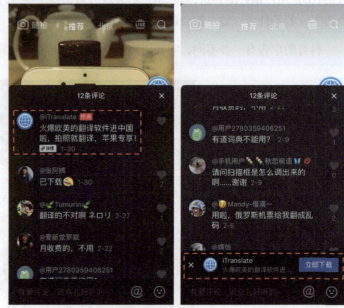

图 4-18　抖音评论区上方和下方的转化入口

本节中,我们一起了解了今日头条的媒体资源。如果你要投放一条广告,那么需要学会操作媒体后台。接下来,我们来介绍媒体后台的用法。

4.2　媒体后台整体介绍

巨量引擎有数以万计的广告主,要让这些广告主能够顺利地在平台上投放广告,背后需要极其复杂的运算。但还好我们并不需要懂那些庞大的数据运算,媒体已经将这些数据运算抽象成了一些简单易懂的功能,统一放在一个操作页面里,我们只需要了解这个页面上的功能就行了。这个包罗了媒体各项功能的页面就是供优化师操作的"媒体后台"。

媒体后台和通信软件、外卖软件相比,虽然功能多一些,但其实很好操作,就像前面的定向那样,直接勾选就行了。本节中,我们来看看媒体后台大体有哪些功能。

4.2.1 巨量引擎后台怎么登录

在互联网上,账号相当于身份证,非常重要。在 2.1 节中我们知道,开通账户的时候需要设置账号和密码,这就相当于账户的"钥匙"。下面我们来看一下怎样利用这个账号和密码进入账户。

在浏览器中搜索"巨量引擎"就可以找到这个广告投放平台的入口,界面如图 4-19 所示。在右边①的位置输入账号(邮箱地址或手机号码)、密码和验证码后,点击"登录"就可以进入后台;左边②的位置会放一些平台相关的消息通知,下面③的位置是巨量引擎官方的一些免费课程,可以点击查看。

图 4-19　今日头条后台登录界面

除了这个网页版,还可以下载"巨量引擎"App,可以方便优化师在手机上随时查看广告投放情况。

4.2.2 后台有哪些功能

在图 4-19 所示的登录页面中输入账号和密码并点击"登录"按钮后,会进入巨量引擎后台,此时看到的页面如图 4-20 所示。

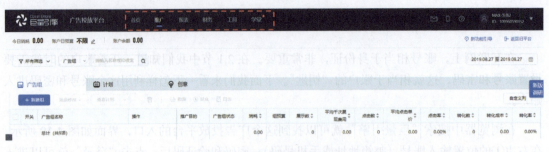

图 4-20 巨量引擎后台默认页面

我们从最上面开始看,在页面的上方有几个选项,它们代表后台的主要功能:首页、推广、报表、财务、工具和学堂。下面我们分别来看一下它们是干什么的。

首先是"首页"。它简要介绍了账户的情况,从中可以直观地看到账户投放的整体情况,包括广告主最关心的问题:今天花了多少钱,账户里还剩多少钱,今天投放的数据怎么样等。同时也会有一些媒体的消息通知,比如增加了什么功能,新产品的介绍等,都可以点击查看,如图 4-21 所示。

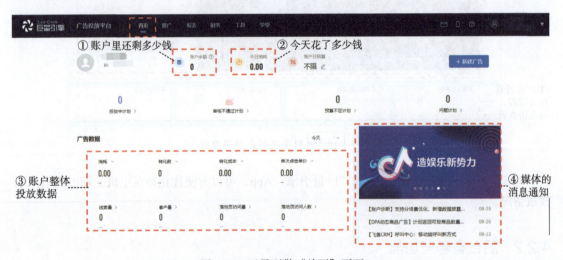

图 4-21 巨量引擎"首页"页面

其次是"推广"。后台默认进入的就是"推广"页面,如图 4-20 所示,这也是后台最主要的功能。广告投放也称为"推广",在这个页面上会进行广告投放的主要操作,包括我们前面提到的选择定向、上传创意、设置出价等,是操作频率最高的页面。

广告投放出去之后,就该看数据了,也就是"报表"功能。它是所有媒体的标配,里面详细说明了钱都花在哪儿了，效果怎么样，有账户整体的数据，也有每一张图片的数据，如图 4-22 所示。我们后面会详细介绍如何看报表。

图 4-22　巨量引擎"报表"页面

然后是"财务"。为了方便财务人员核对，巨量引擎专门把账户流水情况单独做成了一个页面，这样看起来比较直观，如图 4-23 所示。

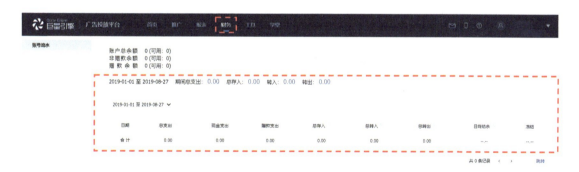

图 4-23　巨量引擎"财务"页面

接下来是"工具"。"工具"是什么呢？我们可以将其理解成"百宝箱"。里面提供了许多帮助投放的工具，供优化师使用，如图 4-24 所示。乍一看这么多功能，你会不会有点懵？其实没关系，点进去之后，都有详细介绍。而且有些功能你也不一定能用到，所以不了解也没关系，比较常用的功能后面也会介绍。

账户辅助	创意辅助	计划辅助
操作日志	动态创意词包管理	移动建站
评论管理	正版图库	极速下载服务
投放资质	素材库 new	飞鱼CRM new
	鲁合平台 new	转化跟踪
定向辅助	创意中心	门店管理
定向包管理	易拍 new	卡券
兴趣词定向词包管理		
头条DMP	优化辅助	开放平台
DPA自定义人群管理	计划诊断 new	商业开放平台 new
DPA动态词包管理	账户诊断 new	商业服务市场 new
头条号合作	页面质量检测	
	自动规则	

图 4-24 巨量引擎"工具"页面

最后是"学堂",如图 4-25 所示。看到了"学堂"两个字是不是很亲切,都工作了还是逃不开学习?是的,因为不学真的不会。

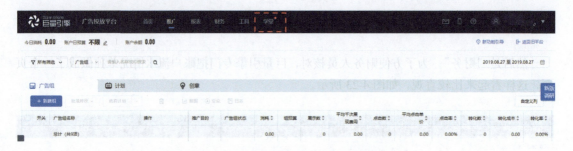

图 4-25 巨量引擎"学堂"按钮位置

上学的时候,都是老师天天催着我们学习;毕业之后,看见这个"学堂"还挺感激媒体提供了一个学习的地方,起码是官方的,会比较可靠。接下来我们就仔细介绍一下巨量引擎的"学堂"功能。

4.2.3 可以在哪里学习这个媒体怎么投

点击"学堂"之后,会跳转到如图 4-26 所示的界面,它的全称叫"巨量大学"。

巨量大学里面的内容由巨量引擎的专门团队在维护,内容很成体系,既有新手入门,也有能力进阶课程,对处于不同阶段的同学都有帮助。里面的内容既有文字版也有视频,而且都是免费的。

4.2 媒体后台整体介绍 | 65

图 4-26 "巨量大学"内容示例

里面的内容这么多，新手要从哪儿开始看呢？右上角的"帮助中心"是关于巨量引擎的问答中心，里面总结了常见问题和通俗易懂的解答，如图 4-27 所示。有什么不懂的都可以先来这里搜一搜。

图 4-27 "巨量大学"帮助中心

比如新手投广告的时候想详细了解审核规则，就可以在这里搜索一下"创意审核"，搜索框下面会出现跟"创意审核"相关的问答，例如"创意审核一般要多久？""素材常见问题Q&A"等，如图4-28所示。

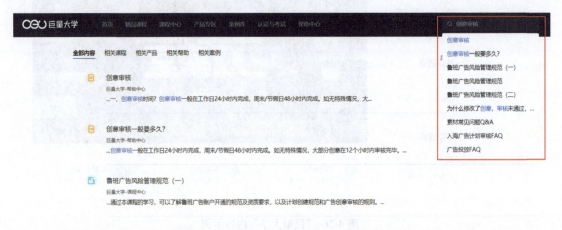

图4-28 "巨量大学"帮助中心内容示例

把帮助中心大概看过一遍之后，就可以从首页的"新手入门课程"开始看了，里面的讲解都很详细。

这里还要介绍一下的是，巨量引擎配有一个微信公众号"巨量引擎广告服务平台"，里面有直播课程、创意思路的分享。媒体功能更新很快，为了及时了解媒体变化，从业人员一般都会关注。

如果你还没有巨量引擎账户，进不了后台，能不能进行学习呢？也是可以的！还记得巨量引擎后台的登录页面吗？点击页面下方的课程入口，就会直接跳转到巨量大学里。没有限制条件，谁都可以学习。

4.3 账户搭建的两个基本概念

大致了解后台的整体情况后，接下来就要在这个后台里投放广告了，这个过程叫作"账户搭建"。在搭建之前，我们需要先了解两个概念：计划和账户结构。

4.3.1 计划是什么

在一个媒体上投广告和在饭店点菜很像，也有一个"菜单"要填，你可以在上面选你想要什么样的用户，怎么投广告。你在媒体后台填好了"菜单"，媒体就会照着"菜单"去给你找人、按你的要求投广告。

上面控制广告投放的"菜单"就叫"计划"。所以说，计划就是媒体后台给你提供的一张单子，有很多选项，你可以在上面自由选择。你填好的每一张单子，就叫一条计划。

媒体后台一般都有几十个选项，想要的选项不太好找怎么办呢？饭店的菜单上可能会划分炒菜、烧烤、酒水等类别。广告后台也一样，把这些选项分成了几个类别，大类别叫"广告组"（相当于先选择烧烤还是炒菜），中间的叫"计划"（具体点菜），下面的叫"创意"（要不要加葱花和香菜，有没有什么忌口），其中，"计划"是最主要的层级，是中坚力量。广告组、计划、创意共同组成了一个账户，它们一层套一层的关系就形成了账户结构。在下一节中，我们来具体介绍一下账户结构。

4.3.2 账户结构是怎么回事

我们上学的时候会分成学校、年级、班级这样的层级，要找某一个班的时候，就可以先找年级，再来找班级。

账户分为4个层级，分别是账户、广告组、计划、创意。账户是最大的层级，广告组放在账户里，计划放在广告组里，创意放在计划里，它们是包含关系，一层套一层。这样我们要找某一条计划的时候，就可以先从广告组开始找，也方便记忆和管理。

除了包含关系，账户、广告组、计划和创意还有什么区别呢？我们投放一条广告时，有很多设置项，媒体将这些设置项分别放到账户、广告组、计划和创意下面，让优化师在每一个部分都设置一些。它们各自的主要设置项如下：

- "账户"层级既可以查看余额，也可以设置预算；
- "广告组"层级主要设置投放目的和预算；
- "计划"层级主要设置定向、预算和出价；
- "创意"层级主要用来选投到哪个产品（例如抖音、穿山甲等）和投放的素材。

账户的设置项最少；计划的设置项最多；创意是最小的单位，一般和计划连在一起，不单独拆开。我们回想一下广告投放的几个流程，思考一下那几步流程分别都是针对哪一层级的。广告投放第一步——开户，是开通整个账户，是针对账户层级的；充值也是针对整个账户进行充值，不能说只给某一个广告组或某一个计划充值，也是账户层级的；广告内容审核针对的是计划和创意，不审核广告组，所以是计划层级的；数据监测是计划和创意层级的；计费也是以计划层级来计算的。所以不难发现，计划是最常用的层级，操作也最多。

"计划"和"广告"有什么区别

"计划"是一个代称,"广告"也是一个代称。不过"计划"属于账户的一个层级,"广告"是一个更广泛的代称,泛指整个行业,所以也包含计划。打个比方,"广告"相当于"人","计划"相当于"上班族"。有的时候它们也会混用,大家简单了解就可以,不用特别区分。

设置好计划后开启投放,计划会自动进入广告拍卖会中,媒体根据 eCPM 的排名进行流量分配,竞争成功的广告会出现在用户面前。我们能在后台看到效果数据,知道这条计划带来了多少销量或者有多少用户激活等。计划相当于拍卖会中的一个个"选手",是巨量引擎广告投放的主要载体。

知道了账户会分成账户、广告组、计划、创意 4 个层级,那么常见的账户结构是什么样的呢?

最常见的结构是一个账户有多个广告组,每个广告组会有 3~5 条计划,每条计划下会有 3~5 条创意,如图 4-29 所示。如果你要建 30 条计划,那么就可以建 6~8 个广告组,每组放 3~5 条计划。切记,不要把所有计划都放到一个广告组里。

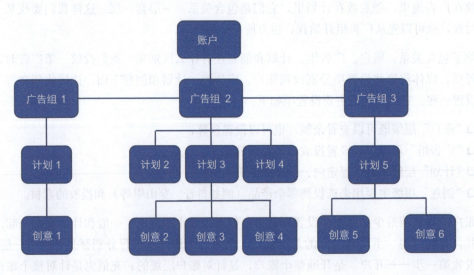

图 4-29 常见账户结构

新手刚开始可以直接用这种结构,之后再按自己的习惯做修改。了解了计划和账户结构的概念,接下来我们再来看一下巨量引擎后台的主要功能。知道了这些功能,你就可以自己摸索着在一个账户里投放广告了。

4.4 后台主要功能介绍

媒体后台的功能繁多，大大小小加起来得有几十个，而且还在不断变化。这里我们介绍几个基本的功能，沿着"选定广告给谁看、准备给用户看什么和打算投多少钱"这条主线，逐一进行。

4.4.1 巨量引擎有哪些定向功能

定向就是选择广告给谁看，也就是从媒体全部的用户中筛选出一部分人，只允许他们看到我的广告，屏蔽其他的人。筛选出的这部分人是我们认为比较符合产品定位的，广告效果会更好的。所以这时候媒体能支持"怎么定向"就很重要。

定向功能基于对用户的了解。因为用户现在走到哪儿都带着手机，每天花很多时间在手机上，所以媒体能够了解到用户的兴趣和行为。巨量引擎支持的定向可以分成以下 4 类。

- 用户基本情况：性别、年龄和地域。
- 兴趣。
- 环境与终端：网络、App 行为、过滤已安装、平台、系统版本。
- 自定义人群。

其中有一些我们在 3.2.2 节中已经介绍过，原理大致相同，这里就不再展开。我们主要介绍一下兴趣定向和环境与终端定向。

1. 兴趣定向

兴趣定向是比较重要的一个定向，简单来说就是你想要投放给什么样的人群，选择对应的兴趣就行了，媒体会提前准备一些定向的分类供你选择。巨量引擎有一个例子很形象地说明了兴趣定向的应用，如图 4-30a 所示。用户小王平常在今日头条 App 上浏览了一些内容，有一些点击、评论的行为，媒体会将小王的这些行为提炼出来，总结成一个个标签，"贴"在小王身上。小王的身上有"理财、金融"的标签，那么小王可能就会看到"理财、金融"相关的广告。我们再从广告主的角度来看，如果你是一个做理财产品的公司，那么你投放广告的时候为了找到对理财感兴趣的人，就可以选择"金融理财"的兴趣定向（先点击"自定义"，然后点击"金融理财"），如图 4-30b 所示。

(a) 用户侧看到金融理财广告示例（引自巨量引擎广告平台）

(b) 广告主侧选择"金融理财"相关用户示例

(c) 兴趣定向选择不限示例

图 4-30　兴趣定向应用示例

从图 4-30b 中我们可以看到，兴趣定向有大分类和小分类。我们先选了"金融理财"，然后右边出现了一些金融理财下的小分类，有股票基金、保险、彩票等，你觉得道理上说得通就都可以试试。兴趣的圈定越小，就越精准。如果你觉得这些小分类也不能直接描述你的产品，那还可以用"兴趣关键词"定向，自己写一些关键词来做定向找人。比如做理财产品的话，可以直接写上一些理财产品的名字，会更精准，但是覆盖的人就比较少了。这种做法一般用得不是很多，我们就不多介绍了。

对于兴趣的选择，大家不用担心"我选这个分类对不对呀"，兴趣本身就是一个比较"粗"的功能，不像预算那么精确，选择兴趣不会有特别坏的影响。比如想找愿意理财的客户，我可以在"兴趣定向"中选"金融理财"；我还觉得愿意理财的人都有些钱，于是把汽车、房子相关的兴趣都选上行不行呢？可以的；我在"兴趣定向"中选"不限"，行不行呢？如图 4-30c 所示，也可以。大家可以感受到，兴趣定向的选择是非常开放的，你想尝试的都可以试试。不只是兴趣定向，性别、年龄等定向也是这样，可以大胆尝试。因为信息流广告的一个基本思路就是"测试看效果"。

需要补充的一点是，今日头条对用户兴趣的判定不只是"用户对什么样的内容感兴趣"，还有"对什么样的广告比较感兴趣"。如果一个用户曾经通过广告购买过一套连衣裙，那么系统会判定这个用户对裙子相关的广告感兴趣，以后可能会向她推荐其他裙子相关的广告。

除此之外，还想和大家介绍的是头条比较特别的一个功能，叫作系统推荐定向。什么是系统推荐定向呢？如果你确定地知道目标用户的兴趣，那么你就可以选择对应的兴趣；但如果你不那么确定，就可以让系统来帮你找出相应的兴趣人群，这就是系统推荐定向。它在后台的设置方式如图 4-31 所示。

图 4-31　系统推荐定向

今日头条广告投放的一个特点就是"智能"，系统会自动帮你操作。系统推荐定向就是头条"智能"的一个典型表现，即不需要广告投放人员手动选择兴趣，媒体自动帮你匹配合适的人。那么这个匹配准吗？它一定是越来越准的。

2. 环境与终端定向

在环境与终端定向中，有一些是建议优化师必须选择的定向，我会单独标注出来。

- 环境

环境一般指用户所处的网络环境，如图 4-32 所示。

图 4-32 网络环境定向

为什么要把网络单独区分出来呢？这个重要吗？当然重要。在互联网上，无论你干什么，网络都是必备条件，不同的网络情况对用户行为的影响很大。Wi-Fi 和 4G 的区别是什么？区别在于用户是不是得自己花流量。如果一个 App 的大小有 100 MB，那么我们在广告投放的时候，更愿意投放给 Wi-Fi 环境下的用户。你可能想现在流量都这么便宜了，还有人在乎花流量吗？有，一定有。如果你投放的不是 App 或者 App 本身很小，那么就可以不区分网络环境。

而且在头条，还会有一个产品规则上的限制，在 Wi-Fi 环境下广告视频可能会自动播放，用户看视频的概率会更大，所以我们投放视频的时候会更愿意选择 Wi-Fi 环境。

- 终端

终端就是指用户使用的设备，比如手机、个人计算机和平板计算机等。在终端主要有 4 个定向：App 行为、过滤已安装、平台、系统版本。App 行为是什么意思呢？意思是"用户安装了什么 App"。原理也很简单，安卓手机允许 App 读取这台手机上安装 App 的权限，所以如果你的手机上安装了今日头条 App，它就可以知道你还安装了什么，有没有装淘宝、京东、爱奇艺等。这个控制一般在"设置"里，在"权限隐私"的部分有"读取应用信息"一项，点进去就能看到哪个 App 能读取你的已安装应用，选择"禁止"，如图 4-33 所示，那么这个 App 行为定向在你手机上就不生效了。

它有什么用呢？一个典型的用法是投放竞品用户。比如要给一个做二手车的产品投放广告，就可以投放竞品用户。因为大家用二手车 App 就是为了买车、卖车，比如一个用户要卖车，他可能不在意是在哪个平台上交易的，更关心的是价格，哪个平台卖的价格高就从哪儿卖，所以 App 行为定向对于竞品的定向是非常精准的。需要注意的是，iOS 手机不允许应用读取这台手机上安装了什么 App，所以其上 App 行为的定向不生效，无法使用。

4.4 后台主要功能介绍

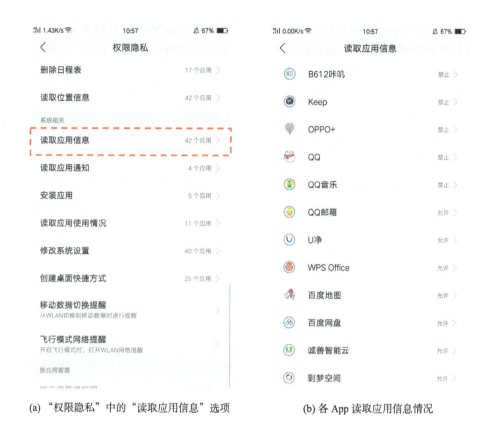

(a) "权限隐私"中的"读取应用信息"选项　　(b) 各 App 读取应用信息情况

图 4-33 "读取应用信息"权限设置

过滤已安装，从字面上来理解就是过滤已安装自己 App 的用户，你可以选择"过滤"或者"不过滤"。如果你选择了过滤已安装的用户，那么已经安装该 App 的用户就不会看到广告。同样，这对 iOS 用户也不生效。对于希望获得新用户的产品，这个是必须选择的定向。

在头条中，"平台"指的是 Android、iOS 和 PC，如图 4-34 所示。

图 4-34 "平台"定向

居然还有 PC？是的，今日头条 App 也有网页版，相应就有 PC 端的用户，只是用户量比较少，大家一般通过"平台"定向区分的是 Android 和 iOS 两个系统。那么 Android 和 iOS 有什么区别呢？显而易见的是，iOS 手机的价格普遍高于 Android，所以用户消费能力可能会更好一点；另外 iOS 的系统环境更好，下载应用时只能通过 App Store，有数据显示，iOS 系统上 App 下载后的激活率普遍高于 Android。大家一般会认为 iOS 用户更"优质"，而且 iOS 用户更少，头条显示 iOS 用户数量和 Android 用户数量的比例大概是 3∶7，所以 iOS 平台上广告位的竞争会更激烈，用户获取成本普遍高于 Android。所以"平台"是比较重要的一个定向，建议 Android 和 iOS 分开进行投放。

最后是系统版本。如果你投放的产品是 App，那么可能会有最低版本的限制，如果低于某一个版本，下载了也安装不了，广告的钱就白花了，所以要明确产品的最低版本，把不符合系统版本要求的用户排除。这也是一个必选的定向。媒体提供了各个版本的限制，可以直接勾选，如图 4-35 所示。

从哪儿能够知道这个限制呢？一般可以从应用商店查找或者询问广告主的技术人员。图 4-36 所示就是应用商店中明确写明系统版本限制的案例。

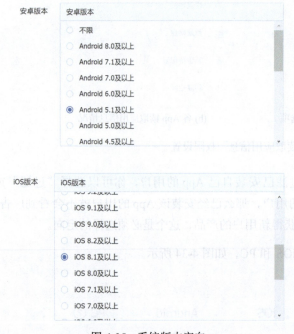

图 4-35　系统版本定向

图 4-36　App Store 中明确提示系统版本限制的案例

3. 定向之间的关系

如果我同时选择了多个定向，那么看到我广告的人是多了还是少了？少了。

如图 4-37 所示，比如你在性别上选择了"男性"，在手机系统上选择了"iOS"，那么你应该是想"男性并且用 iOS 手机"的用户可以看到广告，需要同时满足这两个条件，所以能看到广告的人少了。

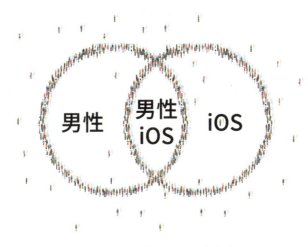

图 4-37　两个定向之间的交集关系

但是对于同一种定向，如果你选了多个选项，那么人就多了。比如地域定向，你选择了北京，又选择了上海和黑龙江，那么它们就是相加的关系，北京、上海和黑龙江的用户都能看到你的广告。

了解了定向功能之后，我们就该进入"准备给用户看什么"的阶段，也就是创意。创意的部分更好玩，能揭秘你日常看到的广告的另一面，我们一起来看看。

4.4.2　动态创意

不知道你有没有看到过这种广告："北京地区水果限时特卖！哈密瓜 1.8 元 / 斤！"

如果你刚好在北京，可能会觉得"哎，刚好赶上优惠"，有一种特殊感，就会点进去看看。

但实际上，这条广告是不是只投给北京地区的呢？上海就不特卖了吗？一般来说，全国都在特卖。那是怎么实现的呢？还记得前面提到过的地域定向吗？媒体能够定位到用户目前在什么位置，那么这个位置信息不只可以用在定向上，还可以用在创意里。媒体把所有的地点名称汇总成一个地点词包，你在制作广告的时候，只需要在要写地点的位置放上这个地点词包，就能实现用户在哪儿，地点显示哪儿的效果。因为这些创意是根据用户动态变化的，所以叫作"动态创意"。词包就是动态创意非常典型的形式。

比如投放本地打车广告，在后台填写的广告标题为"用这个 App，在 { 地点 } 3 分钟就能叫到车"：

❏ 用户在北京，看到的就是"用这个 App，在北京 3 分钟就能叫到车"；
❏ 用户在上海，看到的就是"用这个 App，在上海 3 分钟就能叫到车"；
❏ 用户在天津，看到的就是"用这个 App，在天津 3 分钟就能叫到车"。

除了地点以外，还有没有其他动态创意呢？

当然有！如果你用的是 iOS 手机，那么可能会经常见到"经典三国游戏今日公测！苹果用户限时免费下载！"。

这也是一种动态创意。你已经知道 Android 用户看到的会是什么了吧？没错，就是"经典三国游戏今日公测！Android 用户限时免费下载！"。

广告投放人员只需要在后台设置"经典三国游戏今日公测！{手机系统}用户限时免费下载！"，媒体就会自动帮你识别出用户的手机系统，然后在相应的手机里替换成对应的系统名称。

动态创意的原理就是基于系统对用户的了解，根据用户身上的标签动态替换标题片段，增加广告和用户的相关性。那么，常见的动态创意有哪些呢？

巨量引擎目前支持地点、日期、星期、手机系统、运营商、区县等词包，最常用的就是地点词包。如果系统识别不出来用户此时在哪儿，那么怎么办呢？也会有一个默认词，比如地点的默认词就是"本地"，保证用户看到的句子是通顺的，不会中间少一个词，如图 4-38 所示。

词包	默认词	替换词
地点	本地	北京,天津,石家庄,唐山,秦皇岛,邯郸,邢台,保定,张家口,承德,沧州,廊坊,衡水,太原,大同,阳泉,长治,晋城,朔州,晋中,运城,忻州,临汾,吕梁,呼和浩特,包头,乌海,赤峰,通辽,鄂尔多斯,呼伦贝尔,巴彦淖尔,乌兰察 收起

图 4-38 "动态词包"使用示例

我第一次知道动态创意的时候，心里大叫"原来是这样！我一直以为是真的！"。第一次感受到了"千人千面"在我身上的应用。除了词上的动态，还有另一种动态——文案和图片 / 视频的动态组合，它有一个学名，叫程序化创意。

4.4.3 程序化创意

我们要做一条广告,需要把图片/视频和文案组合搭配,这叫作"自定义创意",就是自己确定创意组合。在组合的时候你可能会犹豫:这么组合真的是最好的吗?换一种会不会更好呢?

不用纠结了,把它交给系统吧。你只需要把准备好的素材都放到指定的地方,然后系统自动帮你排列组合,投放给用户,这个自动过程就叫"程序化"。程序化创意的另外一个好处是它会根据投放效果来判断哪个组合是最优的,停掉效果差的,只投放最优的组合。

下面我们举个例子来看"自定义创意"和"程序化创意"的区别。比如,我们要给苏宁做广告,准备好了2张图片(如图4-39所示)和4条文案。

图4-39 准备投放的图片

准备投放的文案:

- ❏ 放心过好年,来苏宁买好年货;
- ❏ 来苏宁买年货,给老公换个剃须刀;
- ❏ 来苏宁买年货,给爸妈换台大电视;
- ❏ 来苏宁买年货,给自己买台新相机。

要把它们投放出去,就需要将图片和文案搭配好,一条文案搭配一张图片的话,一共有8种组合方式,我们也不知道哪一种效果最好。如果都试试,那么用自定义创意的方式,需要创建8组创意;而如果用程序化创意,就只需要创建1组,系统自动在投放的时候帮你组装成多组创意,很省事。并且程序化创意能够测试得更充分,系统会分批进行探索,不会一次性投放全部创意,测试成功率更高。总的来说,程序化创意在巨量引擎还是比较好用的一个功能。

4.4.4 选标题

动态创意和程序化创意都能够帮助我们在已有创意的基础上提升创意效果，但如果已有创意不行，那么提升效果也不会太理想。但创意能力不是一件简单的事，比如文案，虽然只是小小的一行字，但要让用户喜欢看，对词语、句式都有一定要求。如果你不会写，那么怎么办呢？别着急，系统又来了。巨量引擎广告系统不仅能推荐定向，还能推荐标题，这个功能叫"选标题"。

> **说明**
>
> 广告里通常将纯文字的广告语叫作"文案"，巨量引擎官方的叫法是"广告标题"，都是一个意思。

你选择某个行业，巨量引擎会自动显示出对应行业的文案，可以直接使用。图4-40是我们选择了"金融保险/网贷平台"行业之后推荐的文案，像这条"炒股小白不想被套！还不看看这些人都在学什么？"写得很口语化，是个不错的股票类产品文案。

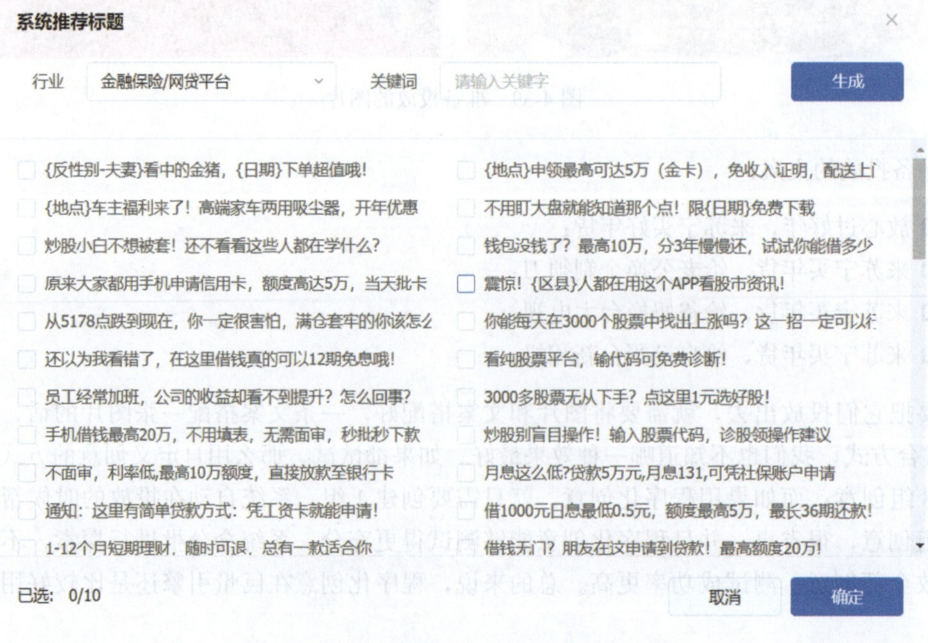

图4-40 "选标题"分行业使用示例

当然，我们也可以不限行业。搜索一个关键词，此时会出现包含这个词的相应文案。图 4-41 是我们搜索"买"字之后出现的文案。

图 4-41 "系统推荐标题"搜索关键词使用示例

会不会重复呢？大家看到的都是一样的推荐，用的都是一样的文案？这的确是个问题，用和别人一样的标题不如自己写，不过我们可以把它当成一个辅助工具，学习一下广告的文案要怎么写。

是不是觉得巨量引擎有点厉害？这么智能！其实巨量引擎最厉害的还不是这个，更厉害的是它的转化出价！不过在介绍出价之前，我们还是先看一下预算功能，毕竟这是广告投放的生命线——钱不能花超了。

4.4.5 预算功能

预算也就是打算花多少钱，相当于告诉媒体"我最多想花多少钱"，媒体不会让你的广告费用超预算。

巨量引擎有 3 个设置预算的地方：账户、广告组和计划。

❑ 账户预算就是整个账户最多花多少钱。

- 广告组预算是这个广告组最多花多少钱。
- 计划预算是这条计划最多花多少钱。

也就是说，整个账户除了最小的创意层级以外，都可以设置预算。预算可以设置成具体金额，比如 300 元、1000 元、50 000 元等，也可以选择"不限"，也就是告诉系统"我不限制你花多少，你能花多少就花多少"。是不是有点吓人？其实也没有，决定花多少钱的可不只是预算，还有出价呢。

这是往多了设置，那设置得少一点呢，预算可不可以设置成 1 元？不行，预算媒体有最低值限制。巨量引擎目前账户预算和广告组预算的最低值是 1000 元，计划预算是 300 元。一般一条计划刚开始投放的时候，预算都会设置得低一点，保守一点会给计划设置 500~1000 元的预算，如果效果好，可以逐步增加预算。

我们看两个案例：如果账户、广告组、计划多个层级都设置了预算，那么预算是怎样生效的？

先看一个简单的。一个电商产品的账户中，账户预算 2000 元，组预算 1000 元，计划预算 500 元，那么这个计划最多能花多少钱？以预算的最小值为准，不能超过 500 元。

再看一个复杂点的。如果账户里有多个组、多个计划，预算要怎么算？一个社交产品的账户中，账户预算是 10 000 元，账户里共有 3 个组，组预算都是 3000 元。其中一个组叫"组 1"，里面有 2 条计划，分别叫计划 A 和计划 B，每条计划的预算是 2000 元。那么这个账户最多能花多少钱？组 1 最多能花多少钱？计划 A 呢？

看起来有点像数学题，但我们只需要记住一个原则，就能顺利通关：预算如果有交叉，在每一层级都取最小值。

我们先看账户预算。账户预算是 10 000 元，3 个组的预算加起来是 3000+3000+3000=9000 元。账户里各组预算的总和比账户预算小，所以整个账户最多能花 9000 元。这也很好理解，每个组的花费都到达了各自的上限，账户自然就会停止投放。

再看"组 1"最多能花多少钱。组 1 的预算是 3000 元，两个计划预算之和是 2000+2000=4000 元，大于组预算。这里我们取最小值，即 3000 元。也就是说，无论两条计划怎么分配，只要总花费达到了 3000 元，这个组就会停止投放，所以组 1 最多只能花 3000 元。

计划 A 预算是 2000 元，那么它最多能花 2000 元。

现在记住"预算如果有交叉，在每一层级都取最小值"这句话了吧？预算的设置常常会有交叉，弄明白怎么算还是很有必要的。有一种常用的思路是不限制组预算，只用账户预算和计划预算来做限制，这样就好算多了，只要记得以少的那个为准就行。

预算是广告投放里非常重要的东西，甚至可以说是最重要的设置之一，它的玩法还挺多的，大家先记住这些，后面讲优化思路的时候再来看设置技巧。

4.4.6 转化出价

预算和出价共同决定了广告主打算花多少钱，说完了预算，我们再来说出价。巨量引擎有很多种出价方式，常规的有按展示出价、按点击出价，但优化师用得最多的是按转化出价，因为它风险小、成本好控制，能避免花很多钱但看不见效果的情况。我们在 3.4.2 节中初步介绍过转化出价，这里我们进一步介绍一下它的原理，以及它在巨量引擎中是怎样使用的。

1. 转化出价的原理

首先，回到几种出价方式的定义。

- 按展示出价：每一次曝光最高愿意出多少钱。
- 按点击出价：每一次点击最高愿意出多少钱。
- 按转化出价：每一次转化最高愿意出多少钱。

其中转化出价还涉及对转化的定义，你认为什么叫一个转化，需要把它告诉媒体。广告主要告诉媒体自己要找有哪一种行为的人，愿意出多少钱；媒体要做的事情就是帮你找到最可能有这种行为的人，并且让获客成本尽量低于你的出价。

- 广告主按展示出价，媒体帮他找到能展示的人。
- 广告主按点击出价，媒体帮他找到最有可能点击的人。
- 广告主按转化出价，媒体帮他找到最有可能转化的人。

所以肯定是转化出价对广告主更合算，对不对？那么，转化出价的原理是什么呢？媒体是怎么实现按转化出价来投广告的呢？实现的原理，用专业术语叫"机器学习"。这里我们用一种简单的方式来理解。

如图 4-42 所示，我们把投广告的过程分成两个阶段。字节跳动有很多用户，他们有不同的特征，我们用形状来代表不同特征的人。有的用户是三角形，有的是五角星，有的是心形，还有的是圆形。在第一阶段，系统先从中找出一部分人，给他们看广告，看他们的反应。其中有的人点击了，有的人没点击，有的人点击之后还转化了，我们要重点关注那些转化的人。这里用圆形和心形代表转化了的人。

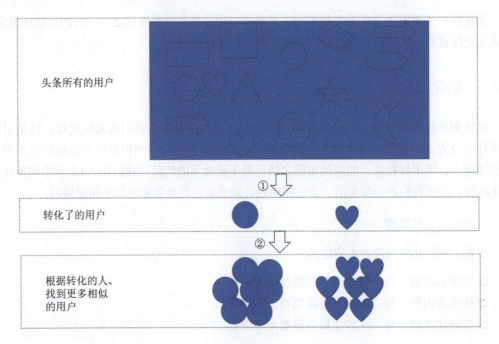

图 4-42 转化出价原理示意图

有了转化的人之后，就要去分析他们，这就进入了第二阶段。媒体推测转化了的人比较喜欢这条广告，那么其他圆形和心形的用户是不是也会比较喜欢这条广告？我们给更多圆形和心形的用户展示这条广告，于是系统形成了一个找人的"模型"，如图 4-42 所示，这就是机器学习的原理。先找到一部分转化了的人，分析他们的特征，然后建立模型，根据模型去找和他们相似的人。

2. 按转化出价需要做的技术工作

根据上面的原理，我们发现其中一个关键的问题是"媒体需要知道用户有没有转化"。用户在媒体上的行为是看见广告、点击广告，再下一步可能就离开了这个媒体，去了广告主的 App 上。此时媒体已经不知道用户干了什么，有没有转化，这就需要广告主告诉媒体"有没有转化"，那怎么告诉呢？总不能发微信吧？公司和公司之间发消息的过程就需要技术对接，用技术能懂的语言进行大量数据传输，术语叫 API 对接。

我们再多想一点，其实按照转化出价的原理，我告诉媒体什么样的行为，媒体就会给我找有这个行为的人。转化最常见对定义是激活了一个 App，但是我可能不只想要激活，还希望用户第二天能登录我的 App，也就是次日留存。那么我可不可以让媒体给我找第二天还会用 App 的人呢（将次日留存作为转化目标）？

这也是可以的。2018~2019 年，越来越多的广告主对广告效果的要求从激活变成了次日留存、下单或者付款，用户行为越来越靠后，媒体也可以支持这样的投放目的，能降低广告投放的风险，让广告的回报更大（你对接到哪一步，媒体就会"包"到哪一步。对接的越深，广告主的回报就越好控制）。

这里可能还有一个问题：广告主是否愿意告诉媒体哪些用户转化了。他们可能会觉得这是商业机密，希望能够保密。但这是做信息流广告必须付出的信息成本，不然很难有好的效果。这些数据风险不大，并且随着信息流广告逐渐被大家接受，大家也习惯了这样的投放方式。基本上，主流的广告投放都在用转化出价，并且由于广告主对 ROI 的迫切需求，希望广告能直接优化后端效果，所以和媒体对接的数据越来越深入。以前大家都将激活、注册作为转化，现在游戏产品的广告主会对接到充值，电商平台的广告主会对接到下单，直接按照这些很后端的行为来出价。甚至可以说现在不对接转化数据，就很难在信息流媒体上获取大量用户。

3. 巨量引擎的 oCPM

转化出价是你设定的一个转化目标及对应的出价，媒体会按照这个出价帮你去找相应的用户。这里的关键是你设定的目标及目标对应的价格，所以在巨量引擎，一般也把"转化出价"叫作"目标转化出价"。根据计费方式的不同，巨量引擎有两种出价方式，分别叫作 oCPC（optimized cost per click）和 oCPM（optimized cost per mile）。optimize 是"充分利用，使最优"的意思，oCPC 就是使每一次点击最优，oCPM 则是使展示最优。它们的区别是 oCPC 是按照点击计费，oCPM 是按照展示计费，这两种计费方式的本质相同，都是按照你设定的目标出价，帮你找用户。现在主要用 oCPM 的出价方式。

通过前面的介绍我们知道，转化出价需要先有一部分转化的人，然后系统才能去找到相似的人，这个阶段叫作"学习期"，处于学习期的计划成本可能会比较高，因为系统还不知道这条广告适合什么样的人；系统"学会了"之后，就可以帮你大量获取用户了。这有点类似于一个新药品，需要经过实验室的测试，才能在工厂大规模生产。前面的"学习期"就是在实验室的阶段，这是必须经历的，也就是计划都要经历成本不稳定的阶段，这个规律在各个媒体中都一样。同时，不是所有的新药都能通过测试，之后上市，系统的学习也可能会失败，因此这条广告可能就找不到合适的用户来看，带不来转化。

"学习期"是整个账户一起学习，还是广告组或广告计划自己学自己的？在巨量引擎，因为转化目标和转化出价都是在计划层级上设置的，所以也是以计划为单位来进行学习的。账户有可能有很多计划，有的计划已经"学会了"，可以大规模获取转化了，比如一天花几千、几万元；有的计划刚开始投放，还在学习期；也有的计划学习期失败，很可能没有转化。

广告主们在学习期一般会比较痛苦，怎么成本这么高呢？出价是 10 元，可能成本都到了 20~30 元！针对学习期成本不稳定的现象，巨量引擎做得非常到位，它制定了"赔付规则"——成本高了，我赔给你！比如你出价 10 元，实际成本是 30 元，那么 20 元差价我不要了，返给你！

在成本赔付方面，巨量引擎是目前各媒体中做得最好的。接下来，我们看一下它的成本赔付条件。

4. 超成本的赔付规则

头条超成本赔付的主要目的是让学习期的计划和成本也能得到保障。巨量引擎的赔付规则主要规定了赔付范围，在赔付范围内就可以享受"超成本赔付"的待遇，成本以外多花的钱会自动充值到账户里，这个过程不需要广告主做任何操作。2019 年 9 月，主要的赔付条件如下。

(1) **赔付的时间范围**：广告开始投放之后的前 3 天。

(2) **对转化数的要求**：达到一定转化数之后才可以被赔付。但是大家不用担心，这个转化数的要求很低，对于不同的设置，要求也不一样，不过最多要求 6 个。假设一条计划在 3 天里共产生了 50 个转化，那么从第 7 个转化开始，成本就有保障了，超过即会赔付，前 6 个不管。

(3) **对操作有一点要求**。转化出价的特点就是要依靠系统去学习，就像考试的时候考试范围不能总变一样，用转化出价的计划也不能总变。如果你一会儿要求 10 元一个转化，一会儿要求 30 元一个转化，系统就错乱了，不知道怎么学习，可能就找不到合适的人看广告。所以，记住一点：别总变。巨量引擎的要求是"每天修改广告计划出价或定向中任意一个的次数不能超过 2 次，否则不给予赔偿。"

接下来，我们看一个巨量引擎后台真实赔付的例子。有一天，我收到了巨量引擎发来的一条消息，说给账户里的一条计划赔付了，具体的赔付情况如下。

时间：2019 年 05 月 09 日 00:06:40 ~ 2019 年 05 月 12 日 23:59:59

目标成本：12.89 元

对应转化数：21 个

总预期消耗：270.69 元

总实际消耗：393.64 元

合计应赔偿金额：122.95 元

这条广告的出价是 12.89 元，产生了 21 个转化，满足成本要求的情况下应该花 12.89×21=270.69 元，实际投放花了 393.64 元，所以多花了 393.64–270.69=122.95 元，巨量引擎就自动把超出的这 122.95 元充值到了账户里，保障了成本。

怎么样？有没有很厉害？这个赔付的功能确实让巨量引擎的广告投放有了很多保障，不用担心超成本了！

5. 使用转化出价的注意事项

我们知道，转化出价是系统帮我们找用户，你在后台只需要在出价位置设置想要的价格即可，比如 30 元、5 元等，系统不停地按照你的要求帮你去找人。这就需要你和系统来配合，是你们两个一起来找目标用户。

那么，怎么配合呢？你是老板，系统是帮你干活的长工。对长工来说，按转化出价找人比按点击出价找人难得多，老板的要求比较难完成，所以老板得对长工多点理解。

那么，理解具体体现在什么地方呢？

(1) 需求不能总变——不能频繁调整出价

比方说盖一个房子。开始老板说要一个三居室，过一会儿又变成二居室，再过一会儿说要一个二层的 loft，老板的要求总变，长工很懵啊，不知道咋干好。要求不要总变，这样干的活才能又快又好。

如果确实要变，该怎么办呢？在原来的基础上，稍微变一点，不要变得太多。例如，你原本出价 20 元，不要当天一下子将出价变到 10 元，可以当天变到 18 元，第二天变到 16 元。不要幅度太大、太频繁。可以将出价 × 10% 作为调整幅度的参考，例如 20 × 10%=2，出价 20 元可以一次调整 2 元左右。怎么理解太频繁呢？一天超过 2 次就算频繁了。

(2) 接受长工有新手期——允许计划在学习期的时候成本高，暂时不作调整

做一件事一开始都不熟练，做得总是差一些。老板得接受长工有新手期，也就是允许计划在学习期的成本比较高。每一条计划新投放的 1~3 天成本都会不稳定，不管你愿不愿意，它都得学习。而且不是还有赔付吗？所以成本高的时候也可以先不进行调整和降价，有人给你赔付，就不用心疼成本。

关于转化出价的用法，我写了一个顺口溜。

　　广告系统有两下，转化出价顶呱呱。

　　累积数据建模型，不要总调行不行。

　　要调也别调太大，你和系统是一家。

　　啥叫太大？超过 1 成就叫大！就叫大！

（"1 成"指"10%"，一天超过 2 次就叫总调）

4.4.7 投放管家

能够实现按转化出价是巨量引擎智能投放的一个典型表现，它能让你的广告成本大体稳定。广告主投放广告的主要目的就是保证成本的情况下增加用户量，而广告投放最主要的问题之一就是成本高，转化出价有效地解决了这个问题。

既然出价可以这样智能，那么其他部分可不可以也做到智能呢？比如预算的调整？成本低的时候系统自动多花点钱，成本高的时候少花点钱？甚至系统自己建计划？

这个比较难，但巨量引擎做到了。2018年中旬，巨量引擎推出了"投放管家"功能，相当于把账户"托管"给媒体。投放管家承担了账户效果监管的工作，自动进行调价、调预算，大大减轻了优化师的工作量，让广告投放变得十分简单。这个功能也在逐渐完善，到2019年年中，已经有一些广告主在使用这个功能了，效果还可以。

那么"投放管家"到底能干什么？

- 优化师将后台的设置项选好，上传一批素材，剩下的工作就可以交给系统，系统会自动利用这些设置项和素材创建计划。
- 系统会根据实时竞争情况以及投放效果，自动调整出价和预算，例如成本过高会自动停止投放，效果好时及时提升预算。

可以理解成，有了投放管家，广告主只需要将素材传上去，设置好你想要的成本，就不用管了！当然，你还是要定时看一下投放数据，但查看的频率相对于没有投放管家要低很多，一天看1~2次就差不多了，而没有投放管家可能一天要看10多次。

那么投放管家会不会取代优化师呢？目前能够减轻优化师一部分的工作，但不能完全取代。优化师的主要工作还在于想创意，毕竟要把素材传上去，系统才能帮你管理账户。

4.5 从一个案例来看后台的具体设置

了解了巨量引擎后台的主要功能，就可以进行广告后台的设置了。我们以一个贷款产品为例，看一下它是怎样进行设置的。

广告主主要考核注册数，获取一个用户的手机号作为一个注册，期待每个注册的成本是35元，日用户获取量200个，那么理想的情况下每天需要花费35×200=7000元。

4.5.1 投放规划

广告主在一个媒体上投放广告,首先要做一些准备工作:开好账户、完成充值,同时要准备好投放的链接,和媒体做好技术对接。

我们投放的目标是获取注册数,那么需要拿到注册链接。建议优化师拿到注册链接后先自己注册一下,看看能否监测到数据,确保数据监测的准确性。

广告主在一个媒体上投放广告,一般需要花一点时间来探索,才能获得比较好的投放效果,所以会采用"先小预算测试,再根据效果逐步提升预算"的方式,降低广告投放风险。我们前期会以每天 2000 元的小预算进行投放,发现效果良好,就可以将预算提升至 7000 元左右,满足广告主对投放量级的需求。前期小预算测试持续多久呢?巨量引擎的测试速度还是比较快的,一般 1~2 周作为前期摸索阶段,快的话不到一个星期就能稳定获取用户。

接下来,我们就以"日预算 2000 元、目标转化成本 35 元"为投放目标,按照账户→广告组→计划→创意的步骤来进行账户的具体设置。

4.5.2 账户层级的设置

广告投放最重要的一个因素就是预算。我们已经知道,巨量引擎有 3 个设置预算的地方,分别在账户、广告组和计划中。账户层级一般用来设置总预算,我们在这里设置预算为 2000 元,就能保证不超预算,如图 4-43 所示,在"推广"页面左上角的"账户日预算"位置可以进行账户预算设置。

图 4-43 "账户日预算"设置位置

接下来我们 起将账户日预算设置成 2000 元,看一下详细的操作步骤。

①点击账户日预算这里的"小铅笔"图标,如图 4-44a 所示。

②弹出修改账户预算的弹窗,这里默认为"不限预算",如图 4-44b 所示。因为我们想设置成 2000 元,所以点击"指定预算"。

③这时下面会出现填写账户日预算的位置,我们在这里填写"2000",点击"确认"按钮,如图 4-44c 所示。

于是日预算就被设置成 2000 元啦,如图 4-44d 所示。

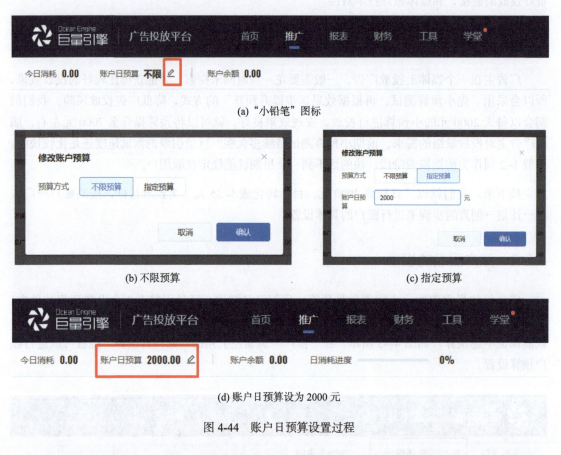

图 4-44 账户日预算设置过程

除了账户日预算外,在账户层级还需要关注一下账户余额。账户余额就在账户日预算旁边的位置。如果账户里没有钱,是不能投放的。因为给账户充值时需要走流程,所以最好要让余额保证有 2 天的费用。比如每天要投 2000 元的广告,那么账户余额至少要有 4000 元。

4.5.3 广告组的设置

接下来是广告组。首先,要在其中设置推广目的。我们投放广告希望用户能够注册,这属于销售线索的范畴,所以这里选择"销售线索收集"。

4.5 从一个案例来看后台的具体设置

前期每天的预算是 2000 元，这个预算不是很多。我们已经在账户上设置了预算，所以广告组预算就可以选择"不限"。再给广告组起个名字，就完成了组的设置，如图 4-45 所示。然后点击"下一步"按钮，进入计划层级。

图 4-45　广告组的设置

用户能看得到我设置的广告组名称吗

用户是看不到这个名称的。这个名称只展示在后台，只有优化师自己能够看到，用户在手机上看不到。包括后面的计划名称，用户也看不到。可以放心设置。

4.5.4　计划的设置

在计划层级，会对定向进行设置，就是照着后台的选项一步一步来。我们可以先不限制地域，由于贷款类产品以男性用户居多，所以选择只投放男性，年龄只选 18 岁以上的，因为 18 岁以下的人不允许贷款，兴趣定向选择系统推荐就可以，平台选择 iOS，其他不做限制。设置好之后，如图 4-46 所示。

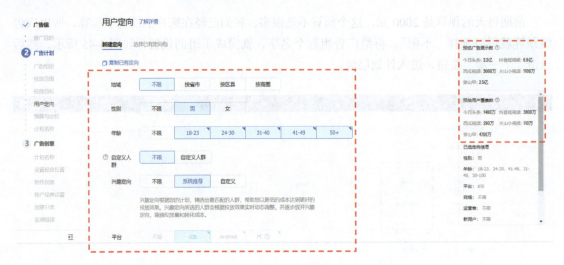

图 4-46 定向的设置

有一个提示是：在选择定向的时候，要关注一下右侧的"预估广告展示数"和"预估用户覆盖数"。因为媒体有很多个广告位，一个用户可以在信息流、视频贴片等各个位置多次看到你的广告，所以预估广告展示数比预估用户覆盖数多很多。广告投放中一个常见的问题是定向范围过窄，这导致计划曝光量很小，这个预估的数据能够起到提示的作用。由于各产品用户量不同，比如抖音肯定比抖音火山版用户量大，所以预估能覆盖的人数也不一样。一般认为产品预估用户覆盖数在千万级以上，人群覆盖量就是充足的；预估用户覆盖数不足百万，就很可能得不到曝光，导致获取不到多少用户。

> **小问号的妙用**
>
> 大家有没有留意到图 4-46"自定义人群"左边有一个带圈的小问号？它是一个"宝贝"，把鼠标移上去就能看到对这个功能的解释。比如我们把鼠标放到"自定义人群"上，可以看到这样的解释："您可选定或排除特定人群，可前往工具箱——头条 DMP 中创建和管理人群包"，和我们说的一样，就是要投给某些人或者屏蔽某些人。
>
> 巨量引擎有很多这样的小问号，大家看到的时候就可以把鼠标移上去看看。

设置完定向之后，就对是预算与出价的设置。

在设置计划的预算时，我们需要考虑账户有多少预算，打算用在几条计划上。刚开始的时候，一般不会把所有预算都放在一条计划上，我们可能还想测一下不同的创意效果怎么样。每条计

4.5 从一个案例来看后台的具体设置

划的初始测试预算在 500~1000 元比较常见，我们的日预算只有 2000 元，所以将单条计划的测试预算限制在 500 元。

我们选择按转化出价，巨量引擎目前的主流是 oCPM 出价方式，这里选择 oCPM。这个广告主期待的成本是 35 元，一般上下浮动 10% 都是可以的，我们刚开始投放时可以先将出价设置得低一点，比如 33 元，具体设置如图 4-47 所示。

图 4-47 预算和出价的设置

最后需要填写计划名称，这主要是为了方便后续的数据分析工作。这个名称用户是看不到的，一般我们会在这里写上计划主要的设置信息，包括定向和出价的特征，这样当这条计划产生数据的时候，就可以分析这些定向的效果了。同时需要注意的是，由于创意和计划是连在一起的，所以也要写上创意的主要特征，我们后续打算用一张"掏兜"的图片，这里也加上"掏兜大图"作为标记，最后计划命名如图 4-48 所示。

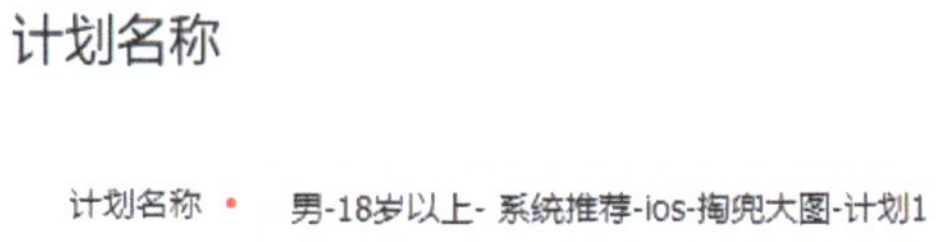

计划名称

计划名称 • 男-18岁以上- 系统推荐-ios-掏兜大图-计划1

图 4-48 计划名称的设置

4.5.5 创意的设置

在创意设置的部分，我们先选择"程序化创意"创意方式，这是目前用得比较多的投放方式。然后开始上传素材，这里我们先上传一张"掏兜"的大图，兜里干干净净、表示没钱；在标题的部分我们使用"系统推荐标题"，如图 4-49 所示。

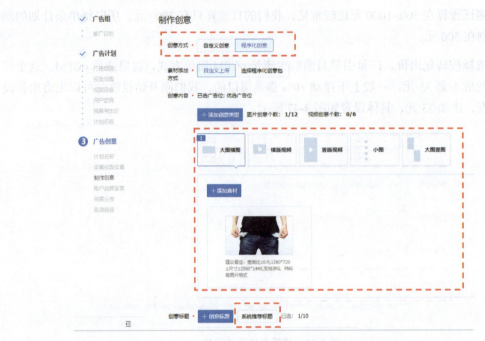

图 4-49　创意的设置

点击"系统推荐标题"时,会出现很多贷款相关的标题,我们选择其中的 3 个。勾选之后,会自动填写到对应的标题位置,如图 4-50 和图 4-51 所示。

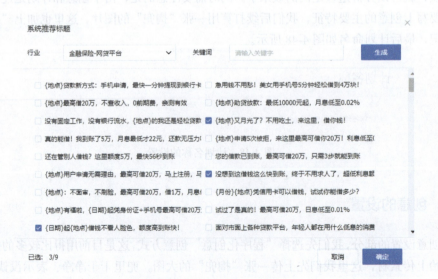

图 4-50　勾选系统推荐标题

图 4-51　自动填写到标题位置

设置好之后保存，如果看到如图 4-52 所示的提示，就证明创建成功啦！

图 4-52　创意创建成功提示

然后点击页面最上方的"推广"字样，回到"推广"页面，就可以看到成功创建的计划了，如图 4-53 所示。

图 4-53　"推广"页面中创建成功计划示例

接下来，就可以投放给用户看了！是不是觉得挺简单的，系统会有很多提示，一步一步照着做就行了。

4.6 怎样查看数据

计划投放之后就会产生数据,观察数据是广告投放至关重要的一步。一方面,通过数据能够知道广告投放带来的效果,比如有多少人看到这条广告,带来了多少订单;另一方面,要根据投放效果实时对广告的设置进行调整,可以改变出价、预算或者停止投放等。这一切都要基于数据来进行,我们会在后面的章节中专门介绍数据分析的思路,这里先学会查看数据的方法。

在巨量引擎后台,查看数据有两个入口:一个是在"推广"页面,广告组、计划、创意下面会展示出当前的实时数据,如图4-54所示;另一个是在"报表"页面,那里会有各个维度的数据供查看,如图4-55所示。

图4-54 "推广"页面数据查看入口

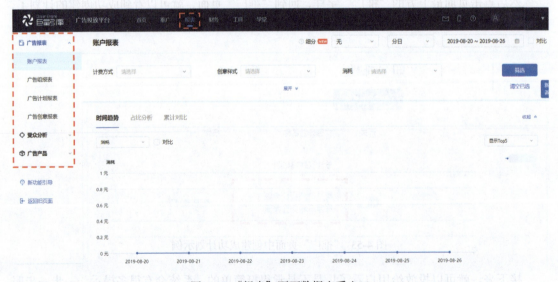

图4-55 "报表"页面数据查看入口

两者的数据一样,都是准确的,不一样的是:"推广"页面的数据会更简洁一些,主要用来实时查看数据;"报表",顾名思义,其主要功能当然是展示各个维度的报表,数据会更全面。且除了表格以外,还会用图形来直观地展现数据,更容易理解。因此,这里我们重点介绍一下"报表"页面的数据查看方法。

4.6.1 "报表"主要功能

如图4-56所示,先看左边的几个按钮。用红线框起来的是3个主要功能,点击它们下面属于各自类别的小功能。我们先看3个大的功能分别是干什么。

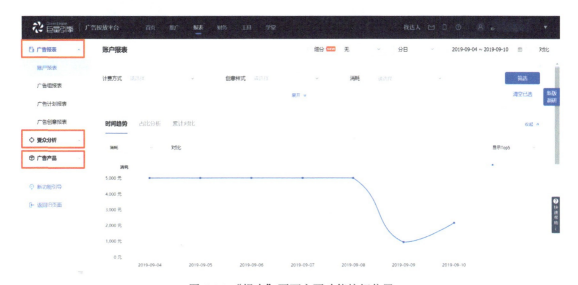

图4-56 "报表"页面主要功能按钮位置

- **广告报表**:在这里可以查看账户、广告组、计划、创意各层级的数据,了解每条计划带来了多少曝光、多少转化等。如图4-56所示,当前选中的是"账户报表",展示的就是"账户报表"的数据。
- **受众分析**:在这里可以查看广告的受众分析。受众分析是什么意思呢?就是知道是什么样的人看了广告,什么样的人真的购买了。基本上前面定向的那些维度这都能分析,例如性别、年龄和兴趣等,如图4-57所示,可以看到在这个账户中,已经转化的用户绝大多数为男性,年龄主要分布在18岁和30岁之间,基本都用Android手机,主要网络环境是Wi-Fi和4G。
- **广告产品**:广告产品是什么意思呢?其实它是一个代称,里面功能比较杂,媒体可能也不知道叫什么名字好,就叫"广告产品"吧。有一些功能不太常用,其中最常用的是分素材统计功能,可以看到每一条素材的数据。

大家会不会好奇：在第一个"广告报表"功能里也有"广告创意报表"啊，和这里的有什么区别呢？这就是关键了，在巨量引擎投广告有一个普遍现象：常常会把同一条视频上传到不同计划，多的可能有七八条，从"广告报表"中就无法统计这条视频的总体效果，只能看到每一条创意单独的数据。这时候就可以用分素材统计功能，看到这个素材在不同计划里的总数据。图 4-58 展示了这条视频在 16 条计划里的总数据，非常清晰。

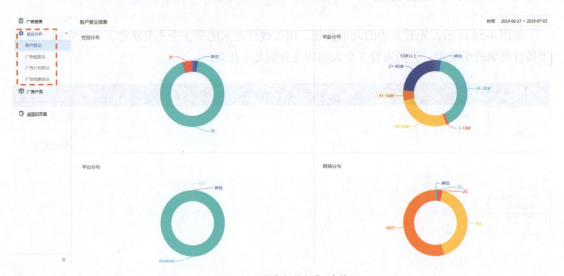

图 4-57 "受众分析"功能

图 4-58 分素材统计报表

4.6.2 怎样使用"报表"来做日报

接下来我们以"优化师小刘的一天"为例，看一下他怎样使用报表功能。

小刘是一名优化师，帮助他的老板投放信息流广告，他需要每天跟老板汇报"花了多少钱，带来了多少效果"。老板要的数据太多，又要看点击率，又要看 CPM，还要看成本，口头说可说不过来。于是，他每天做一个 Excel 表格，把老板要的数据都发给他。这个表要每天做，就叫"日报"。接下来，看一下小刘做日报的详细操作步骤。

他自己没有数据,得从媒体后台找,于是需要用到媒体的"报表"功能。进入媒体后台之后,点击导航栏的"报表"按钮。因为他要进行账户数据汇总,所以选择"广告报表"下的"账户报表",如图 4-59a 所示。

但是怎么看不见表格在哪儿呢?不用着急,这个页面很长,向下滑动才是表格。他熟练地滑了一下鼠标,进入到下面的表格页面,如图 4-59b 所示。

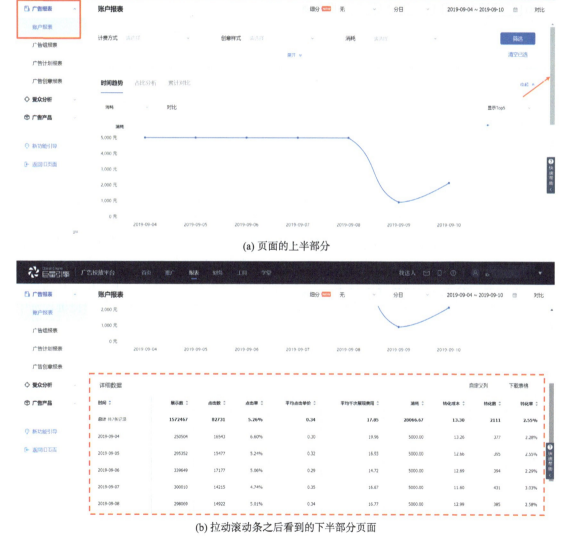

(a) 页面的上半部分

(b) 拉动滚动条之后看到的下半部分页面

图 4-59 "账户报表"页面

小刘开始从页面的数据中选择他要的数据。首先,他每天早上给老板汇总昨日的数据,所以需要先选择"日期"到昨天。日期在哪儿选呢?页面的右上角有一个写着"2019-09-04~2019-09-10"的地方,点击一下就可以选择日期了,如图4-60所示。

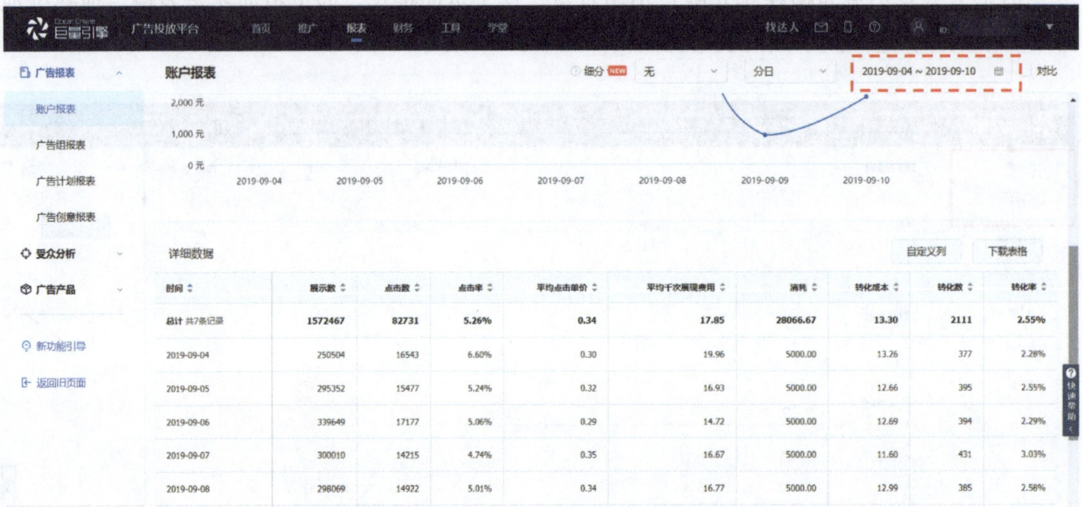

图4-60 在账户报表中选择"日期"的位置

小刘还记得,他第一次用这个日期框的时候有点"懵",还是老板教他要怎么选的:"你想看哪天的数据,就点击对应的日期就行了。被选中的日期会变成蓝色。"今天是12日,想要做11日的数据,所以就选择11日。12日上的小框用来表明"今天",它会随着日期自动更新,如图4-61所示。小刘现在已经是老司机了,他直接点了左侧的"昨天"快捷键,选中了日期。

如图4-62所示,已经出现了昨天的账户数据,有展示数、点击数、点击率……这么多数据,但是老板还要看转化数,这里没有啊!怎么办?

图 4-61　日期选择框

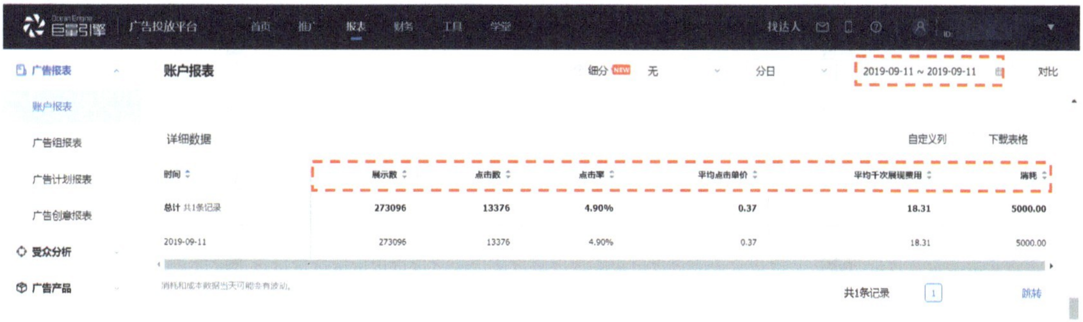

图 4-62　选中日期之后的账户报表

这里就需要用到一个"神器"：自定义列。小刘点击"自定义列"，出现了好多数据，他选择了"转化数"、"转化成本"、"转化率"，如图 4-63 所示。

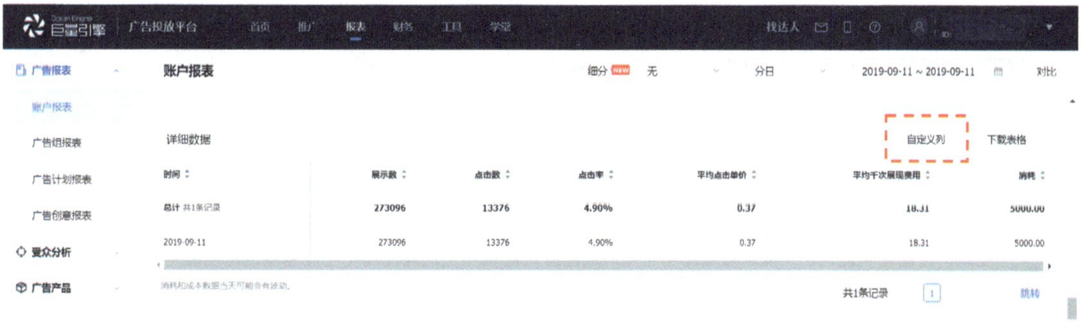

(a) 选择"自定义列"

图 4-63　添加转化数据

(b) 找到"转化数据"

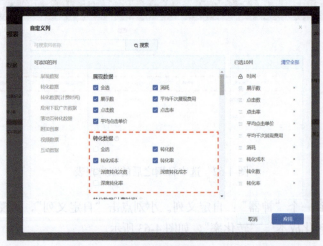

(c) 选中"转化数据"

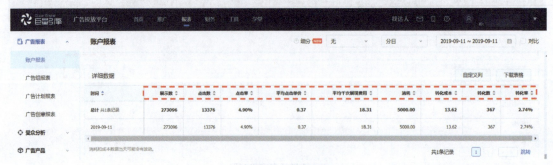

(d) 已经出现了转化数据

图 4-63 （续）

4.6 怎样查看数据

于是，老板要的转化数据就都出来啦！小刘马上就能把数据报告给老板了。还差最后一步：把这些数据放进 Excel 里。复制粘贴吗？No！这不是"优雅的姿势"，点击"下载表格"，就可以一键下载 Excel 数据文件啦，如图 4-64 所示。

(a) 复制粘贴数据容易遗漏

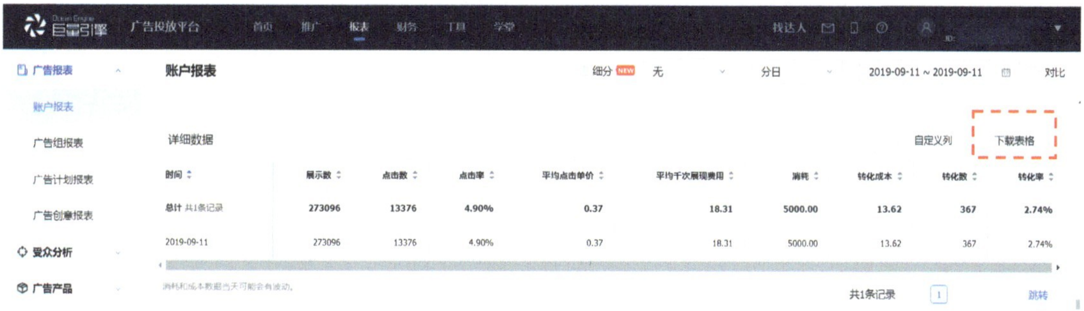

(b) 选择"下载表格"

(c) Excel 表格下载完成

图 4-64　下载表格到本地过程图

小刘终于把日报发给了老板，可以倒杯水休息一会儿了。

> **说明**
>
> 我们总结一下操作的要点是：选择"广告报表"→"账户报表"，滚动页面到下半部分，找到表格的部分。选择"日期"→"自定义列"，选择需要的数据，然后点击"下载表格"。

4.6.3 “报表”的一些高级功能

做日报是每个优化师都必须掌握的基础操作。除了做日报以外，报表里还有一些其他功能也很有用，下面我们介绍其中两个。

1. 查看分时数据

很多时候，广告投放需要当天查看效果，立即做出调整，所以只看昨天的数据是不够的，还需要看当天各小时的数据。巨量引擎支持分小时查看数据，如图 4-65 所示，在页面的右上角选择“分时”，就可以查看分时数据了。

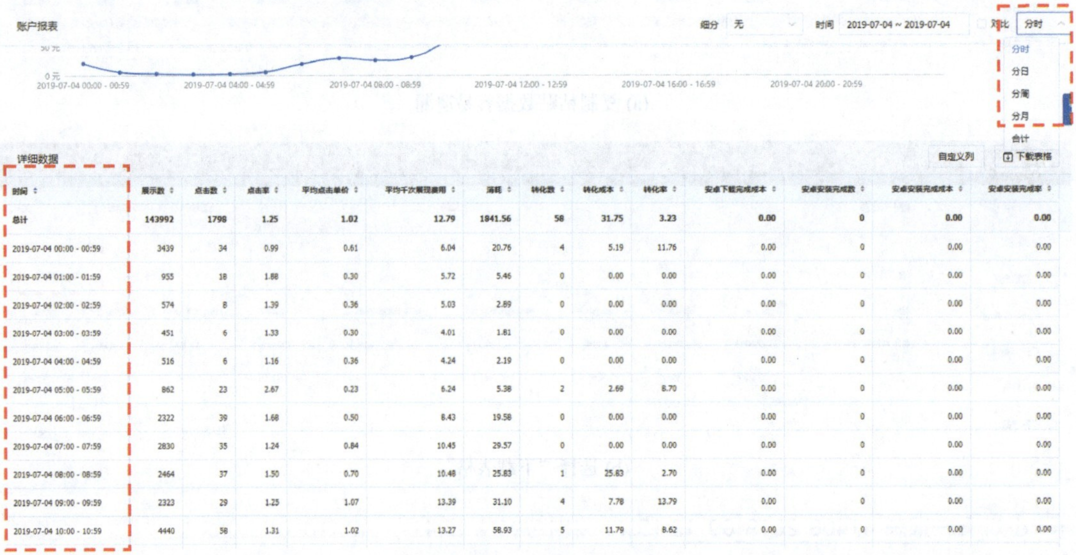

时间	展示数	点击数	点击率	平均点击单价	平均千次展现费用	消耗	转化数	转化成本	转化率	安卓下载完成成本	安卓安装完成数	安卓安装完成成本	安卓安装完成率
总计	143992	1798	1.25	1.02	12.79	1841.56	58	31.75	3.23	0.00	0	0.00	0.00
2019-07-04 00:00 - 00:59	3439	34	0.99	0.61	6.04	20.76	4	5.19	11.76	0.00	0	0.00	0.00
2019-07-04 01:00 - 01:59	955	18	1.88	0.30	5.72	5.46	0	0.00	0.00	0.00	0	0.00	0.00
2019-07-04 02:00 - 02:59	574	8	1.39	0.36	5.03	2.89	0	0.00	0.00	0.00	0	0.00	0.00
2019-07-04 03:00 - 03:59	451	6	1.33	0.30	4.01	1.81	0	0.00	0.00	0.00	0	0.00	0.00
2019-07-04 04:00 - 04:59	516	6	1.16	0.36	4.24	2.19	0	0.00	0.00	0.00	0	0.00	0.00
2019-07-04 05:00 - 05:59	862	23	2.67	0.23	6.24	5.38	2	2.69	8.70	0.00	0	0.00	0.00
2019-07-04 06:00 - 06:59	2322	39	1.68	0.50	8.43	19.58	0	0.00	0.00	0.00	0	0.00	0.00
2019-07-04 07:00 - 07:59	2830	35	1.24	0.84	10.45	29.57	0	0.00	0.00	0.00	0	0.00	0.00
2019-07-04 08:00 - 08:59	2464	37	1.50	0.70	10.48	25.83	1	25.83	2.70	0.00	0	0.00	0.00
2019-07-04 09:00 - 09:59	2323	29	1.25	1.07	13.39	31.10	4	7.78	13.79	0.00	0	0.00	0.00
2019-07-04 10:00 - 10:59	4440	58	1.31	1.02	13.27	58.93	5	11.79	8.62	0.00	0	0.00	0.00

图 4-65　查看分时数据

2. 查看数据对比

有时候我们想看一下今天的投放情况和前一天的差异，就可以先选择需要对比的日期，然后选择数据维度，比较常用的是“消耗”。图 4-66 是 7 月 5 日和 7 月 4 日的消耗对比，蓝色线代表 7 月 5 日，绿色线代表 7 月 4 日，可以看到绿色线比蓝色线高了很多，说明 5 日比 4 日消费慢了，需要多注意一下，决定是否调整。

4.6 怎样查看数据 | 103

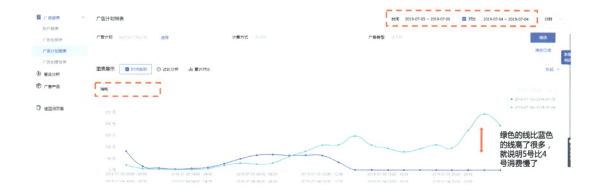

图 4-66 数据对比功能

到这里,巨量引擎的主要功能就介绍完了。本章是对后台功能的初步介绍,大家应该已经学会了如何搭建计划。我们会在后面的创意篇和数据篇中继续研究实际投放过程的操作,并探讨如何使创意效果更好?当广告效果不好时,该怎么办?

第 5 章

腾讯广告

作为中国互联网公司三巨头之一，腾讯（Tencent）可谓家喻户晓。即使你不熟悉腾讯这个名字，也一定用过该公司的产品，比如腾讯 QQ 是一款大学生必备的交流软件；游戏《王者荣耀》火遍全国，微信更厉害，据腾讯 2020 年第一季度财报显示，微信及国际版 WeChat 合并月活跃账户数高达 12.03 亿，身边几乎没人不用微信。

腾讯有着庞大的用户群，成为广告主购买流量绕不开的渠道。腾讯财报数据显示，2017 年网络广告收入 404 亿元，2018 年网络广告收入 581 亿元，同比增长 44%；2019 年网络广告收入为 684 亿元，同比增长 18%。其中，以微信朋友圈为代表的"社交及其他"类别广告收入为 528.97 亿元，占整体广告收入的 77.36%。

如果你是一个广告主，肯定想了解一下在腾讯投广告的方法，本章中我们就来了解一下。

5.1 腾讯广告资源

腾讯的很多产品我们都非常熟悉，本章将从另外一个角度来了解它们，学习怎样在这些产品中插入广告。

5.1.1 腾讯有哪些产品

腾讯以社交起家，早在 1999 年就推出了 QQ，2011 年推出了微信，QQ 和微信也成为了两个国民级的应用。除了社交以外，腾讯在游戏、视频、新闻、音乐、动漫等领域也都有知名度很高的产品。有一些产品不通过广告变现（比如游戏产品的道具利润就很可观），这里不做讨论，我们来看一下以广告作为主要盈利手段的产品（产品数据来源：腾讯官网）。

- 微信：这是我们非常熟悉的社交软件。看微信公众号推送的文章、刷朋友圈、通过小程序看大家分享的视频……这些都已经成为生活的一部分。

- QQ：这是"80后""90后""00后"都用过的社交工具，现在更受年轻人喜欢。腾讯2020年第一季度财报显示，QQ月活跃账户为7.68亿，其中QQ空间是被高频使用的功能，用户经常往里面传照片。
- 腾讯视频：作为一个知名的在线视频平台，大家很喜欢在上面追剧、看综艺。腾讯视频的版权资源也很丰富，例如《陈情令》《创造101》《风味人间》等，月活跃用户超过5亿。
- 腾讯新闻：它相对来说是一个更严肃的新闻媒体。与现在很多偏娱乐化新闻资讯软件不同，腾讯新闻主打"事实派"，号称"用户覆盖最广的资讯内容平台"，这让产品的用户覆盖范围更广，月活跃用户超过2.88亿。
- QQ浏览器：一个用户覆盖率比较高的第三方浏览器，号称"中国安卓用户覆盖率第一"，月活跃账户2.8亿。用户使用浏览器除了可以进行搜索外，也可以看资讯、看小说，增加了使用时长。
- 腾讯音乐：旗下App众多，QQ音乐、酷我音乐是听歌的平台，全民K歌则是颇具人气的唱歌平台。
- 优量汇：腾讯自身的产品非常丰富，已经拥有了很多用户时间，但拥有的时间再多，也不是全部。因此，腾讯也拓展了一些合作媒体，接入其他媒体的流量，在其中展示广告，广告收入两方分成，这些合作媒体在腾讯称作优量汇。目前合作的媒体有猎豹清理大师、Wi-Fi万能钥匙、连尚读书、蜻蜓FM、美图秀秀等。腾讯优量汇汇集了超过10万个优质App，月覆盖用户超过5亿。

此外，腾讯还有很多其他产品，例如天天快报、腾讯体育等，它们也已经商业化，也会展示广告。

5.1.2 腾讯在什么地方可能有广告

腾讯产品有很多，各产品功能和用户量差异很大，所以在腾讯投放广告时选择产品是很重要的环节。接下来，我们逐一介绍各产品的特点以及对应的广告位置。

在第4章中，我们介绍字节跳动广告的插入位置时，发现广告的插入逻辑是"在曝光量大的位置，尽量自然地插入广告"。现在产品虽然变了，但广告的插入逻辑是一致的。腾讯广告也主要出现在首页的信息流中（信息流广告）、点击之后的页面底部（banner广告）、视频播放前后（插屏广告），只是有些广告的叫法不一样。比如在字节跳动，点击后展示的页面广告叫"详情页广告"，但在微信公众号中，点击文章出现在文章末尾的广告叫"文章底部广告"（我觉得这个名字比较直观、非常好理解，后面我们提到腾讯产品这个位置的广告时，都将使用这个名字）。但不管在哪一种媒体上，信息流广告、banner广告、插屏广告都是常见的广告样式，只是在具体细分和类别命名上可能会有不同。我们不用太在意不同位置广告的名字，只需要在提到一个产品时，大概知道它在哪些地方可能会有广告就行。

下面我们选取几个主要的产品介绍一下。

1. 微信

微信作为一个通信工具，最常用的功能是聊天。除了聊天以外，大家用得最多的就是朋友圈、公众号和小程序。据"微信公开课"2019年12月19日消息，截至那时，微信生态拥有小程序开发者 150 万、公众号 2000 万、微信支付商家 5000 万。不知道大家有没有留意，微信的聊天界面是没有广告的。我当时知道聊天界面没有广告时，还是有点惊讶的。下面我们分别看一下朋友圈、公众号和小程序里的广告样式。

(1) 朋友圈广告

腾讯在 2018 年年度财报中发布过一个数据：每天平均有超过 7.5 亿微信用户阅读朋友圈的发帖。人数非常多，朋友圈只有一种广告，就是"朋友圈信息流"广告。作为原生广告的一种，朋友圈广告的主要特点也是原生，其样式和朋友发的状态差不多，以图文或者视频结合的方式，混在中间不容易被用户分辨出来。用户可以对广告进行点赞、评论。图 5-1 是微信 2015 年推出第一批商业广告时用户的评论，大家的反馈很有趣。

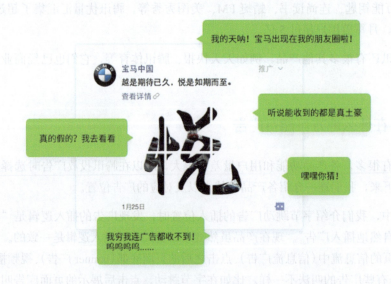

图 5-1　朋友圈广告（图片来源：微信广告官网）

(2) 公众号广告

中国有 2000 万个公众号，我也是其中一个小作者。公众号是一个很好的原创内容输出平台，变现能力也不错,广告是主要的变现方式。广告可以分成两种:一种是号主自己和广告主谈合作,然后发文章宣传广告主的产品,也就是我们常看到的软文,对于这类广告形式,微信没有任何干涉、也不参与分成;另一种是我们在文章底部看到的"小方块"形状广告,这种是在号主关注数达到 500 后,可以开通的广告样式。号主选择"开通流量主"功能,也就是提供了一个广告展示的位置,微信会自动填充广告。这个过程微信提供想投广告的广告主、广告的内容,号主只需要选择"开通广告"就可以等着收钱了,这个过程微信做了很多贡献,所以是会参与分成的。

公众号的功能和资讯 App 很相似,所以公众号广告的插入位置和前面介绍的字节跳动产品也很相似,但它只会出现在点击文章之后的页面中,订阅号的列表里是没有广告的(如果是专门的资讯 App,这个位置一般会有信息流广告)。公众号广告出现的位置有如下 3 种。

- 在公众号文章的最下面,相当于字节跳动的详情页广告,微信把它叫作公众号文章底部广告,如图 5-2a 所示。
- 文章内有视频的话,在视频内容播放之前有视频贴片广告,叫作公众号文章视频贴片广告,如图 5-2b 所示。
- 因为公众号文章的内容可能会比较长,所以在文章中间也可以插入广告,叫作公众号文章中部广告,如图 5-2c 所示。

(a) 公众号文章底部广告　　(b) 公众号文章视频贴片广告　　(c) 公众号文章中部广告

图 5-2　公众号广告

(3) 小程序广告

微信小程序在 2017 年 1 月正式推出，是一种不需要下载安装即可使用的应用，用户扫一扫或搜一下就可以打开应用，非常方便。微信小程序一经推出，就吸引了众多开发者参与，截至 2019 年底，微信小程序的数量已经超过 150 万个。小程序的开发者们聚拢用户之后，纷纷通过腾讯来售卖广告。在小程序广告中，开发者叫作流量主，由流量主可以自己定义广告的展现位置。腾讯 2020 年第一季度财报显示，小程序的日活跃账户数超过 4 亿。广告主投放的时候只能选择是否投放小程序广告，不能决定要投放在哪一个小程序上，小程序广告相当于微信体系内的联盟流量。小程序广告主要以 banner 广告、激励广告和插屏广告 3 种形式为主，如图 5-3 所示。

(a) banner 广告　　　　(b) 激励广告　　　　(c) 插屏广告

图 5-3　小程序广告（图片来源：微信广告官网）

微信在广告上是出了名的"克制"。微信有 12 亿用户，如果卖开屏广告（微信 App 启动时出现的页面广告），可以卖很多钱，但它从来没有卖过开屏广告。朋友圈的广告也很少，一个微信用户平均每天刷 10 次朋友圈，到 2019 年 8 月，每个用户每天最多只能看到 3 条朋友圈广告。由于微信朋友圈的广告很少，所以用户对广告的接受程度更高，因此即使朋友圈广告的价格很高，也仍然很受广告主欢迎。

2. QQ

QQ 作为一个发展了近 20 年的产品，在聊天的基础上发展出了很多功能。图 5-4 是手机 QQ 的"动态"页面，有兴趣聚合的社区"兴趣部落"，往下滑动还有二次元内容社区"波洞动漫"等，在"动态"的左边还有一个"看点"功能,可以用来看资讯。在 QQ 上,如果某个功能的用户变多了,就会有广告展示,这里我们介绍两个展示数最大的广告位置,QQ 空间和 QQ 看点。

(1) QQ 空间

QQ 空间作为一个交流的社区,汇集了大量的用户动态,广告穿插出现在用户动态之间。直接在用户的好友动态之间插入的广告称作 QQ 空间信息流广告,如图 5-5a 所示。QQ 空间信息流广告的日曝光量超过 1 亿次。

QQ 里的内容和广告一般不是全屏的,但点击视频后有"模式切换",用户点击任意一条视频,就会进入全屏展示视频的模式,这时滑动看到的所有内容都是全屏的。因为全屏模式下用户的沉浸体验更好,所以在全屏模式下插入的广告叫作 QQ 空间沉浸视频流广告,如图 5-5b 所示。QQ 空间沉浸视频流广告日曝光量约 6000 万次。

图 5-4　手机 QQ"动态"页面

(a) QQ 空间信息流广告

(b) QQ 空间沉浸视频流广告

图 5-5　QQ 空间广告

(2) QQ 看点

QQ 看点是一个让用户看资讯的地方。前面我们了解了一些广告插入位置的套路，QQ 看点也类似，首页有信息流广告，如图 5-6a 所示；点击之后在文章底部也会有广告，如图 5-6b 所示；用户点击任意视频内容，会切换到全屏模式，如图 5-6c 所示。从曝光量上来看，QQ 看点信息流广告的展示数最大，每天约有 2.5 亿次；全屏展示广告位的曝光量其次，每天约 2 亿次；文章底部广告的日曝光量约 1.5 亿次。整体来看，QQ 看点的用户量级还是比较大的（数据来源：腾讯官网）。

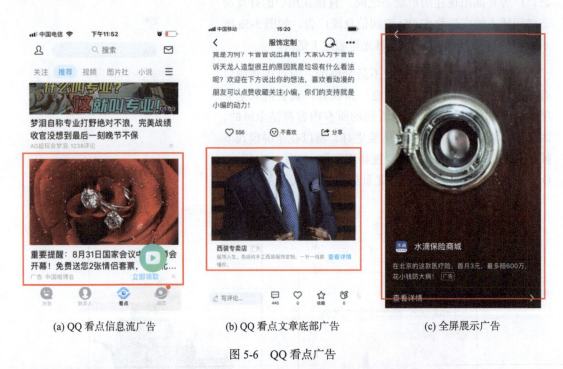

(a) QQ 看点信息流广告　　(b) QQ 看点文章底部广告　　(c) 全屏展示广告

图 5-6　QQ 看点广告

对于其他的功能，像"兴趣部落"和"波洞动漫"，其中的广告也主要出现在点击之后的页面中和文章的末尾处，这里就不一一介绍了。

3. 腾讯视频

腾讯视频主要被用来追剧、看综艺，我们对其广告套路也非常熟悉——看视频之前不得不先看一段广告，看视频中间也可能会插一段广告，视频播放完还会放一段广告。"前贴、中插、后贴"这 3 个位置的贴片广告是腾讯视频主要的广告资源，加起来日曝光量可达 11 亿，如图 5-7 所示。

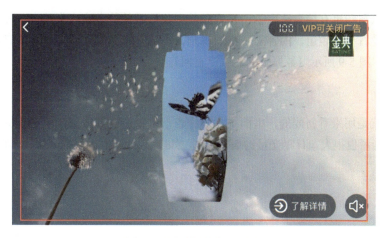

图 5-7 腾讯视频贴片广告

除了贴片广告，腾讯视频在页面上方也会穿插广告，这个位置可以说是聚集用户关注的黄金位，叫焦点图广告，日曝光量约 1 亿。图 5-8a 是节目推荐，图 5-8b 是穿插出现的广告。

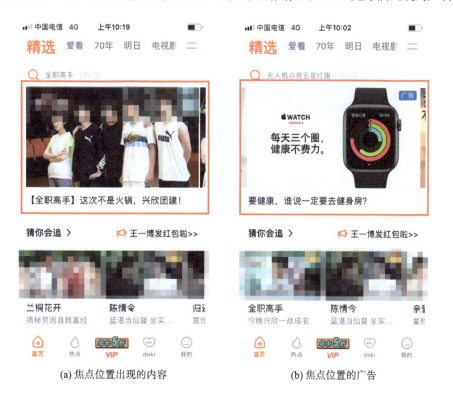

(a) 焦点位置出现的内容　　(b) 焦点位置的广告

图 5-8　腾讯视频焦点图广告

此外，腾讯视频也有信息流广告，样式和前面我们看的信息流广告基本一样。腾讯视频里面有一个叫"爱看"的频道，内容是一些短视频。在这些短视频中间穿插着信息流广告，日曝光量约 3 亿，如图 5-9 所示（数据来源：腾讯官网）。

4. 腾讯新闻

腾讯新闻就是用来看新闻的，里面主要的广告形式我们也能想到，就是在资讯中间插入信息流广告。曝光量也很大，日曝光量约 5.5 亿次，如图 5-10 所示（数据来源：腾讯官网）。

图 5-9　腾讯视频信息流广告　　　　图 5-10　腾讯新闻信息流广告

5.QQ 浏览器

QQ 浏览器可以用来搜索信息、看小说、看视频等，里面常见的广告形式有信息流广告和文章底部广告。信息流广告穿插在一条一条的内容当中，也以"一条"的形式出现，如图 5-11a 所示。文章底部广告出现在点击文章之后的页面底部，一般在评论上方，如图 5-11b 所示。

5.1 腾讯广告资源 | 113

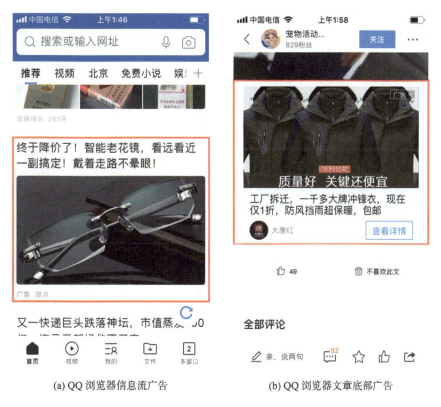

(a) QQ 浏览器信息流广告　　　(b) QQ 浏览器文章底部广告

图 5-11　QQ 浏览器广告

看着这么多产品和广告位，是不是有点晕？觉得根本记不住？其实做了很长时间腾讯广告的优化师也未必能全部记住，我们只要记得万变不离其宗：有信息流的场景一定会有信息流广告，像朋友圈、QQ 空间、腾讯视频、腾讯新闻、QQ 浏览器；有文章能点击的，在点击之后的页面末尾一般也会放广告，像微信公众号、QQ 看点、腾讯新闻、QQ 浏览器；能看视频的基本都会有贴片广告，主要有视频播放前、中、后、暂停几个场景，例如腾讯视频、微信公众号、QQ 浏览器。这样是不是清楚一些啦！至于曝光量的大小，则产品用户量大，广告曝光量肯定大，QQ、微信肯定是广告曝光量最大的，然后是腾讯视频、腾讯新闻。

5.1.3　腾讯可以投放哪些形式的广告

大图、小图、组图（3 张小图组合在一起）、视频是信息流广告最常见的 4 种形式，也是用得最多、各媒体都会支持的形式。在腾讯，3 张小图组合在一起叫作"三小图"。除了这 4 种形式之外，各媒体也在探索一些新的广告形式，腾讯目前支持以下几种，都是日常可以投放的。

- **图片轮播**。和三小图有点相似，也是 3 张图片组合在一起。但不同的是，三小图是静态的页面，图片轮播会自动切换图片。
- **大图随心互动**。其实是两张图片自动切换，但是切换的效果特别一些，类似于 PPT 翻页的效果。目前支持圆圈切换和透明度切换两种。
- **卡券广告**。广告以卡片的形式展现出来，只有广告主 Logo 和一句文案，没有图片或视频。样式是固定的，如图 5-12 所示。

整体来看，腾讯平台上的视频广告占比逐渐增长，这也是整体信息流行业的趋势，广告素材在向视频化发展。

图 5-12 卡券广告

5.1.4 腾讯支持哪些投放目的

在 3.3 节中我们讲过，广告主常见的投放目的有两种：增加 App 下载量或者增加页面浏览量。在腾讯体系内，当然也支持这两种投放。除此之外，由于腾讯本身有公众号和小程序，我们很自然地可以想到在微信的环境里投微信公众号的宣传效果会更理想。目前，腾讯支持的推广主要有以下几种（不是全部）。

- **商品推广**：通过推广增加商品销量。
- **应用推广**：有 App 的话，可以投放 App 下载来增加 App 的下载量。
- **网页推广**：这个概念比较宽泛，和我们前面提到的"落地页"是一个意思，用来增加页面浏览量。
- **公众号推广**：可以直接投公众号来增加公众号的关注量。
- **门店推广**：如果是线下门店，可以投放广告提升店铺客流量，增加线下到店的用户量。

推广目标不同，广告引导用户转化的路径也不相同。接下来，我们看一下不同投放目的下，用户从点击一条广告到最终转化的流程。

5.1.5 用户从看见广告到转化需要经历哪些步骤

在 4.1.5 节中，我们知道了一条广告的构成，包括文案、图片和视频等。本节中，我们来看更进一步的内容：不同投放目的下用户的转化步骤。我们以公众号和商品两个投放目的为例，看一下用户从看到广告到转化需要经历的步骤。

最终的广告效果就是由各个步骤共同决定的，所以每一个环节都很重要。

1. 投放公众号

如图 5-13 所示，这是出现在微信公众号文章底部的一条广告，投放的目的是增加公众号关注量。广告分为上下两部分：上方是一张图片，用来吸引用户；下方是公众号信息，相当于广告主的"自我介绍"，包括公众号的图标、名称、文章、好友关注信息和"关注"按钮。这是给用户展示的第 1 个页面，用户点击之后会跳转到关注页面，也就是用户转化需要经历 2 个步骤。

图 5-13　微信公众号文章底部广告

需要注意的是，即使是如此简单的转化流程，我们详细体验的时候，也会发现用户点击不同的位置，会有不一样的跳转页面，如图 5-14 所示。

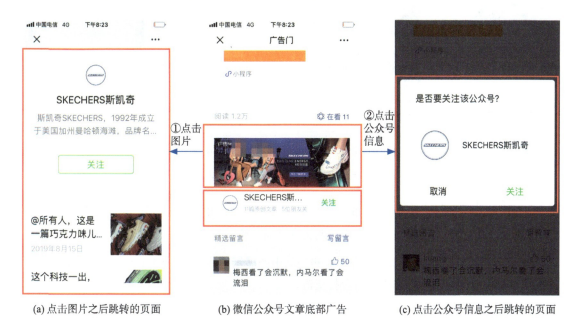

(a) 点击图片之后跳转的页面　　(b) 微信公众号文章底部广告　　(c) 点击公众号信息之后跳转的页面

图 5-14　投放公众号用户转化流程

在图 5-14a 中，公众号的名字、图标、介绍以及前两篇文章的标题是用户第一眼能看到的内容，会对广告效果有非常大的影响。试想一下，如果只在广告图片上花工夫，但是忽略了公众号本身的介绍或者标题，那么广告效果一定会打折扣。在图 5-14c 中，用户看不到什么信息，只有公众号的图标和名字，如果这里能让用户看明白是什么样的公众号，关注的可能性会更高。

2. 投放商品

图 5-15a 是一条出现在 QQ 浏览器上的广告，投放目的是售卖商品，广告形式很常见，由上方的文案和下方的一张大图组成。用户点击广告的任意位置，会跳转到商品的详细介绍页面，如图 5-15b 所示。一般这种直接卖东西的介绍页面会很长，这个卖鞋的页面内容就有 4~5 页，包含产品介绍和优惠活动等，页面的最下方才是商品购买信息。用户一般很难直接滑到最下面，所以会加几个购买按钮，其中"买一送二，火爆抢购中"按钮是固定悬浮在页面最下方的，用户点击这个按钮，页面就会自动滑到底部的购买信息填写页面，如图 5-15c 所示。用户填写完信息之后点击"提交订单"会提示提交成功，从而转化完成，如图 5-15d 所示。

(a) 广告展示页面　(b) 商品详细介绍页面　(c) 页面底部购买信息填写页面　(d) 提交成功页面

图 5-15　投放商品用户转化流程

在整个购买流程中，包括两个重要的页面：一个是广告素材页面，另一个是点击之后的详细介绍页面。这两个页面承接得好，用户购买率就高一些。

了解了腾讯有哪些产品以及广告在这些产品中的展示样式后，我们进入了解媒体后台的环节。优化师日常的工作就是和媒体后台打交道。

5.2 腾讯广告后台整体介绍

和其他媒体不同的是，腾讯以前有两个广告后台：一个用来投放微信生态产品的广告，例如朋友圈、公众号、小程序等；一个用来投放腾讯其他产品的广告，包含QQ、腾讯视频、腾讯新闻等。2020年7月，腾讯正式宣布上线新版广告投放后台，可以在一个后台里投放腾讯的所有资源。这对于广大新手优化师来说，肯定是好事，在学习腾讯广告投放的时候，只需要学习一个后台的知识就可以了，会方便很多。

5.2.1 腾讯广告后台登录

腾讯广告后台首页如图5-16所示，因为后台刚刚更新，所以媒体着重在首页上强调"一站式广告投放"。区域①和区域②是两个登录入口，区域③会有广告投放的相关课程，可以在不登录的状态下查看，对新手非常友好。

图 5-16 腾讯广告后台首页

5.2.2 腾讯广告后台概括介绍

在登录腾讯广告后台之后，界面如图5-17所示。

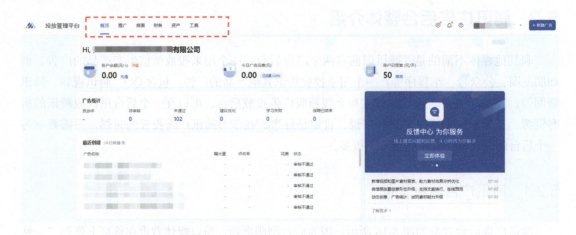

图 5-17　登录腾讯广告后台之后的"概览"页面

我们从上边的导航栏开始看，发现有"概览""推广""报表""财务""资产"和"工具"6 个按钮。是不是看名字觉得有点熟悉？是的，有一些名字和巨量引擎后台是重合的，"推广""报表""财务""工具"这几个按钮两个后台都有。不只是这两个后台，后面我们再看百度后台的时候，也会发现有一些是重合的。

为什么会重合呢？因为广告主无论在哪个后台投广告，都有一些类似的需求，后台的功能自然会有一些相似。比如报表功能，无论哪个媒体，都需要通过报表看数据，所以是各媒体必备的功能。因此，学会了一个后台，再去用其他媒体后台的时候就会容易很多。

媒体后台会不断更新，有的时候颜色变了，有的时候按钮的位置、名字变了，后台还会不断增加新的功能。因此在你拿到本书开始学习时，也许后台已经和书中的截图不一样了，不要担心，就像微信、淘宝这些手机应用会定期更新一样，我们只需要随着媒体的更新学习就行。后台长什么样都是"外皮"，我们要扒开外皮看本质，只要能明白这些功能的意思，就不影响使用。希望大家学习完本书介绍的 3 个广告后台，在遇到新的广告后台时能自己看明白。

好了，接下来我们简单介绍一下腾讯后台各个模块的功能。

"概览"，顾名思义，就是对账户整体情况的概括介绍，也常叫作首页。平时我们打开一个银行的 App，会先看到自己账户的简要介绍。相似地，在点击"概览"之后，会显示账户余额、今日广告花费、账户日预算等关键数据，前面的图 5-17 就是"概览"界面。

"推广"是优化师日常操作最多的页面，如图 5-18 所示。这个页面就是日常操作的主战场，跟巨量引擎的名字一样，作用也类似。具体的操作我们后面再介绍。

图 5-18 "推广"页面

"报表"就是看数据的地方,在这里可以查看广告投放的具体数据,如图 5-19 所示。

图 5-19 "报表"页面

"财务"是单独展示账户花费情况的页面。如图 5-20 所示,可以直观地看到账户里还剩多少钱(账户余额),点击"财务记录"之后,会显示账户充值及退款明细。

图 5-20 "财务"页面

"资产"指广告投放过程中账户内积累的虚拟资产,目前主要分成推广内容、定向人群及创意素材 3 类,如图 5-21 所示。怎么理解资产的概念呢?我们可以把它理解成广告投放过程中要用的一些元素,比如在投广告时肯定要有素材,所以账户的资产就包括"创意素材"。

图 5-21 "资产"页面

"工具"是媒体提供辅助广告投放的工具集合,可以让广告投放变得更方便。如图 5-22 所示,"素材自助检测工具"相当于自动审核助手。如果你不确定你的广告是否符合平台规定,可以先用这个工具检测一下,检测通过后再给媒体审核,这样通过的概率会大一些。

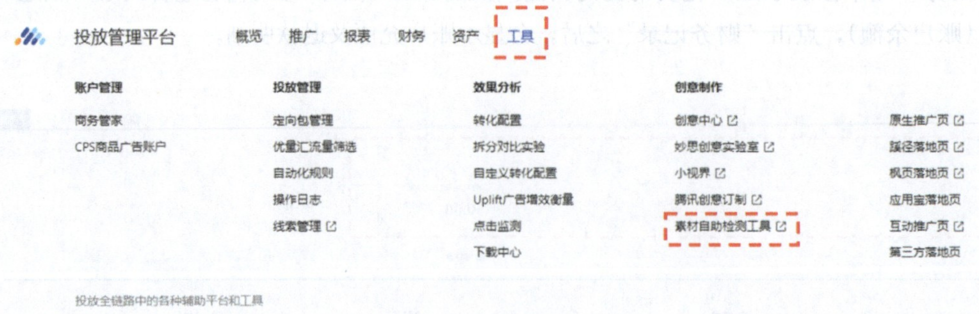

图 5-22 "工具"页面

除了这些功能,各个平台都有学习页面,帮助大家了解平台功能。接下来看一下在哪里可以学习腾讯广告的投放。

5.2.3 在哪里学习腾讯广告投放

还记得腾讯广告首页吗？那里有学习的入口，点击之后就可以学习对应的内容，如图 5-23 所示。目前学习内容分成了 3 个部分：新功能、新课程和热门问题。点击"新功能"之后会跳转到"腾讯广告服务号"的微信文章里，这些文章会不断更新，简要介绍平台功能的变化。点击"新课程"或"热门问题"之后都会跳转到腾讯广告的营销学院里，如图 5-24 所示。营销学院就是学习腾讯广告投放的资源宝库了，里面的资料系统非常可靠且更新及时，新手可以先从入门课程开始看，没事也多来学院里看看，了解新产品的功能。

图 5-23 腾讯广告广告平台首页

图 5-24 腾讯广告"营销学院"

另外推荐大家关注前面提到过的腾讯广告的微信公众号，叫作"腾讯广告服务号"，里面不但会推送平台相关的信息，而且有一个移动版的学习平台，非常方便。媒体的官方公众号是从业人员必须关注的，如图 5-25a 所示，关注之后会收到一条消息，点击可以跳转到对应的内容。比如我们点击"4、常见问题解答"就会进入如图 5-25b 所示的常见问题页面（业内常把它称为资料中心），可以免费学习。

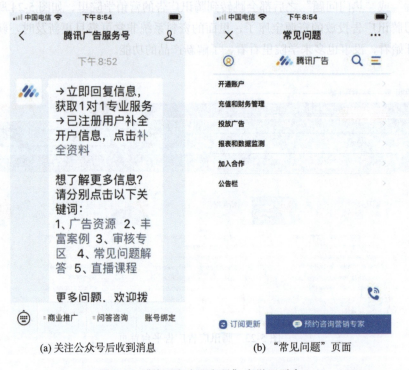

(a) 关注公众号后收到消息　　　　(b) "常见问题"页面

图 5-25　"腾讯广告服务号"内学习平台

本节提到的学习资源都是没有限制的，谁都可以学习，非常方便初学者。

5.3　腾讯广告的账户结构

在上一节中，我们了解了后台的整体功能，接下来就可以准备实际操作了。但在实际投放之前，得看一下腾讯账户的结构。

腾讯的账户也分成 4 级，分别叫作账户、推广计划、广告、广告创意。每个级别的功能都和巨量引擎类似。对应来看，第二层级"推广计划"就是巨量引擎的"广告组"，第三层级"广告"相当于巨量引擎的"计划"。最核心的功能都在第三层级。

腾讯广告账户的搭建逻辑和巨量引擎也比较类似，每一层级可以有一个或多个项目，如图 5-26 所示。

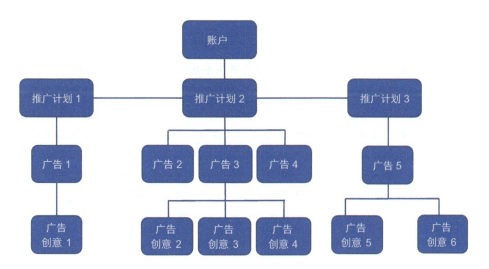

图 5-26　腾讯广告后台账户结构

5.4　后台主要功能介绍

接下来进行后台功能的介绍。还是沿着"选定广告给谁看，准备给用户看什么和打算投多少钱"这条主线，但会着重介绍在上一章中没提到的功能，或者和巨量引擎不一样的功能。

5.4.1　推广目标

在新建推广计划的时候，首先会提示你选择"推广目标"，如图 5-27 所示。这里会对投放方式进行筛选，包括"商品推广""应用推广""网页推广""销售线索收集"等，我们按照实际情况选择自己想推广的目标就行。

图 5-27　选择"推广目标"

下面解释一下前 4 个推广目标的含义，它们比较常用。

首先是"商品推广"，如果你想在线上卖东西（即直营电商模式），那么可以选这个目标。

什么是直营电商（二类电商）模式？

传统电商一般是在京东、天猫等电商平台开一个店铺，在店铺里卖东西，需要有客服，也需要长期运营店铺，有一定的成本投入，这种方式也叫一类电商。但是近两年新兴了一种方式，就是直接在腾讯、字节跳动、快手等媒体平台上卖东西，它的特点是门槛低、好上手，直接在腾讯广告建一个商品介绍页面，然后给这个页面做广告，就能让用户看到这个页面，进而把东西卖出去，这种叫作直营电商，也叫二类电商。比如最近发现网上有一款杯子很受欢迎，那我就可以试着找货源，进一批货。然后在腾讯平台开一个广告账户卖这批杯子，不用投入太多的成本，有点类似于"把地摊摆在了网上"的感觉。近两年很多商家通过这种方式卖货，腾讯在直营电商上的广告收入每天早已超过了 1000 万元。

"应用推广"很好理解，就是指 App 下载，适用于有 App 的广告主。

"网页推广"和 3.3.2 节中提到的"落地页"是一个意思，投放的是一个网页，目的是让更多人看到这个网页，从而搜集销售线索、获取意向客户等。

"销售线索搜集"是什么意思呢？怎么感觉和前面的"网页推广"是一样的呢？其实它们两个的含义确实是一样的，但是投放的产品不同，"销售线索搜集"只在微信里投放，而前面的"网页推广"是在非微信里投放的。推测以后两个选项会合并到一起。

推广目标是对投放目的的基本筛选，会影响到后面的一些设置项。例如投放 iOS 下载，那么需要你填写 iTunes Store 下载链接；如果投放销售线索搜集，就需要填写网页链接。

这样介绍完之后，你可能还是会担心"不知道选哪个""选得对不对"，这很常见。当你真的成为一名优化师时，你会发现，虽然媒体提供了很多选项，但它是针对所有行业的广告主的。对一个广告主来讲，他只会用到一个投放目的，因此你每次都只选一个，所以很容易记住。其他的选项可以先不考虑，等到用的时候向媒体寻求帮助。就像你买了洗衣机不知道怎么用，可以给厂家打电话一样，你直接问"我的这个产品要选哪个投放目标？"就行。不只是投放目标，其他的媒体功能也一样，很多功能你都用不到，不用觉得复杂。常用的不会太多，很容易记住。

> **如何向媒体寻求帮助**
>
> 如果你是广告主,那么投广告肯定要先开户。开户的时候会有销售人员参与,之后遇到问题都可以找他们。如果你是一个大客户,那么销售就会经常来找你,主动帮你解决问题。不只是销售,媒体方还有一类对广告投放更了解的专业岗位——"运营",有时会有运营登门拜访,积极帮你解决问题,让你将更多的预算花在这个媒体上。
>
> 如果你是代理商的优化师,那么你所在的代理商会有媒体的联系方式,媒体会派专门的人来帮助代理商解决问题。

5.4.2 "行为兴趣意向"定向

在腾讯的定向功能中,有一个比较常用的功能叫"行为兴趣意向"定向,也叫罗卡定向,大家普遍反馈比较好用,如图 5-28 所示。

图 5-28 "行为兴趣意向"定向

我们可以将其简单地认为它和以前提到的"兴趣"定向差不多,都是对什么东西感兴趣。但也有一些不同,"行为兴趣意向"定向会更细致,分成了行为、兴趣、意向 3 个部分。行为是指在某个特定场景下有特定行为的用户,意思是"我做了什么";兴趣是指长期对某类事情有兴趣的用户,意思是"我长期喜欢什么";意向是指对某类产品或服务有意向的用户,意思是"我可能会做什么"。

比如说,要推广一个小游戏,优化师可以在"行为"定向下选择"游戏爱好者",筛选出有过游戏行为的人;也可以在"兴趣"定向下选择"游戏爱好者",找出长期对游戏感兴趣的人;还可以在"意向"定向下选择"游戏爱好者",找出可能会玩游戏的人。也就是说,"行为"是最细分的定向。原本用户浏览过某个东西,就会被打上对这个东西感兴趣的标签;现在用户要确实发生了某一个行为,才会被打上"行为"的标签。这三者的确定性是逐渐递减的:行为 > 兴趣 > 意向。

三者可以只选择一个,也可以同时使用多个。如果同时选了"行为"和"兴趣",那么相比只选择"行为"或只选择"兴趣"来说,选中的用户是多了还是少了呢?

选中的用户变多了。"兴趣"和"行为"定向是逻辑"或"的关系，用户只要满足其中一个条件，就会被选中。

这里我们讲一下具体的使用方法。

"行为兴趣意向"定向下有3个选项："不限""系统优选"和"自定义"。选择"不限"就不用说了，意思是不使用"行为兴趣意向"定向。"系统优选"是什么意思呢？意思是系统自动根据你的行业和投放目标，帮你选择合适的"行为兴趣意向"定向，这种"系统优选"或"系统推荐"是信息流广告投放的一个明显趋势，系统越来越智能，能解决的问题越来越多，小白上手很容易——以前还要想我的产品用哪个"行为兴趣意向"定向比较好呢？现在就不用自己考虑了，直接选"系统优选"就行了，是不是称得上"傻瓜式"操作？

那么是不是有了"系统优选"就用不着人工了呢？也不是，你当然也可以自己人工设置"行为兴趣意向"定向。目前优化师中比较常见的做法是把"系统优选"当成一个备选，在不同的广告中和人工设置的"行为兴趣意向"定向同时使用，哪个效果好，就多用哪一个。效果不那么理想的，也不用放弃，少用一点就行。

不止是"行为兴趣意向"定向，这是各媒体推出的"系统优选""系统推荐"类产品使用的通用思路。说完了"系统优选"的使用思路，接下来咱们看一下如果想"自定义"设置，需要怎么操作。

以我们刚才提到的推广小游戏为例，看一下怎样操作。"行为""兴趣"和"意向"定向的操作方法基本一致，这里我们只介绍兴趣定向。

首先找到"行为兴趣意向"定向，点击"自定义"之后会出现"行为""兴趣"和"意向"3个选项，如图5-29所示，这里我们选择"兴趣"定向。

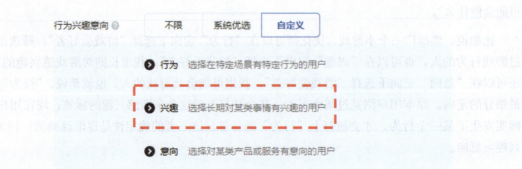

图 5-29 选择"兴趣"定向

这时会出现如图 5-30 所示的界面。上方①的位置是一个搜索框，可以自己手动输入兴趣的名称，输入兴趣名称之后，会出现一些系统推荐的相关词，大家可以把这些词都选上；下方②的位置是一个多选框，想要选择哪个兴趣，就在哪个兴趣前面用鼠标点击一下。

图 5-30 "兴趣"定向页面

因为我们要推广小游戏，所以在"兴趣类目"一项中选择"游戏爱好者"，如图 5-31 所示，右边会出现子选项，提示我们可以"按载体""按类型""按题材"来进一步选择"游戏爱好者"分类。这也很好理解，媒体对于用户兴趣的分类是从粗到细的，所以也给广告主提供了从大类别到小类别的选项。这里我们就不进行细分选择了，只筛选出"游戏爱好者"这部分用户就行了。可以看到，我们做出选择之后，页面左上方会有一个"已选择"的提示，告诉我们选中了什么兴趣。这样我们就完成了"兴趣"定向的选择。

> **提示**
>
> 在"行为兴趣意向"定向这里，由于可以精确到某一个词，所以对用户的选择会很精准。但也要注意精准和用户量的平衡，选得太细了会导致用户覆盖量很少，广告投不出去。记得选一些相关"大类"的词。

图 5-31 "兴趣"定向选择"游戏爱好者"

5.4.3 人群包

除了"行为兴趣意向"定向,腾讯还有一个很常用的定向,那就是"人群包"。在 3.2.2 节中,我们简单介绍过人群包的功能,这里先简单复习一下。人群包的功能是指广告主给媒体一个目标用户名单,告诉媒体我就要让这部分人看我的广告(定向)或者我不想让这部分人看到我的广告(排除)。广告主通常是将用户的 QQ 号、设备号或手机号打一个包上传到媒体后台,利用这个包可以准确找到一些人群,所以叫"人群包"。如果把广告定向投放给这些人,那么是最精准的,这个定向常用于广告主对已有用户做二次营销。

腾讯的人群包定向非常有名,常见的用法有两个。

(1) 直接应用人群包做定向(只投放给这部分人)或排除(不投放给这部分人)。

人群包既可以是广告主自己上传的,也可以是媒体提供的。这是为什么呢?广告主知道什么样的用户是自己想要的,因为他有自己用户的全部数据。其实,腾讯也有一部分数据,它们是全行业的。比如我是做电商的,知道什么样的用户在我这下单了,而腾讯知道整个电商行业什么样的用户容易下单,所以你可以找媒体要人群包。

媒体对人群包的分享一般不是链接形式,而是通过推送。媒体的运营把人群包推送到你的账户里,你就可以用了。我们对"推送"这个词要有印象,在人群包里这是一个常用的词。

(2) 把广告主上传的这部分用户作为种子来拓展相似人群,官方说法叫 Lookalike。

为什么要做拓展呢?因为虽然你自己圈定了一部分目标用户,给他们投广告会很精准,但这些用户已经都是你的用户了,并没有实现拉新的目的。而产品总是需要新用户,这时候把广告主上传的这部分人群做一下拓展,找到和这些人群相似的人,就非常理想了——人群相对精准,又能拉新。

接下来,我们模拟一个电商客户,自己上传一部分人群,然后拓展它们,用来做定向投放。看一下具体的操作步骤。

首先,我们要知道怎么进入人群包的操作界面。如图 5-32 所示,在导航栏上方"资产"选项下有一个叫作"DMP 数据管理平台"的入口。DMP 就是数据管理平台(data management platform),因为将广告的主数据和媒体的数据对接到了一块,所以叫数据管理平台,俗称人群包。

图 5-32 "DMP 数据管理平台"入口

点击"DMP 数据管理平台"后,会来到如图 5-33 所示的界面。我们要自己建一个人群包,直接点击"创建人群"即可。

图 5-33 点击"创建人群"

此时会打开如图 5-34 所示的界面,这里有很多板块,先不多介绍了,我们顺着流程走。接下来要自己上传一部分人群,所以选择"自定义人群"下的"客户文件"。

图 5-34 点击"客户文件"

此时会打开如图 5-35 所示的界面,首先会提示你选择数据类型,也就是问你要上传什么类型的信息。我们要上传的是 QQ 号,所以直接选择 QQ 号即可。接下来上传文件,点击"选择本地文件"按钮。

图 5-35 选择"QQ 号"和"选择本地文件"

"选择本地文件"按钮上面有清晰的上传文件格式要求,非常简单。这里我将包含 14 个 QQ 号的、名为"号码包"的 .txt 文件上传到腾讯后台,上传完成后会发现,在"我的人群"中已经出现了刚刚上传的"号码包"。同时,要关注"状态"一栏,现在显示的是"处理中",如图 5-36 所示,意思是腾讯后台正在分析这个包里的 QQ 号码,看有多少人能够用来投放广告。这个过程会有一定"损耗",比如系统会分析合并同一个人的号码、去掉活跃度过低不适合投广告的号码,因此最终可用人数会有一定比例的减少。

图 5-36 人群包状态显示"处理中"

腾讯后台分析完成后,状态会变成"可用",如图 5-37 所示。我们上传了 14 个号码,可用人数是"11 人"。咱们的数据太少了,可以忽略少了的这 3 个人。在实际投放的时候,是不会这么少的,起码得有上千个号码才能有分析价值,否则没什么参考意义。

图 5-37 人群包状态变为"可用"

这就是上传人群包的全部流程。怎么样?是不是已经学会了?其实跟在朋友圈上传一张照片差不多,都是选择文件后点击上传。

接下来,我们再看一下如何拓展人群。这里我们以一个广告主上传的人群包为例,对它进行拓展。

前面的操作步骤是一样的,先选择"创建人群",如图 5-38 所示。

图 5-38 点击"创建人群"

因为我们要做人群的拓展,所以直接选择"拓展人群"中的"智能拓展"即可,如图 5-39 所示。

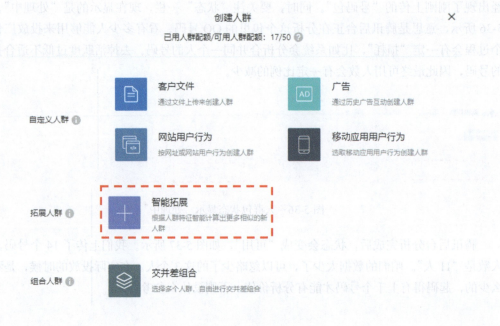

图 5-39 点击"智能拓展"

接下来会进入如图 5-40 所示的页面。操作只需要两步,第一步选择种子人群,第二步告诉系统你想要拓展到多大。扩展人数最小支持 50 万,最大 5000 万。这个操作有点像修图,先选一张原图,然后选你想要几级美颜,点击完成就可以等待结果了。

图 5-40 "智能拓展"人群包页面

你可能会想,我不知道要拓展到多大,该怎么办呢?这里给一个参考,看你的种子人群有多大。如果你的种子人群是 100 万人,那你拓展到 1000 万人、2000 万人都没问题。如果你的种子人群只有 2000 人,那么你拓展到 5000 万人,这个包可能也不好用。一般情况下,拓展几十倍的效果都还可以。

我们找一个包含 100 多万人的人群包,把它拓展成 2000 万人。然后把人群包命名(这用户看不到)为"0926-拓展人群",点击"完成"按钮即可,如图 5-41 所示。

图 5-41 将选中的人群包拓展至 2000 万人

创建完之后,媒体还要处理一段时间,过几个小时之后,状态变为"可用",一个人群包的拓展操作就完成啦,如图 5-42 所示。

图 5-42 人群包拓展完成

这些是准备工作,相当于在后厨把菜备齐了(把人群包准备好了),就等着上菜了。

下面我们来到腾讯后台人群包设置的位置。在定向模块下有一个"自定义人群"按钮。可以看到 3 个选项"不限""定向人群"和"排除人群",选择"不限"表示不使用人群包。我们之前建好的人群包会出现在"定向人群""排除人群"里,你可以定向一部分人的同时排除一部分人。如图 5-43 所示,我们在"定向人群"里选中"0926-拓展人群",意思是要定向投放"0926-拓展人群",没有选择排除。

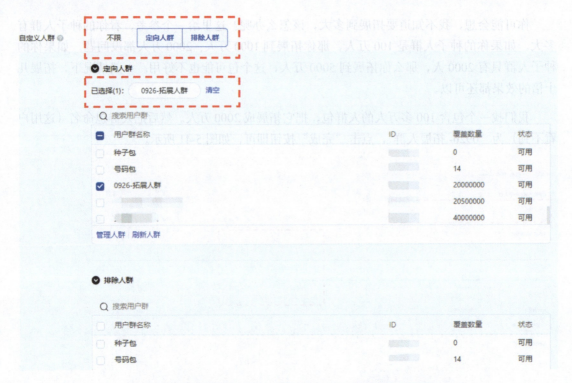

图 5-43　在腾讯广告后台定向投放"0926-拓展人群"示意图

这样人群包功能就设置生效了。

5.4.4　出价方式

在出价方式上,腾讯广告主要支持的出价方式和巨量引擎一样,有点击出价、展示出价和转化出价。如图 5-44 所示,转化出价根据付费方式不同,又分为 oCPC(按点击付费)和 oCPM(按展示付费)。在腾讯,应用得最多的也是转化出价。

> Tips　如需投放视频创意形式,出价方式请选择 CPM 或 oCPM 计费。

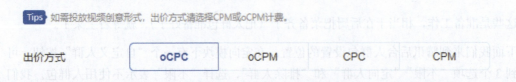

图 5-44　腾讯广告主要支持的出价方式

腾讯使用转化出价的主要思路与巨量引擎基本一致,广告投放的时候也要先经过学习期。

在学习期的时候，成本可能会高，但不要总调整。等系统学会了，模型建立起来了，成本就可能会降下来。在投放最开始的几天，如果超成本，媒体也会把钱赔给广告主，具体规则和巨量引擎略有不同，但整体逻辑类似，大家直接看媒体的资料就可以。

图 5-45　腾讯广告赔付规则了解入口

接下来，我们还是看一下操作方式。首先在出价方式上选择 oCPM，会出现"优化目标"，如图 5-46 所示。我们点开来看，有表单预约、下单、付费等选项。

图 5-46　oCPM 优化目标选项

那该怎么选呢？不要着急，我们先回想一下用户行为漏斗，如图 5-47 所示，还记得这张图吗？

用户从看见广告开始会发生很多种行为，在点击之后的行为都可以算作"转化"，具体哪个行为叫转化是广告主自己定义的。"优化目标"就是让广告主自己选择对转化的定义。你选了哪一步，就相当于对哪一步进行出价。例如选"激活"就是对获得一个激活 App 的用户进行出价。所以，你想优化哪一步，就选择哪一步。记得有一个重要的事情，就是"把这一步的数据告诉媒体"，和媒体进行数据对接，否则即使选了，也不会生效。如果你告诉媒体哪些用户激活了，但是选择的优化目标是下单，那么也达不到优化下单的目的，只能优化激活。

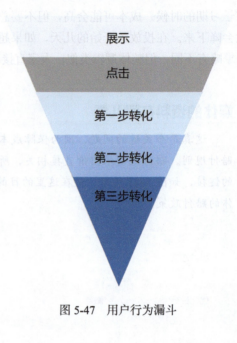

图 5-47　用户行为漏斗

5.4.5　日期和时间

日期和时间功能就是用来设置广告投放的日期和时间点的。比如你想在"双十一"前后投放两个星期的广告，那么就可以设置投放日期为 2019 年 11 月 4 日至 2019 年 11 月 18 日。如果你只想在某一个时间点投放也可以，像电视广告都有固定投放时间，设置好时间段就行了。接下来，我们看一下具体用法。

首先是投放日期功能，它用来设置开始日期和结束日期。广告就会在这个日期范围内投放，到期开始，过期自动将广告下线，停止投放。

那么，这个功能在什么时候用呢？广告投放有阶段性的，也有每天投的。很多阶段性广告是为了宣传活动，比如在新产品上线、产品周年庆、电商节等这些大型活动的时候，会加大投放力度，或者就专门投放活动周期，其他阶段不投广告。这类可以提前设置好开始和结束日期，避免当天忘了。

然后是投放时间。投放时间最小以半小时为单位来选择，也就是说可以把时间细化到 18:30~22:00，但不能要求 18:34~22:07。

接下来，我们看一下详细的操作步骤。

设置日期和时间的默认界面如图 5-48 所示。

图 5-48　日期和时间的默认界面

这里先选择日期。如果想从今天开始长期投放的话，就可以忽略"投放日期"一项，系统会自动帮你选定今天的日期。如果想指定日期，就要选一下后面的"指定开始日期和结束日期"，如图 5-49 所示。

图 5-49　点击"指定开始日期和结束日期"

点击时间范围右面的日历图标，此时会弹出一个日期选择框。如图 5-50 所示，左边是开始日期，右边是结束日期，在左边和右边分别选中开始日期和结束日期后，会发现选中的日期颜色变成了淡蓝色，提示我们你选了这段日期。

图 5-50　日期选择框

点击"确定"按钮，日期一项就会显示成如图 5-51 所示。

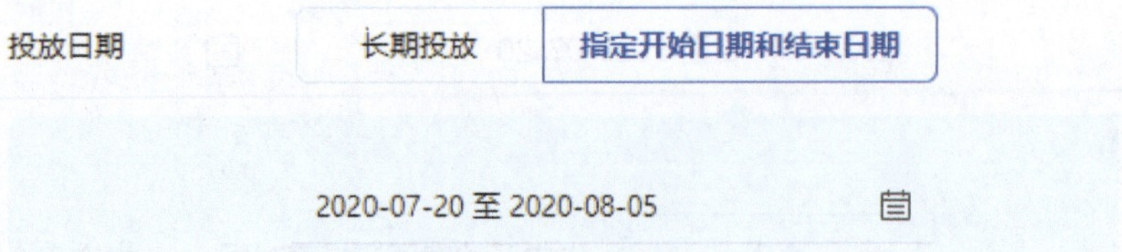

图 5-51　日期设置完成

选完日期后，再来选时间。和日期一样，如果你想全天投放，就可以忽略这个不选；如果你想在某个指定时间投放，就可以点击"指定多个时段"，然后会出现一个空白的表格，有点类似 Excel 表格的样式，点击了哪个格就表示选中了哪一段时间。在图 5-52 中，我们选中了 8:00~20:00 的投放时间。

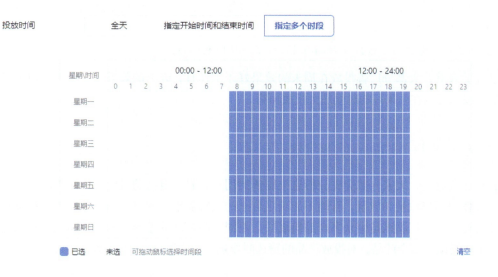

图 5-52　选中了 8:00~20:00 的投放时间

为什么要选择投放时间呢？这有两方面的原因，一个是媒体用户量的大小，一个是投放效果好不好。为什么会和媒体用户量的大小有关呢？这涉及用户习惯，我们都是腾讯的用户，微信、QQ 和腾讯视频等产品基本上都是用来休闲娱乐的，白天学生们要上课、上班族要上班，晚上才有时间刷朋友圈、刷剧看视频。白天娱乐时间相对少一点，媒体的用户就少一些。大家什么时候手机用得多，媒体的用户数就多。因为大家吃饭的时候、上下班路上会有空闲时间，所以媒体数据也会有早、中、晚 3 个高峰期，其中晚高峰的媒体用户量上升最明显。媒体用户量大，广告的展示数相应地就会变大。

除了媒体的用户习惯以外，也要考虑广告主自身产品的特点，它们也有使用的高峰期。比如外卖产品，明显是有饭点的，所以可以在饭点加大投放力度来提高广告效果。

按照这个逻辑想一下，是不是节假日流量也会增加呢？是的。周末、小长假的时候媒体用户量会明显增加，广告主能获取的用户量也会更大。

广告投放不能光看用户量，还要看效果好不好。效果和投放时间有关，比如你给电影票投广告，在工作日投广告效果好还是节假日效果好呢？当然是节假日效果好。那就可以在节假日多投一些广告。

在时间段上，我们反过来再想，0:00~6:00 这段时间大家一般都在睡觉，媒体流量小，熬夜的人可能也不是特别有精神，未必愿意下载一个 App，所以转化效果也不一定好。而且优化师也在睡觉，没精力看账户，所以这段时间可以不投放。

比较常规的操作是：日期不做限制，从今天开始长期投放，忽略这个选项；时间段可以选择 7:00~24:00 和"所有时间段"两种，差别在于 0:00~6:00 是否投放。如果投放量比较小，比如一天花 2000 元，那么可以选择在晚高峰 17:00~22:00 投放广告。

从经验来看，大部分广告投放在周末的效果好于工作日，晚上的效果好于白天，白天又好于凌晨。我们可以在效果好的时候加大投放预算。

5.4.6 广告版位

在广告投放上，大家一般会先分析这个媒体的用户，看和自己的目标用户是否匹配；然后考虑该媒体的用户数量和质量，看能不能满足自己的获客需求。腾讯是一个大媒体，数量和质量整体都还不错，但腾讯是由众多产品组成的，不同产品之间的差异非常大。因此，我们还要筛选一下投腾讯的哪个产品。对投放产品的筛选叫作选"广告版位"。

对广告版位的测试是广告投放里很重要的一部分，甚至比一般的定向要重要得多。因为广告版位就是对目标用户最基本的筛选，定向是在这个产品的基础上再做更进一步的筛选。

腾讯商业化的产品有很多，总体可以分成 5 个大类，如图 5-53 所示，分别是"微信朋友圈""微信公众号与小程序""QQ、腾讯看点、腾讯音乐""腾讯新闻与腾讯视频"以及"优量汇"。

图 5-53　腾讯广告可选广告版位

在广告版位的选择上，同样分成了"自动版位"和"选定特定版位"两种。自动版位的意思和 5.4.2 节中"系统优选"类似，都是交给系统来设置这一项，系统自动帮你选一个版位来投放。因为系统的数据和算法能力都比人工更强，所以我们有理由相信在一定程度上，系统设置会比人工设置效果更好。那到底是选"自动版位"还是"选定特定版位"呢？操作中常用的办法是：两种都用。需要提示的是，目前"自动版位"只会在"QQ、腾讯看点、腾讯音乐""腾讯新闻与腾讯视频""优量汇"这 3 个位置中选，暂不支持微信里的版位。

如果选择"自动版位"，那么就不需要自己操心"哪个版位好"了，直接交给系统；如果选择了"选定特定版位"，就需要我们考虑各个版位的特点。

在 5.1 节中，我们对腾讯的产品做过介绍，所以这里就简要说明一下。

"微信朋友圈"的广告位用户量大、广告位置少，所以竞争激烈、价格相对较高。有的时候"微信朋友圈"广告会被认为是品牌广告，但由于朋友圈广告转化率也相对较高，所以最终成本也未必会高，追求效果的广告主同样可以投放。

"微信公众号与小程序"相对于"微信朋友圈"是更大众化的版位，广告位置多，价格也便宜，可以作为日常投放版位。

"QQ、腾讯看点、腾讯音乐"是腾讯产品的一个小集合，因为腾讯的产品实在是太多了，一个一个放出来广告主可能都蒙了，不知道怎么选，所以就把这些产品分类聚集到了一起。除了上面提到的微信体系内的流量以及下面的"腾讯新闻与腾讯视频"，其他的流量基本都在这个集合里了。这个版位又可以再分成两块：一个是 2019 年 11 月新发布的"腾讯看点"，它将天天快报、QQ 看点和 QQ 浏览器 3 款产品打通，是资讯类产品的集合；另一个是"QQ、腾讯音乐及游戏"，包含了 QQ 购物、QQ 空间、QQ 音乐、全民 K 歌等。这两块可以分开选，图 5-54 就是只选择"QQ、腾讯音乐及游戏"来投放。

图 5-54　只选择"QQ、腾讯音乐及游戏"投放

"腾讯新闻与腾讯视频"大概因为是腾讯的主要产品，也相对独立，所以就单独拿出来了。有一些优化师反馈这两个产品效果比较好，大家可以重点测试一下。

"优量汇"就是联盟流量。无论在哪个媒体，联盟流量都需要特别留意一下（包括巨量引擎的穿山甲流量）。相对于媒体自己的流量，大家一般会认为联盟流量的质量更差一些。但也不是不能投，只是投之前一定要心里有数：这是联盟流量，不是腾讯自己的流量。当然，也有一些广告在联盟流量上的投放效果很不错。

投放联盟流量时，腾讯不支持投放到某个特定产品上，只能一起选，要投放就默认你的广告可以被展示到所有联盟产品上，要么就不投，例如你不能只投美图秀秀。联盟流量的广告样式比较多，除了常见的信息流广告之外，还包括开屏广告、banner 广告、激励广告等。广告版位的选择也会影响到创意的形式，因为有的产品有特定的广告样式，比如长形大图轮播、方形大图轮播、大图随心互动等创新样式的广告不支持在朋友圈展示。对优化师来说，操作也很简单，只需要按照系统要求一步一步"填空"就行了，在选择了版位之后，会在创意的位置告诉你支持的创意形式和比例，上传的素材不符合系统要求，就无法进行下一步，所以都不会有问题。

目前，"QQ、腾讯看点、腾讯音乐""腾讯新闻与腾讯视频""优量汇"这 3 个版位可以多选，其他版位只能单独选一个。图 5-55 就是同时投放"腾讯新闻与腾讯视频"与"优量汇"。

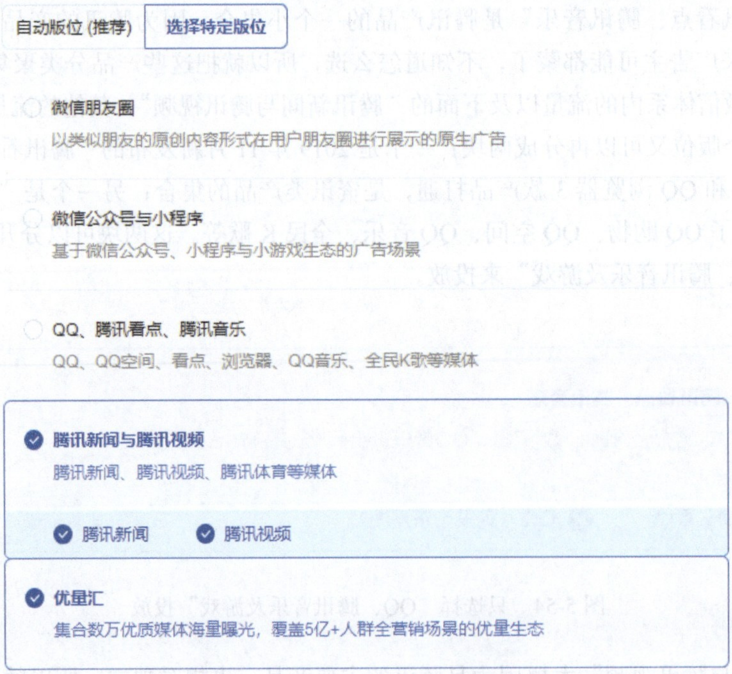

图 5-55　同时投放"腾讯新闻与腾讯视频"与"优量汇"

第 6 章

百度广告

百度成立于 2000 年,是全球最大的中文搜索引擎。搜索引擎业务的主要变现方式就是广告,百度也不例外。百度 2019 年的总营收为 1074 亿元（数据来源：百度 2019 年财报）,其中大部分收入是搜索广告贡献的。

在 PC（personal computer）时代,百度是集中的流量入口,大家遇到问题总会"百度一下"。但在移动时代,入口变得分散了,各种各样的 App 纷纷建立了自己的入口,大家不再单纯通过"百度"来获取信息,想订餐,我们不会通过百度搜索"哪家饭店的外卖便宜又好吃",而是直接打开外卖 App。随着用户行为发生变化,百度也提出了"夯实移动基础,决胜 AI 时代"的战略,加快移动业务的发展。其中,百度 App 作为最主要的产品,2020 年第一季度财报显示,3 月日活跃用户数为 2.22 亿,同比增长 28%。

百度的广告投放分搜索和信息流两套系统,在搜索广告领域,百度以绝对的优势占据了大部分的市场份额；在信息流广告领域,百度也是排名比较靠前的媒体。本章中,我们来聊聊百度的信息流广告是怎样投放的。

搜索广告和信息流广告有什么区别

搜索广告是网民在搜索关键词的时候触发的广告。例如用户搜索"留学",那么会出现许多留学机构的广告,广告和用户搜索的词相关；信息流广告是用户没说他想干什么,打开 App 时系统要猜他喜欢什么,对什么感兴趣,然后给他推荐内容和广告。

所以搜索广告和信息流广告的一个区别是：广告的产生基于用户的主动行为还是被动行为。搜索广告是基于用户的主动搜索行为,信息流广告是用户被动接受信息。

对广告的判断和用户设备无关,无论是在 PC 端还是移动端,只要是搜索触发的广告,就算"搜索广告"；同样地,信息流广告也有可能出现在 PC 端。

第 6 章 百度广告

6.1 百度广告资源

和前两章一样,我们需要先了解百度有哪些产品,广告会展现在哪里,广告的样式是什么。

6.1.1 百度有哪些产品

我们对百度的许多产品很熟悉,有号称"全球最大中文百科全书"的百度百科,也有"让美好永远陪伴"的百度云盘,当然最主要的还是"百度一下,你就知道"的百度搜索引擎。百度有一些产品不通过广告进行商业化,这里我们就不讨论了。接下来,我们看看信息流广告主要展现在百度的哪些产品上,有以下 3 款。

- 百度 App:百度 App 除了有搜索功能,在搜索框的下方也有一些资讯供用户观看,用户往下滑的时候就相当于在使用一个资讯产品,百度 App 的广告语也变更为了"有事搜一搜,没事看一看",以延长用户在产品上的停留时长(对媒体而言,用户使用时间越长,就越有机会展示广告,从而赚到更多钱,所以这是至关重要的)。
- 百度贴吧:百度贴吧是全球最大的中文社区,覆盖面非常广。从每一个地区的"市吧""县吧",到每个大学的"大学吧",再到一些基于兴趣的贴吧,比如相声吧、考研吧、明星的贴吧,里面聚集了一些对某个主题感兴趣的人,比较适合用来做兴趣定向。根据百度商业化公开数据显示,贴吧日 PV 量级在 35 亿以上,月活跃用户超过 3 亿。
- 好看视频:好看视频是近两年刚做起来的产品,是一个看视频的软件,里面以 PGC 内容为主,包含一些自制的明星节目。2019 年第一季度财报显示,3 月好看视频日活跃用户达到了 2200 万。

> **说明**
> 百度是爱奇艺的控股公司,但两者的广告投放是分别进行的,所以我们讨论百度信息流广告投放的时候,不包含爱奇艺。

除了这几款自有产品以外,百度也接入了联盟流量,叫作"百青藤",接入的产品有 Wi-Fi 万能钥匙、趣头条、猎豹清理大师等。

关于联盟流量,大家可能会好奇:为什么这几个媒体都说自己接入了很多联盟流量呢?好像他们接入的联盟产品还会有重合。你的感觉没错,是有重合的,下面我们来仔细说明一下。为了方便区分,我们将字节跳动、腾讯、百度这些自己搭建了完善的广告投放后台的媒体叫作"大媒体",将其他媒体叫作"中小媒体"。

一家大媒体通常会接入很多中小媒体的联盟流量，同样地，中小媒体也会将自己的流量卖给不止一家大媒体。中小媒体自己也可能会做广告投放后台，但后台搭建需要很多的人力和物力，如果投放效果不好，可能就没有广告主愿意买账。如果和大媒体合作，虽然钱会被大媒体分去一部分，但是自己也会比较省心，能节省很多成本。因此很多中小媒体会采用"自己搭建广告后台，同时把流量卖给其他大媒体"的方式。至于为什么要卖给多家媒体，那当然是为了把价格卖得更高啦！看哪个媒体给的价格高就卖给谁！并且，中小媒体也会担心只接一家广告卖不完，希望多接几家来把广告都卖出去。

6.1.2 百度广告的位置

百度靠搜索起家，它的搜索广告业务做得很大，和信息流广告业务是完全分开的，我们不讨论搜索的情况，只看信息流广告。需要说明的是，信息流广告既可以作为一种概括说法，也可以单独指某个广告位。一般我们说的"信息流广告"都是统称，指除了搜索广告以外的所有广告样式，只有在区分具体广告位置的时候才会指某一类广告。接下来，我们具体看一下百度广告在各个 App 里出现的位置。和前面提到的两个媒体基本相似，百度的广告也主要分为信息流广告、详情页广告和贴片广告几种。

1. 信息流广告

信息流广告依然是主要的广告形式，百度 App、好看视频、百度贴吧这几个产品的列表页都有信息流广告，样式如图 6-1 所示。

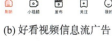

(a) 百度 App 信息流广告　　(b) 好看视频信息流广告　　(c) 百度贴吧信息流广告

图 6-1　信息流广告

需要说明的是，除了百度 App 外，信息流广告也常展现在百度的 WAP 端（WAP 一般指移动端网页）。也就是通过其他浏览器"百度一下"时，也会展现广告。WAP 端的广告展现量也不少。

> **提示**
>
> 我们已经对信息流广告不陌生了，可以留意一下页面细节。有没有发现图 6-1c 广告右下角有一个"立即下载"的按钮？这是系统自动生成的，如果广告主投放 App 下载，那么系统就会自动打上这个小角标。这个小角标会随产品而变化，在百度贴吧是蓝色字，但在图 6-1b 所示的好看视频中就变成了红色字，并且外框的样式也有一些不同。而如果投放的是落地页链接，比如图 6-1a，就不会出现这个下载的角标。相对于点击查看详情，点击下载还是一个比较复杂的事儿，这个下载的角标用来告诉用户"这是一条下载的广告，你要是不想下载就不要点啦"，提前给用户一个提醒。

2. 详情页广告

百度的详情页广告也是一个代称，泛指 4.1.2 节提到的视频播放下方的"视频相关推荐广告"、评论上方的"详情页广告"和图集末尾的"图集尾帧广告"。我们以在百度 App 上看到的一条视频内容为例，看看它是如何展现广告的，如图 6-2 所示。

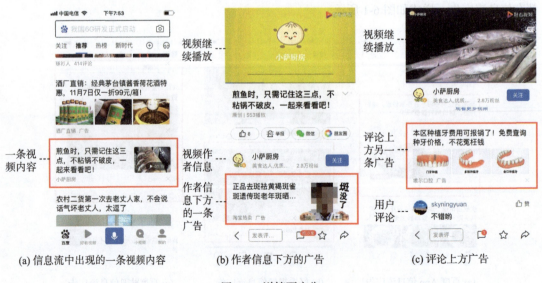

(a) 信息流中出现的一条视频内容　　(b) 作者信息下方的广告　　(c) 评论上方广告

图 6-2　详情页广告

我们从媒体的角度简单做个推测，为啥要在详情页放两个广告位：可能设计广告的时候觉得详情页内容挺多的，插一个广告有点少，要不放两个吧，一个靠前点，一个靠后点。靠前的就是"视频相关推荐广告"，靠后的是评论上方广告。相关推荐广告有时候也没那么相关，比如图 6-2c 中视频内容说的煎鱼，它下方是口腔医院的广告，这两者其实没什么关系。

详情页广告是一种很常见的广告形式，在百度 App、百度 WAP、百度贴吧都有展现。

3. 贴片广告

跟视频常联系在一起的是贴片广告。截止 2019 年，百度长视频的流量还比较少，平台上播放的视频多为短视频，这对广告出现的位置也有一定影响。比如一个 30 秒的内容视频，你不能在中间再插一个 15 秒的广告，所以贴片广告中出现最多的是后贴片广告——不管视频长短，播放完毕后就可以带一个后贴片广告。百度 App、百度贴吧、好看视频这几个产品在播放视频的时候，都可能会出现贴片广告。图 6-3 为百度 App 的后贴片广告。

图 6-3　后贴片广告

6.1.3　百度支持的广告创意形式

知道了百度有哪些产品以及在哪些位置会展示广告，接下来我们看一下百度支持的创意形式。

像我们前面提到的大图、小图、组图和视频等形式的广告，百度都可以投放，但叫法上有一点儿不一样。在百度，小图叫作"单图"，可以理解成"单张小图"的意思；3 张小图组合在一起的形式叫作"三图"，默认这 3 张图的顺序是固定的，系统也提供了"允许在线优化三图顺序"的选项。是否选择此选项要看这 3 张图是否有逻辑关系，如果选择这一项，意思就是允许系统改变 3 张图片的顺序。对于视频，横版和竖版这两种样式都支持。

在前面提到的这几个媒体中，字节跳动因为抖音的崛起，视频占比是最大的。百度视频发展相对晚一点，到 2019 年还是以图片形式为主。

6.2 百度后台

接下来,介绍一下百度后台。各媒体后台部分的基本逻辑都是一致的,因为前面已经介绍过两个媒体了,这里我们只介绍不一样的部分。

6.2.1 百度后台登录

搜索"百度推广"即可找到百度的后台入口,界面如图 6-4 所示。我们从右往左看:右边①的部分可以输入登录信息;左边②的部分是平台相关的消息通知,会不断更新;下方③的部分是一些关于广告投放的内容,既有产品介绍也有推广案例等。③部分中的内容都是不需要登录就可以查看的,即使你没有百度广告的账户,也可以先从这里学习,非常方便。

图 6-4 百度后台首页

百度后台也有移动版,叫"百度营销",可以在手机上操作广告投放。

6.2.2 百度后台概括介绍

点击登录之后,会进入百度后台。百度后台有点不一样的是,进来之后看到的是搜索和信息流汇总的数据,从"搜索推广"和"信息流推广"两个入口可以分别查看各自的推广情况,如图 6-5 所示。

6.2 百度后台

图 6-5 百度后台页面

点击"信息流推广"入口的"进入"按钮,进入信息流推广的主要操作界面,如图 6-6 所示,这里分为推广管理、数据报告、资产中心和工具中心这四部分。我们现在看到的是默认界面,也就是"推广管理"页面,这是我们设置预算、出价和广告创意的地方。

图 6-6 "推广管理"界面

"数据报告"就是看数据的地方。百度把数据报告分成了很多个小模块,有推广报告、定向报告、创意报告和专项报告,其中推广报告下的账户报告、计划报告和单元报告这 3 个是基础的数据汇总,其用法和我们前面看到的两个媒体都一样,如图 6-7 所示。

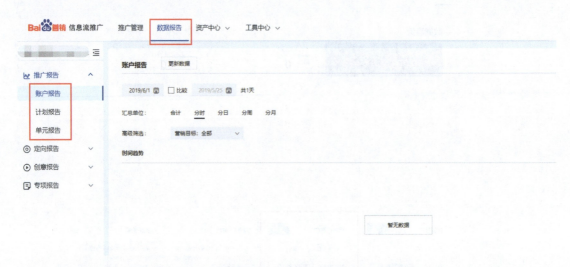

图 6-7 "推广报告"下的"账户报告"界面

"资产中心"指广告投放的资产,我们在第 5 章中解释过,各媒体中"资产"的概念都类似,广告投放的图片、视频和推广过的 App 等都在这里,图 6-8 是"资产中心"下的"图片库"界面,点进去就能看到你用过的所有图片(视频也同理)。

图 6-8 "资产中心"下的"图片库"界面

"工具中心"中有一些常用的工具,用来辅助优化师进行账户投放。比如帮助优化师做视频的简易工具——视频工具,它提供了一些模板、片头片尾之类的素材,可以快速拼接出一个简单的视频,如图6-9所示。

图6-9 "工具中心"下的"视频工具"界面

概括了解了媒体后台的功能之后,我们看一下在哪里学习百度信息流广告的投放方法。你是不是已经能猜到在什么位置了?没错,还是回到百度后台的首页。

6.2.3 媒体投放知识去哪里学

媒体一般都会希望优化师能很方便地学习,所以首页上都会有学习的入口。百度的学习入口在登录框下面的"热门专题"处,理论上点击其中任意一个模块都可以进入,但是第一个"百度商业产品图谱"特殊一点,点击它之后,无法很顺利地切换其他课程,所以推荐点击后两个,如图6-10所示。

图 6-10　首页上的学习入口

点击第 3 个"搜索推广进阶馆"之后，会进入百度营销大学，如图 6-11 所示。

图 6-11　百度营销大学

大家可能会疑惑:"我不做搜索,信息流广告相关的资料在哪里看?"不要慌,由于百度媒体有搜索和信息流两方面的业务,所以学习中心里也包含这两方面的内容。我们只要找到信息流的内容就可以了。在哪里找呢?在上方的导航栏。这里是整个营销中心的内容分类,有我们想找的内容。我们先从最右侧的"了解与帮助"开始,这里的介绍最简单易懂。各媒体都是这样,带"帮助"字样的一般都是比较通俗的解释说明,比带"课程"字样的更好懂。点击"了解与帮助"→"信息流"之后出现的内容如图 6-12 所示,这里是面向小白的基础问题解答,建议大家都看看。你有没有发现,整个操作过程一直没有登录?没错,我刚才演示的这些内容谁都可以学。

图 6-12　百度营销大学的"了解与帮助"界面

如果想在百度平台上进一步学习,就需要登录账户了。百度有一个"百信学堂",相当于百度学习平台的 Pro 版,接下来看看怎么进入这个学堂。

登录账户之后,在导航栏右侧有一个不起眼的"百信学堂"小问号图标,如图 6-13 所示,点击它就可以进入百信学堂啦!

图 6-13　"百信学堂"入口

当然,百度推广也有微信公众号,叫"百度营销中心",基本算是从业人员的标配,大家可以关注一下。

6.3 百度广告投放的账户结构

我们对百度账户结构已经不陌生了,这里简单介绍一下。百度为其账户结构起了一个形象的名字,叫作"账户树",意思是账户里各层级的关系就像大树和它的枝节一样。百度账户层级由高到低分为账户、计划、单元和创意。

账户搭建的逻辑也类似,一个账户里可以建一个或多个计划,一个计划里可以有一个或多个单元,一个单元下可以放一条创意或多条创意,如图 6-14 所示。

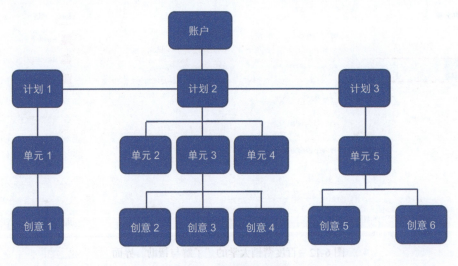

图 6-14 百度账户结构

6.4 百度后台主要功能介绍

百度是我们介绍的第三个媒体了,其后台的很多逻辑和操作与前面两个媒体相同,这里我们主要介绍前面没有提到的功能。百度最核心的账户层级还是第三层级,也就是"单元",我们主要以单元为例来介绍后台的功能。有时候,我们也会以"广告"泛指账户的各个层级。

6.4.1 转化出价

和前面两个媒体相同，百度支持展示出价、点击出价和转化出价。同样地，转化出价是核心。百度的转化出价也支持赔付，叫"返款"，指满足一定条件的情况下，超成本之后会把钱返给广告主。

对于返款的条件，在2020年7月的时候，百度相对苛刻一点：返款统计周期内累计转化数大于30才有赔付资格。也就是说，如果一个单元转化数太少了，假设只有10个转化，那么即使成本超了，百度也不会赔给你。要超过30个转化之后，才有赔付资格。我们一般把"超过多少个转化之后才赔付"叫作赔付门槛。从大趋势上来看，各媒体的赔付门槛都在逐渐降低，因为随着媒体技术能力的提高以及广告投放数据的积累，媒体对成本的控制会越来越准确，于是就敢把赔付门槛降低了。30个也还算好，毕竟能有成本保障就是好的。

接下来，我们介绍一个重点。在使用oCPC作为出价方式的时候，截止到2020年7月，出价会分成2个阶段，如图6-15所示，分别为点击出价（第一阶段）和目标转化出价（第二阶段）。

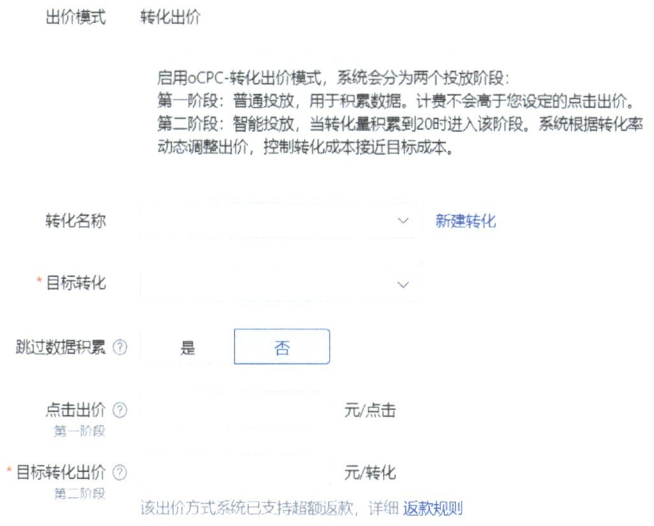

图 6-15　百度后台转化出价使用页面

第4章和第5章介绍转化出价的时候，我们解释过"学习期"的意义，学习期广告的成本比较高，但这也是广告投放必须经历的阶段。只有经历过学习期并且系统"学会了"，才能够大量获取转化、成本也比较低。大家一般会认为转化出价转化的成本是低的，点击出价转化的成本是高的。所以干脆用CPC来指代学习期，于是百度直接从出价方式上对这两个阶段进行了区分：如果你要用 oCPC 出价，那么你需要先经历 CPC 出价（第一阶段），积累 20 个转化之后，才能进入 oCPC 出价的阶段（第二阶段）。也就是说，百度把转化出价的"学习期"单独拆开了，拆成了点击出价的阶段，用点击出价来度过最开始的学习期。

这里补充说明几个细节。

①出价是在单元层级，所以第一阶段和第二阶段也是针对单元来说的。

②一个单元能否进入第二阶段完全由转化数决定，不需要优化师参与，在达到 20 个转化数后，这个单元就会自动进入第二阶段。

③在第一阶段，媒体只会保证点击成本低于点击出价，对转化成本没有承诺。只有进入第二阶段，媒体才会保障成本，超成本之后有赔付。

各媒体早期都是这个模式，先用 CPC 出价来积累一定的数据，让模型学习，等转化数达到一定量并且模型学会了，就可以用转化出价了。CPC 出价成本会明显高一些，所以媒体在不断降低进入第二阶段的转化数要求，百度以前要求 50 个转化，到 2019 年 11 月，转化数达到 20 个就能进入第二阶段。按照这个趋势，当媒体自身积累的数据更多一些、技术更成熟后，会把 CPC 出价的阶段取消，直接用 oCPC 出价。现在百度可以让优化师选择是否跳过数据积累，如果选择"是"，就可以直接进入第二阶段——按转化出价投放。如果选择"否"，就还会按两个阶段的方式来投放，如图 6-16 所示。

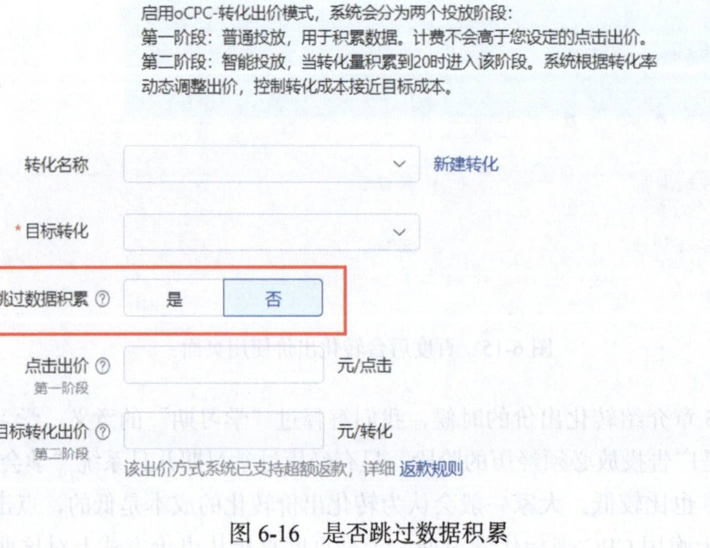

图 6-16　是否跳过数据积累

那是不是优化师们都会选择跳过数据积累呢？也不是，还是有一些优化师愿意先进入第一阶段再进入第二阶段的，因为有了第一阶段的探索，模型学习会更充分，后期单元效果可能会更好。通过第一阶段和第二阶段模式，我想提示大家的是：即使直接用 oCPC 出价，也有学习期，所以前几个转化成本高也是正常的。

6.4.2 意图词

百度支持常规的定向，比如地域、年龄和性别等，如图 6-17 所示。

图 6-17　百度支持的部分定向示意图

在百度的定向设置中，最知名的就是"意图定向"，相当于百度的"王牌"，这里我们来重点介绍一下。

1. 百度的意图定向是什么

在各媒体投放广告的时候，很少有哪一个定向是必须用的，但百度的意图定向就是这样的功能，是投百度广告必用的定向。官方资料称"意图定向是百度信息流的核心定向能力"。意图定向，顾名思义，它用来判断用户想干什么以及有什么意图。

当用户搜索一个东西的时候会明确表达出一个意思，比如搜索了"茶叶"，那媒体就知道"这个人对茶叶感兴趣"，这比"因为用户看了茶叶相关的文章，所以媒体判断他对茶叶感兴趣"

要可靠得多。因为搜索是用户的主动行为，所以大家普遍认为搜索在反映用户的喜好上会更精准。

简单来说，因为百度拥有海量的用户搜索行为数据，所以百度的意图定向非常好用。

百度的意图定向按照从粗到细可以分成 3 类——兴趣、意图标签和意图词，如图 6-18 所示（为了引导优化师使用，可选项中加上了动词）。

图 6-18　百度意图定向

- 兴趣就是用户对什么东西感兴趣，跟 3.2.2 节我们介绍的普遍意义上的兴趣定向差不多，例如"游戏""金融""房产"等。
- 百度后台对意图标签有解释，如图 6-19 所示。简单来理解就是：对一类行为比较感兴趣，意图标签更侧重未来，用来圈定未来可能会干什么的用户，比如"想玩休闲益智游戏""想参加小学辅导"。

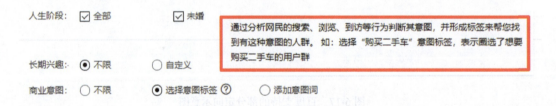

图 6-19　意图标签定向介绍

- 意图词就是具体到对某一个词感兴趣的用户，是非常精准的找用户的方式。但是想词是个麻烦事，对优化师要求比较高——一般人可能想不到那么多词，所以操作上比前两个更难一些。值得注意的是，虽然是叫"词"，但和我们一般说的两三个字的词还不太一样，一句话也叫一个意图词，比如"家装公司排名前十""一百二十平米房子装修多少钱"这种网民搜索时的常用表达。

所以，在覆盖人群的数量上，兴趣 > 意图标签 > 意图词；在精准度上，兴趣 < 意图标签 < 意图词。

在实际投放中,我们不能只考虑覆盖的用户量大或者精准,要兼顾这两个方面,这样才能使转化成本稳定、转化量大。这几种定向都会用到,但在用的时候要有侧重:如果产品的用户比较宽泛(如社交类产品),就可以用兴趣;如果行业比较窄(如租车类产品),就可以多用意图词。接下来,我们看一下意图定向具体要怎么用。

2. 意图定向的操作步骤

在操作上,越大的分类操作越简单,比如兴趣,媒体给你提供好了选项,你想找对什么感兴趣的人,就选择哪些兴趣即可;越小的分类越复杂,比如意图词,单个词覆盖的人精准,但数量少,这样就需要比较多的词叠加起来才行,可能动不动就要写几百、上千个词(截至2020年7月,百度最多支持写2000个意图词)。注意,意图词设置得太少可能花不出去钱,没什么量,所以意图词的操作最复杂。尤其对于新手来说,一个人是想不到2000个词的,很"头大",不过先不要着急,一会儿我们会介绍找词的方法。意图标签算一个小的类别,也是媒体提供好后供你选择的,它比兴趣的划分更细致,但是比意图词的覆盖量要大一些。

> **说明**
>
> 兴趣和意图标签都是媒体提供好选项让你来选择,不能自己造一个兴趣或意图标签;意图词是优化师自己来写的,可以由你自己决定。

接下来,我们以给一个装修公司做广告为例,看这几个功能具体的使用步骤。

- 兴趣:因为装修属于比较大的行业,所以这里有直接提供的类别(小行业可能就没有那么准确,比如找不到"酸辣粉",就得找大分类"餐饮美食"),我们直接找相关的兴趣就可以了。这里我们选择"建材家居",具体操作步骤如下。

(1) 兴趣的默认选择为"不限"。点击"兴趣"会出现一些选项,如图6-20所示。截至2020年7月,共有26个大类,每个大类下面还有一些小类,小类别共有226个。(大类别称为一级兴趣,小类别称为二级兴趣。)

(2) 我们先找装修相关的大类别,这里选择"建材家居"即可。

这里有一个小技巧,点击"建材家居"左侧的"▶"符号,会发现它变成了"▼",同时下方出现"建材家居"下的小类别,有厨具、家具、家居饰品等,如图6-21所示。当你直接点击一级兴趣对应的小方框时,属于它的二级兴趣会被全部选中,相当于"全选"功能,这在选择多个"二级分类"的时候比较方便。假设我们的产品服务范围比较广,这些二级兴趣的内容都包括了,此时我们就可以全选。注意,在选择二级兴趣的时候,要看一下有没有和自己产品不沾边的，如果有的话，要排除掉。在右边，可以看到"已选兴趣"列表，里面列出了已经选中的兴趣。

图 6-20　点击"兴趣"，出现兴趣大类列表

图 6-21　在"兴趣"分类中选择"建材家居"

❑ 意图标签：在后台点击"选择意图标签"之后，会出现如图 6-22 所示的提示（内容更新于 2020 年 7 月）。我们接下来就不介绍意图标签的操作步骤了，只说一下新兴趣的操作。

图 6-22 意图标签提示语

新兴趣的操作很简单。在"兴趣"选项下点击"新兴趣"按钮，此时会自动出现"为您推荐 *** 等 n 个兴趣"的提示语，如图 6-23 所示，新手直接选择后面的"一键添加"就行，比较靠谱，简单好操作。

图 6-23 "新兴趣"功能的使用方法

❑ 意图词：意图词比较复杂，想词是门"手艺"。先说最简单的，就是用系统推荐的词，具体操作步骤如下。

(1) 在"意图词"一栏中选择"添加意图词",下方会出现"意图词推荐"方框。在方框里输入这个产品的关键词,系统就会推荐一大批词。例如我们输入"装修",系统会自动推荐一批与装修相关的词,如图 6-24 所示。你输入的这个词就叫"词根",系统会根据你输入的词帮你拓展更多的词,这个过程叫"拓词"。意图词定向的核心就是"想词根 + 拓词"。拓词一般要用工具,"意图词推荐"就是一个非常方便的工具,大家先会用这个就行,后面我们再介绍其他工具。

同时,我们可以看到最下方有一个选项"仅根据历史搜索行为来识别意图",这个选项的意思就是对识别意图的来源进行筛选。因为搜索是用户的主动行为,所以是非常精准的来源,可以勾选。

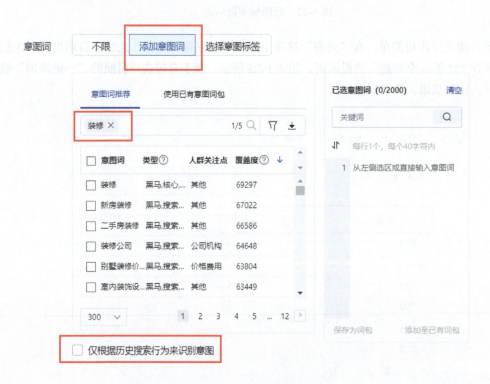

图 6-24 意图词推荐功能

(2) 点击"意图词"前面的小方框,就批量选中这些词了,如图 6-25 所示。

(3) 就像需要筛选系统给你推荐的意图标签一样,你也需要自己筛选意图词,这些词是需要一个一个看的,然后去掉明显没关系的。如果我们是做住宅装修的,那么要删掉与饭店相关的意图词。如图 6-26 所示,直接选中"饭店装修",然后删除即可。

6.4 百度后台主要功能介绍 | 163

图 6-25 添加意图词

图 6-26 找到不相关的词并删除

我们整体来看一下，要给装修公司做广告，这 3 个定向怎么用呢？（不是同时使用的意思，新兴趣定向和意图词定向尽量分开使用，同时使用会大大限制人群数量，造成广告花钱慢的现象。）下面我们做个使用示例，让大家感受一下它们的区别。

- 兴趣：建材家居。
- 新兴趣：房屋装修、小户型装修。
- 意图词："一百二十平米房子装修多少钱""简约风格装修""卫生间装修效果图""小户型房子如何装修""智能家居一套多少钱""毛坯房装修价格""家装公司排名前十""最新客厅装修效果图""上海装修公司排名""深圳装修公司排名""沈阳装修公司排名"等。

在实际投放时可以改变思路，选择其他兴趣和意图词。总结一下，百度意图定向的使用思路就是找和产品相关的兴趣、用系统推荐新兴趣、写意图词词根、使用系统的"意图词推荐"拓词、剔除和产品无关的内容，核心思路就是"和自己产品相关"。

3. 想意图词的工具

意图词的拓词工具除了"意图词推荐"以外，还有几个可以用的工具，下面我们简单介绍一下。

第一个是百度搜索下拉框。当你在百度搜索框中输入一个关键词后，百度会在下拉框里自动出现一些相关词，这些词都是网民经常搜索的，对我们了解用户会有帮助。这是一个简单好用的办法。图 6-27 给出了在百度搜索"装修"时下拉框中出现的词，我们发现大家会关心装修效果图、装修时间和装修风格等。

图 6-27　百度搜索下拉框

第二个是百度指数。这是一个很好用的工具，你可以从中看到大家都在搜什么，以此来想词根。百度指数是公开的工具，只要有百度账号就能使用。

进入首页之后输入一个关键词，如"装修"，点击"开始探索"按钮，就可以看到这个词的搜索指数，如图 6-28 和图 6-29 所示。点击上方的"需求图谱"按钮，就可以看到"装修"的需求图谱了，如图 6-30 所示。向下滑动页面，还有需求的文字版摘要，如图 6-31 所示。

6.4 百度后台主要功能介绍 | 165

图 6-28 输入关键词"装修"

图 6-29 点击"开始探索"按钮后,就会出现该词的搜索指数

第 6 章 百度广告

图 6-30 "装修"的需求图谱

图 6-31 需求的文字版摘要

　　第三个是关键词规划师，它是百度搜索的一个很好用的工具。首先，点击后台登录页面"搜索推广"的"进入"按钮，如图 6-32 所示。然后点击"工具中心"一栏的"关键词规划师"，进入关键词规划师页面，如图 6-33 所示。在搜索框里输入关键词"装修"，点击"搜索"按钮就会出现"装修"相关词的搜索情况，如图 6-34 所示。

6.4 百度后台主要功能介绍

图 6-32 在后台登录界面中点击"搜索推广"的"进入"按钮

图 6-33 点击"关键词规划师"

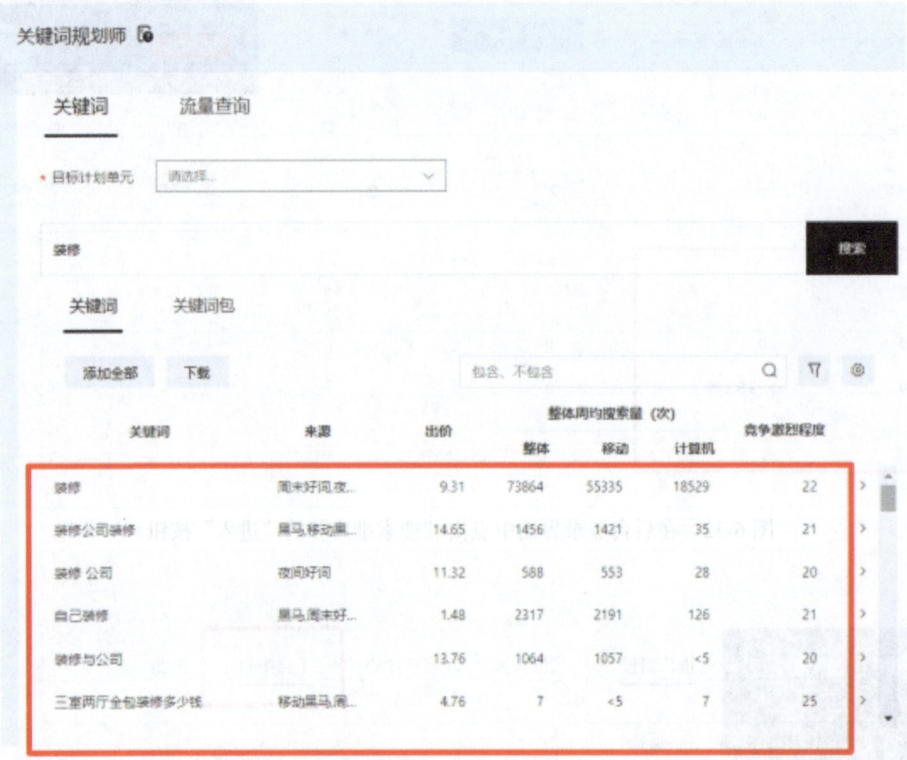

图 6-34 相关词的搜索情况

这 3 个工具其实不止用在意图词定向上，它们也是我们了解产品和用户的一个不错方法，对我们做创意也有一些帮助。

6.4.3 广告的"开"和"关"

接下来，我们要说的这个操作很简单但很重要，即广告的"开"和"关"。与手机的开机、关机一样，广告投放也有"开"和"关"，"开"就是投广告，"关"就是不投广告。下面我们具体讲讲。

前面我们介绍账户结构时已经知道，百度有账户、计划、单元和创意 4 个层级，需要设置完所有层级，才能够完整地投放。一般新建完广告之后，就可以直接投放了，因为广告的"开关"默认是开启的。

我们可以通过"开关"控制广告的投放,其中计划、单元和创意这3个层级都有单独的"开关",账户层级没有。也就是说,即使你把一个计划、单元和创意都创建完了,也可以用"开关"控制是否投放。只有计划、单元和创意这3个层级都是"开"的状态,广告才会被投放。

这里有一个使用技巧,你可以白天上班的时候新建一些单元,然后暂停,等到晚上流量高的时候再开始。在百度,单元是主要层级,下面我们主要以单元为例说一下怎样使用"开关"。

我们先讲个故事,从优化师的角度看一下在广告投放的时候,自己和单元的关系是什么。

广告投放就像一场比赛,媒体是"主办方",每个账户是一个"小队",每个单元是一个"选手",优化师们是这些单元的"教练"。教练在上场之前训练这些选手,给他们一个人物设定(给每一个单元设定好定向、创意和出价等),然后就让选手们上场了。

"选手"们上场之后,表现好的加分,表现不好的扣分,"教练"需要关注"小队"的总得分和每一个"选手"的得分。一个单元的消耗和成本综合起来就是"选手"的得分,也是我们在投放的时候最关注的指标。有个别选手表现很好,它们的得分非常高,你就给它们加预算;也有一些选手表现不好,你就需要考虑让它们下场。为了能多出现一些优秀的选手,你需要让更多选手上场。

当你的账户整体量级不够时,也需要增加一些"选手",新建一些单元,相当于"开";当有一些单元成本很高的时候,就需要放弃"选手",终止这个单元,相当于"关"。这就是单元的"开"和"关"。

这样讲大家清楚了吗?教练能给选手上场的资格(新建单元),但不能决定选手的得分。想要总分高,就要寄希望于优秀的选手,那么怎么找到优秀的选手呢?一是人数要多,基数要大,你可以找不同类型的选手上场(新建多个单元、测试不同的定向和创意,兴趣、意图标签、意图词等都可以都尝试);二是要时刻关注赛场的动向,根据情况替换选手(开关单元);还要不断总结经验,一旦发现哪个选手表现好,就分析其人物设定(定向、创意等),以后就沿着这个思路多建一些单元。

到这里,知道"开关"是怎么回事了吗?我们可以用"开关"控制单元的状态,如果效果好,就一直开着;如果效果不好,就考虑关掉,同时补充新的单元,不断新建。具体开关在哪儿呢?

如图6-35所示,每一个单元都有"状态"一项,其中"有效"表示正在投放。把鼠标移到这个单元的任意地方,会出现一个表示暂停的小按钮(如图6-36所示),点击它,单元的状态就会变成"暂停推广",如图6-37所示。计划和创意层级也都有"状态"这一项,也都是这样操作,大家可以自己试试。

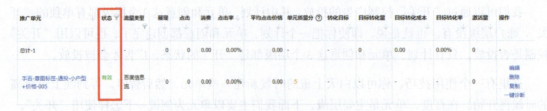

推广单元	状态	流量类型	展现	点击	消费	点击率	平均点击价格	单元质量分	转化目标	目标转化量	目标转化成本	目标转化率	激活量	操作
总计-1	-	-	0	0	0.00	0.00%	0.00	-	-	0	0.00	0.00%	0	-
手百-意图标签-通投-小户型+价格-005	有效	百度信息流	0	0	0.00	0.00%	0.00	5	-		-	-	0	编辑 删除 复制 一键诊断

图 6-35　单元的状态为“有效”

推广单元	状态	流量类型	展现	点击	消费	点击率	平均点击价格	单元质量分	转化目标	目标转化量	目标转化成本	目标转化率	激活量	操作
总计-1	-	-	0	0	0.00	0.00%	0.00	-	-	0	0.00	0.00%	0	-
手百-意图标签-通投-小户型+价格-005	有效	百度信息流	0	0	0.00	0.00%	0.00	5	-	-	-	-	0	编辑 删除 复制 一键诊断

图 6-36　暂停按钮

推广单元	状态	流量类型	展现	点击	消费	点击率	平均点击价格	单元质量分	转化目标	目标转化量	目标转化成本	目标转化率	激活量	操作
总计-1	-	-	0	0	0.00	0.00%	0.00	-	-	0	0.00	0.00%	0	-
手百-意图标签-通投-小户型+价格-005	暂停推广	百度信息流	0	0	0.00	0.00%	0.00	5	-	-	-	-	0	编辑 删除 复制 一键诊断

图 6-37　单元的状态为“暂停推广”

为了保证账户效果，我们需要不断新建单元。如果单元效果很不好（比如成本很高），可以关停它。

成本多高算高呢

一般地，实际成本超过目标成本一倍就算高。例如账户平均成本是 10 元，如果有一个单元的成本是 20 元，就算非常高了，15 元也相对比较高，12~13 元还好，这个要看账户具体情况。需要说明的是，这里说的都是单元度过了学习期后的成本情况，如果是学习期的单元，那么成本达到 20 元是正常的。

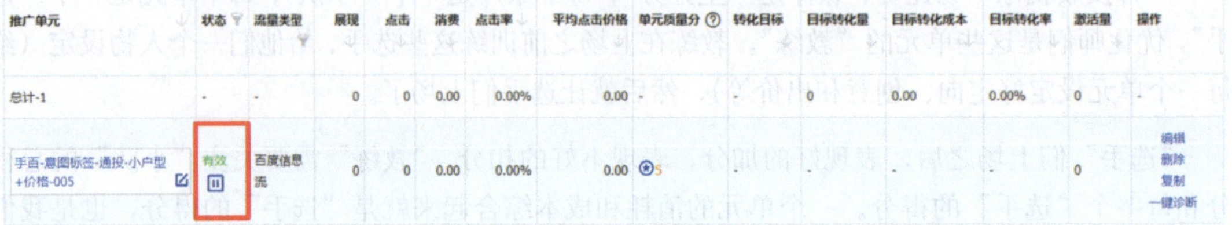

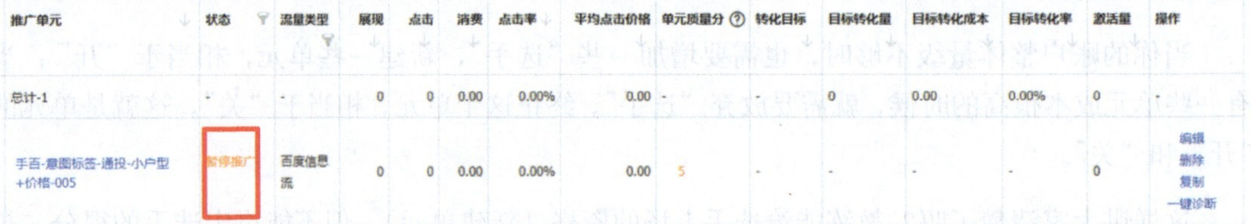

6.4.4 后台复制单元的快捷方式

和我们平时复制一段文字一样,广告后台也有复制的快捷键,比如百度可以对单元和创意进行快捷复制。

接下来演示一下新建单元的步骤,看一下复制功能是怎样使用的。

首先,在账户后台点击"推广单元",这时候会出现"新建单元"按钮,点击这个按钮,如图 6-38 所示。

图 6-38 点击"新建单元"按钮

单元是第三层级,计划是第二层级,由于当前跨过计划直接新建单元,所以系统会弹出一个提示,询问要把它放进哪个计划。于是我们给这个"萝卜"找个"坑",选一个想要放的计划,如图 6-39 所示。

图 6-39 选择所属计划

然后点击"确定"按钮,就会进入新建单元页面。如图 6-40 所示。在页面上方有"新建"和"选择已有单元"两个选项,如果选择"新建",就会从零开始新建一个单元,每一个选项都要填。

图 6-40 创建单元时点击"新建"

如果你的账户里已经有了一些单元,那么这个时候就可以选择"选择已有单元",相当于复制已有单元,已有单元的定向、出价和创意等都会被直接复制过来,你只需要修改你想改的部分就可以了,如图 6-41 所示。

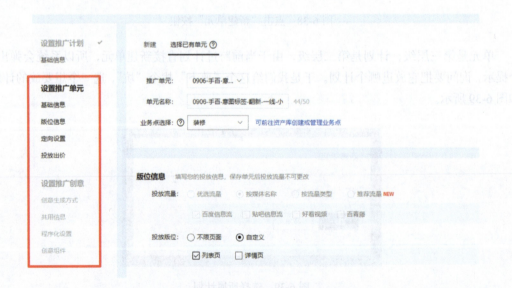

图 6-41 创建单元时选择"选择已有单元"

因为广告里不同单元的很多设置都是一样的,新建的时候只是对几个地方进行修改,所以"选择已有单元"是一个很常见的操作。

除了这种方式之外，也可以点击每一个单元右边的"复制"按钮，此时也会进入新建单元的流程，如图 6-42 所示。

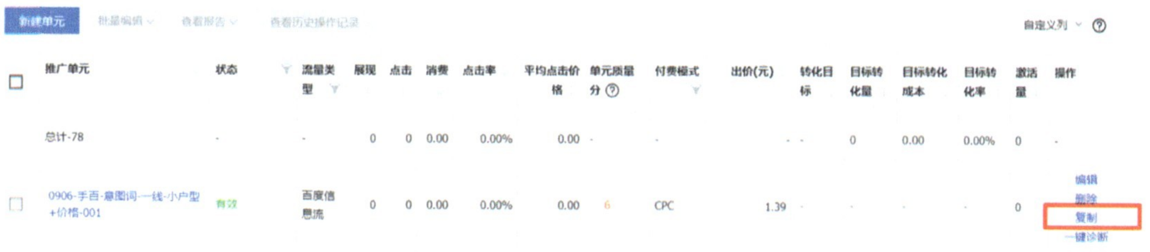

图 6-42 点击单元右侧的"复制"按钮

因为这是和每一个单元对应的，所以相当于直接把这个单元当作我们刚才说的"已有单元"，在它的基础上做修改。此时即使选择"新建"选项，单元中的信息也被填好了，如图 6-43 所示。

图 6-43 单元中的信息会自动填写完成

6.4.5 历史操作记录

历史操作记录是什么呢？从字面意思理解，就是你对这个账户做过操作的记录，有的媒体也叫"操作日志"。它的入口在导航栏的"工具中心"里，如图 6-44 所示。

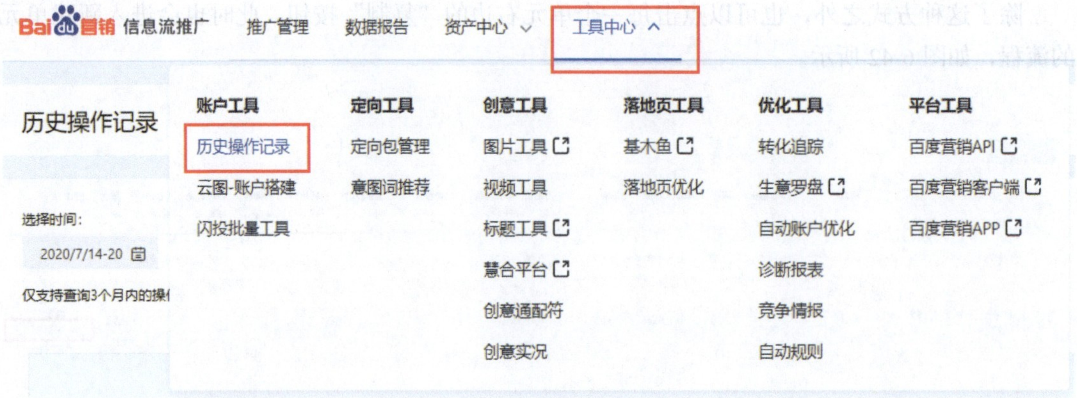

图 6-44 "历史操作记录"入口

互联网的一个天然属性就是做什么都能留下记录，媒体的历史操作记录也是这样，干什么都能被记下来。在图 6-45 所示的两条记录中，下面的那条记录是把出价调了，从 180 元调到了 160 元；上面的那条是把一个单元暂停了。这样一来，如果你忘了是否调整过某个单元的出价，就可以来操作记录里看一看。

图 6-45 历史操作记录示例

到这里，媒体篇的内容我们就全部介绍完了，建议大家把这 3 个媒体的介绍看一遍，因为后台的很多东西是通用的。

另外，想提醒大家的是，媒体后台的功能有很多，有一些我们没介绍到，你可能也用不到那么多，先把常用的记住就行了。投广告最重要的就是预算、出价、开关，这 3 个你会用了，问题就不大，其他内容都可以在用到的时候学。媒体方提供的定向工具能够帮助广告主找到有意向的用户，但用户是否真的会转化，还是由创意决定的。接下来，我们开始进入创意的部分，想想如何通过创意来吸引用户。

创 意 篇

第 7 章

信息流广告的创意

广告的本质是曝光,要让用户有机会看到、知道你。在让用户看到广告的过程中,创意是和用户直接接触的东西。我们前面提到过的定向和竞价都是后台操作,普通用户感知不到。用户会不会买某个东西、下载某个 App,大多数是由他看到的广告图片和视频决定的。说创意是信息流广告最核心的因素也不为过。本章中,我们就来讨论一下创意该怎么做。

前面我们对创意已经有过一些介绍,这里先简单回顾一下。信息流广告里的创意指什么?为了便于区分,我们将用户自发发布的内容叫作"内容",将给平台带来明确收益的商业推广叫作"广告"。

信息流广告中的创意一般指用户在列表页信息流里看到的广告和点击之后的详细页面的设计。用户先被内容所吸引,然后点击想看看"到底怎么回事",如图 7-1 中的两个例子所示。

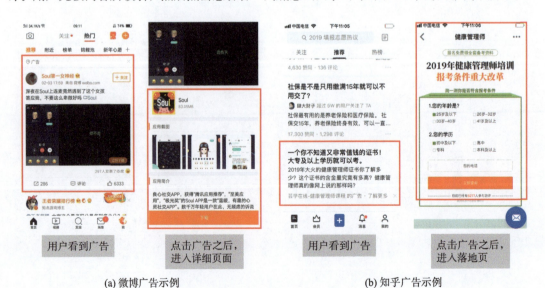

(a) 微博广告示例　　　　　　　　(b) 知乎广告示例

图 7-1　广告创意示例

那么，创意一般是由什么组成的呢？

入口创意一般由"一句话 + 图片 / 视频"组成，一句话我们叫作广告标题或者广告文案。当然，也有像图 7-1b 所示的知乎广告那样，没有图片和视频，由"一句话 + 一段文字"组成。

详细页面上的创意会更多，有的类似应用商店的介绍，由产品 Logo、应用截图和应用简介组成；有的是一个搜集信息的页面，上面有一些选项等待用户填写。我们先着重讨论入口的创意怎么做，从信息流广告创意的主要特点和基本原则开始介绍。

7.1 信息流广告创意的特点

正如手机并不是一个缩小了的电视，信息流里的内容也不只是把文章和视频版面变小了，它有自己鲜明的特点。如果电视、报纸像是剧场里的表演，手机上的内容就像是露天演出，少了很多限制，更加真实和随意。比如电视主持人尼格买提在电视上总是身着西装，而在自己的抖音号上则喜欢发美食、发搞怪表情、穿运动装，并且已经拥有 900 多万粉丝（截至 2019 年 10 月）。

信息流有自己的风格，我们无论做信息流的内容还是广告，都要顺从它的风格。那么，信息流广告的风格是什么样的呢？我们总结几个简单的特点。

7.1.1 广告要"像内容"

你喜欢看广告吗？电视剧看到一半插入一段广告，你是什么反应？我会瞬间换台或者干点其他事。信息流的环境虽然不像电视剧那样连续，内容之间没有关联，但是你刷微博看到一条广告是什么心情呢？一般就直接滑过去了吧？忽略！

大家都一样，对广告会有不同程度的排斥，一般不会有"天呢！终于看到了一条广告！真是太开心啦！"这样的事情发生。广告也知道自己不受用户待见，所以尽量"隐藏"自己，做的跟内容像一点、更像一点。所以，信息流广告创意的主要特点就是要"像内容"，也就是原生。

首先，广告要在形式上"像内容"。前面我们看了这么多媒体的介绍，已经知道，各媒体上的广告和它本身的内容形式、尺寸基本一致。例如，今日头条 App 上的内容多是横版，所以广告也多是横版；抖音上的内容多是竖版的视频，广告也多是竖版的视频。

除了外观上长得像，广告的内容也可以向纯内容的创作者们学习。比如，抖音上有一首爆火的歌或者一个很火的梗，如果广告也用它，那么看的人会更多，更容易被用户接受。

除此以外，广告要"像内容"的一个很重要的原因是内容确实比广告做得好，很值得学习。自媒体上百花齐放，比如抖音、B 站上的主播们，个个都"身怀绝技"，唱歌跳舞的、搞笑炫技的,让人一刷就停不下来,确实比广告有意思得多。不仅如此,现在主播们还纷纷带货,他们卖货的技巧、商品和视频内容也是经过精心打磨的,很值得学习。内容是广告灵感的源泉,是始终的学习对象。

好了,既然要像内容,那么我们就先了解一下要投放在媒体上的"内容"都是啥风格。

7.1.2 信息流内容的特点

互联网是一个让大家都能说话的地方,每个人都有说话的机会和空间,你可以在微博上"随时随地发现新鲜事",可以在抖音上"记录美好生活",可以在百度 App 上"有事搜一搜,没事看一看",还可以在朋友圈记录"这一刻的想法"……电视里的主持人总是光鲜亮丽、正襟危坐地拍节目,举手投足间透着精致;而快手上的朋友们拍的都是自己家里的事,像跟你聊天一样拍视频。比如,过年的时候快手上有好多人拍自己家做的年夜饭,我妈过年就一直在看,挺乐呵,也很放松。这样的形式打破了"上镜就要端着点儿"的束缚,大家放飞自我,"哎呀妈呀""这是咋的啦"这些不登大雅之堂的表达,在快手上都找到了自己的受众……互联网让"演的人"和"看的人"都更生活化、更真实了。

图 7-2 展示了几个 App 里的内容,说的都是生活里的事:小孩不想上学的理由是啥,怎么穿衣打扮好看,大米和鸡蛋怎么做饭……画面没有那么注重高级感和美感,更随意一些。

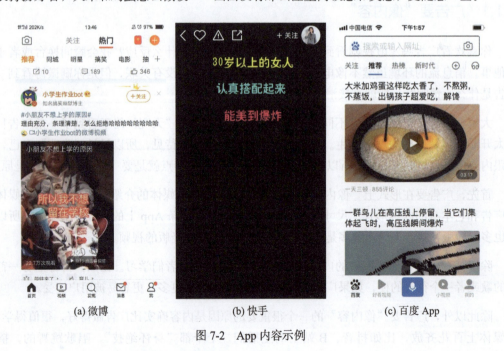

图 7-2 App 内容示例

互联网给了普通人一个表达自我的平台,你可能没机会上电视,但你总能在QQ空间发张照片,记录一下心情。这些内容组成了大的媒体环境,是生活化的、是更真实的,不用那么严肃正经,大家打开手机的时候也就为了看个乐子、当个消遣。

7.1.3 广告创意的特点

在这样的媒体环境下,广告的风格也变了。不同于传统高端大气、品牌感十足的广告,广告也变得内容化,变得"原生"了。

你印象里酒的广告是什么样的呢?如图 7-3 所示,这是我们能看到的传统广告:营造一个意境,画质高清、大气。

手机上的酒广告是什么样的画风呢?如图 7-4 所示,可能是这样的。

图 7-3 传统酒的广告示例
(引自"山西杏花村汾酒集团"微博)

(a) 酒水特惠　　(b) 免费试喝　　(c) 生活化推荐

图 7-4 手机上的酒广告示例

是不是一下就接地气了好多，让人有点想笑？再比如图 7-5 所示的这条微博婚恋广告，和我们在电视上看到的商务精英形象不一样，就是一个在厨房里做饭的男生配一桌子菜，这个男生的形象跟我们平时在家做饭一样，看起来非常真实，让人觉得这条广告是真的，而不像是广告。

上面的例子都是比较典型的信息流广告，我们总结一下它们的一些特点。

① 信息流广告是效果广告，注重效果而不注重品牌。

希望用户看到广告后当下就买一件东西，所以一般不会说口号，比如"骨子里的中国情"，而会强调"好喝""降价了""包邮"，让用户觉得"跟我有关系"，更能促进用户购买。

② 在表达方式上，信息流广告普遍很直白。

很大号的字直接标在那儿，虽然有点俗气，但是很有用。便宜、买赠就是直接刺激用户购买的因素，表达得含糊点，用户可能直接就滑过去了，完全忽略不看。

图 7-5　微博上婚恋广告示例

③ 广告的整体风格都很生活化，"真实"比"高大上"更加分。

广告里的用词比较口语化，对画面的排版和画质要求也不高，并不一定是精心修过的图、拍得很糙的也可以，更真实。

信息流广告创意的特点总结一下，就是 3 个关键词：效果、直白和生活化。我们先记住这几个词，这样就不会离"信息流"太远，后面我们再详细解释这几个词怎么应用。

7.2　信息流广告创意制作

了解了信息流广告大概的特点，接下来我们谈一谈制作问题。为了方便理解，我们和大家平常能看到的电视广告做一个对比，来看看信息流广告创意制作的特点。

7.2.1　创意是谁做的，是优化师吗

我之所以做优化师，是因为一个朋友在做这行，我在入行之前跟他聊了聊，他说还挺有意思的。我关心的第一个问题是"信息流广告是啥"，然后就问他："那些创意都是优化师自己做的吗？不会用 Photoshop，不会拍视频，我能做优化师吗？"

这里明确地回答大家，大部分优化师不用自己进行图片制作，也不用自己做视频，会有专门的团队来做。我到现在也不会用 Photoshop，也做了好几年优化师。当然，如果会用 Photoshop，对你理解创意有一些帮助，是加分项。所以，大家不用担心自己不会制做图片，不会做视频，做不成优化师。

然后我们稍微多介绍两句广告主内部的部门情况。以现在比较常见的互联网产品来说，一般会有"产品"和"市场"两个部门。产品部门负责把 App 做出来，市场部门负责推广。为了让大家知道这个 App，"花钱"是一个大家几乎都会做的事。花钱找粉丝多的号主写软文、拍短视频，这是在内容里植入自己的产品广告。因此，投放信息流广告在广告主内部属于市场部的工作内容。如果是广告主自己投广告，不委托代理商，那么公司也会有专门的图片和视频制作人员来配合优化师投广告。

既然有专门做图片和视频的人（下面我们以"设计"指代图片制作人员，"视频人员"指代视频拍摄和编导人员，"创意人员"统一指代图片和视频制作人员），这本书为什么还要介绍"创意的制作"呢？

因为优化师也要参与到创意中去，甚至主导创意。优化师一般会对产品和用户有更好的了解，所以经常提需求给设计和视频人员。比如我说"要一张一对情侣、两个人手拉手、笑得很甜蜜的图"，设计人员就去做出来这样一张图，具体情侣长什么样、穿什么衣服、是正面还是侧脸，这些是设计人员自己定的。优化师负责的是大体的风格和内容，创意人员负责把它实现。

那么，优化师如何知道"大体的风格和内容"呢？这就和优化师的判断力、对产品的认识有很大关系了。不过有一个很好的地方是，"优化师的判断不用一定是对的"，只要道理说得通就可以去试试，因为信息流广告是效果广告，测试成本相对较低，所以有很多试错机会。比如，我会觉得在自己提的 10 个创意中，如果有 40% 左右效果还不错，就很不错了。信息流广告就是一个不断尝试的过程。

跟尝试相对应的就是结果反馈。优化师在参与创意的时候，还有一个很重要的工作：根据数据反馈来调整创意的思路。信息流广告是效果广告，什么都要拿数据说话。比如图 7-1b 所示的那条知乎纯文字广告，如果投放之后发现课程一个都没卖出去，那么这条广告的效果就不行，需要反馈给创意人员，调整广告创意。图片和视频制作人员一般对数据分析没那么了解，需要由优化师分析之后，告诉创意团队"哪个创意好，哪个创意不好"，然后大家一起学习经验，根据数据来改进。

除了图片和视频，创意还要有"一句话"，这个大部分是要优化师自己来写的。但是也不难，都比较短，一般不能超过 30 个字，媒体也会有"推荐标题"的参考，像巨量引擎、百度都有，所以大家可以自己来完成。

7.2.2 优化师做的创意

前面我们说创意不用优化师做,会有专门的设计和视频人员来配合,但其实情况是,还真有一些创意是优化师做的。信息流广告里有一些排版非常简单的图片,可能就是一个卡通元素加一行文字,媒体为这些排版简单的图片提供了一些便捷的工具,让优化师自己也能操作。

比如腾讯广告后台,如图 7-6a 所示,点击"创意"层级的"智能制图",就会进入如图 7-6b 所示的页面,系统会提示你选择一些必要元素,比如图片里要写什么字,想要多大尺寸,想要什么颜色,两三分钟就会智能做出 90 张图,你从中挑选出觉得好的就行。这样出来的效果也还可以,图 7-6c 就是我做出来的几张图,系统会智能地匹配一些颜色,排版也会有一些变化,非常方便。这么多图总能挑出几张不错的,比人做快多了,这相当于信息流素材里的"美图秀秀",操作非常简单。

(a) 在"上传创意"页面点击"智能制图"

(b) 选择智能制图的必要元素

图 7-6 腾讯广告后台智能制图工具

(c) 智能制图结果示例

图 7-6 （续）

除了图片，视频也有便捷工具。不知道大家有没有留意过，抖音、快手上常有一些相册类的短视频？制作非常简单，就是几张照片加在一起，配上音乐就成了。效果不一定差，如果内容有意思，也会有不少点赞。图 7-7 是一个装修广告中的 3 个画面截图，视频内容就是几张房间的照片，这个广告使用了当时比较火的"窗外的雨一滴两滴三滴"这首《爱 Sweety》做背景音乐，蹭了一点热度，最终有 17 万的点赞，广告效果非常理想。

(a) 视频画面 1

(b) 视频画面 2

(c) 视频画面 3

图 7-7 "相册类"视频广告示例

优化师能不能自己做这类视频呢？让视频人员来做也太大材小用了。

为此，媒体也提供了一些便捷的工具，"傻瓜操作"就能自动生成视频。比如巨量引擎有一个叫"巨量创意"的 App，如图 7-8 所示，可以直接快速将几张照片或视频片段重新拼接成一个视频，轻松做出上面看到的这种"相册类"视频。不仅如此，还有一些模板可以套用，比如加一些特效等，大家可以去探索一下。

7.2.3　"量产"的信息流广告

信息流广告是效果广告，有尝试成本低、数据可以即时反馈效果的特点，更新迭代速度很快，这也造成了信息流广告创意"量产"的现象。

图 7-8　巨量创意 App

拍一部电影可能需要整个剧组工作 3 个月，拍一个电视广告可能也要一个团队花半个月到一个月的时间，制作一个信息流视频广告呢？用不了一天，甚至 2~3 人的团队一天能拍好几个。因为视频很短，一般只有十几秒到一分钟。

另外，我们参考内容也会发现，短视频的内容创作者更新频率很快，这不仅因为制作成本低，还因为"没效果了"，第一批受众已经看完了，需要做新的内容来吸引用户。在广告里也是这样，一张图片或者视频刚开始效果还挺好的，转化成本比较低，但投放几天之后，成本就涨了，每天带来的转化量也少了，这就需要更新创意。这是信息流广告创意"量产"的一个核心原因——好的创意效果会衰退，所以需要快速更新。在比较成熟的代理公司，设计人员每天能做出 4~10 张图片（难易程度差距比较大），视频人员每天能出 2 条视频，算是产量比较不错的了。

有想法你就去尝试，不尝试怎么知道效果呢？只有数据才是最有说服力的，人的判断都是主观的。尝试出好的创意后，创意效果也不会一直好，效果会衰减，这就需要新的创意顶上，这都是导致信息流广告创意"量产"的原因。所以现在信息流广告的从业人员，无论是广告主自有团队还是代理商，优化师每天的日常就是"做素材"（创意也称素材，包含文案、图片、视频和落地页），提需求给设计和视频团队，素材的更新一般以天为单位来进行。一个消耗在 1 万元左右的账户，一周按 5 个工作日来算，一周出 2~5 个视频或者 5~10 套图片都比较常见。

7.2.4　信息流广告的质量低吗

信息流广告的质量低吗？相对电视广告，肯定是。原因有几点，首先是前面我们讨论过的，由于信息流媒体本身就有 UGC、大众参与的属性，所以拍摄的水平、广告的画质都有限，短视频的质量无法与专业视频的质量相比。

其次，信息流广告的制作成本有限。投电视广告很贵，而且能放到电视上播的广告，都是专业人员制作的，仅是制作费花几十万元都很正常。信息流广告呢？整个行业比较"平民"，门槛很低，甚至可以投 50 元的广告。广告的制作成本也不在一个档次，一张图片可能只需要花几十元，一条视频花几百元就能做出来投放了，成本大约只是电视广告的百分之一。信息流广告的拍摄场景可能就在公司里或者街上，演员是群演或者就是公司里没有表演经验的员工，很多优化师也有出镜。因为制作成本的差别，所以我们很多时候觉得信息流广告的质量没那么好。

另外，它也跟行业发展有关。信息流广告是近几年才发展起来的，行业发展的初期比较粗犷，很多做信息流创意的都是"草台班子"，优化师从来没写过文案，图片和视频由没有经验的毕业生制作，人家就"摸着石头过河"，一点点积累经验。什么是效果好的创意？怎么做才是对的？大家也都在摸索，因为在摸索，所以导致了信息流广告的"量产"。我们想象一下，一个人每天做 2 个短视频，他能有多少时间思考呢？

那么，这种"快餐式"的信息流创意有没有办法改变呢？"精品化"的路线在信息流广告里适用吗？其实，大家已经在做一些尝试和改变了。

2019 年，小米做了一条很火的朋友圈广告：小米总裁雷军和明星王源的访谈。广告的目的是宣传小米 9 手机，因为出现在朋友圈里，所以做得很朋友圈化，广告语像聊天一样："前几天，我和王源回答了经典的普鲁斯特问卷，有些想法也是第一次公开，一起聊一聊？"非常符合信息流广告"原生"的特点。同时，流量明星加上创始人，是绝对的高配，最终效果也很好，是"精品化"创意中很有代表性的正面案例。

但是这么高配毕竟不是日常，不是哪家公司都请得起明星的。那么，日常的情况是什么样的呢？

图片还好说，对人员要求没那么高。我们一般意义上的精品化图片，大部分设计人员能做出来。但制作视频的难度要大一些。一般广告主和代理公司的视频制作团队的创意质量在业内都不算是顶尖的，真正顶尖的还是那些做内容的人，比如专业的短视频机构。现在也有一些做抖音、做快手内容的人开始做信息流广告，他们的加入提升了创意的质量。另外，各媒体也在帮忙牵线搭桥，希望有一些专业的短视频机构来做信息流广告，腾讯、百度、字节跳动和快手都有这样的平台，相当于做创意的"淘宝店"，广告主或代理商在这里下单、提需求，短视频机构去接单拍视频，最后交给广告主或代理商投放。这样的平台在巨量引擎叫"即合平台"，在百度叫"慧合平台"。这些平台大大提升了信息流创意的水平，其中"等闲内容引擎"是很知名的短视频机构，他们做的创意在信息流广告里算大手笔，演员、服装和背景都很专业，跟拍微电影似的。据了解，他们拍一个复杂一些的短视频广告的成本在 5000 元左右。不只是视频制作的技术专业,他们对用户需求的把握也很好。这样综合下来,经过长期的数据验证,效果大部分要明显好于量产的视频。

这说明信息流广告里"精品化"创意也是行得通的。各代理公司、广告主们也在提升自己视频团队的创作水平,引进相对高水平的演员,在办公室内留出专门的房间用于拍摄,创意的质量在一点点提高。但另一方面,信息流广告的特点没有变,需要不断测试,素材一旦衰退,就要快速更新迭代。素材来源一般分成外部采购和公司内部团队创作两种,推测是因为想采买一些外部高质量的视频,扩充自己团队的创意。

那是不是创意的质量越高,效果越好呢?也不一定。整体来看,创意质量和效果成正比,但不是绝对相关,有时候质量很好的广告也不火,质量一般的反倒火了。其中,对用户需求的把握是否准确是关键。一定程度上,甚至可以说:表达的主题比制作的水平更重要。

如图 7-9a 和图 7-9b 所示,这是一个狗因为怕热钻进冰箱里的热门视频,有 52 万点赞,它的画质一般,也没什么拍摄技巧,但很受大家欢迎。是不是因为作者是大号,很会选主题,所以这个视频火呢?如图 7-9c 所示,我们进作者的抖音主页看一下,这个作者发了 164 条视频,有约 56 万点赞,52 万都是这条视频带来的,其他的视频点赞都很少,推测这个视频可能就是作者随手拍的,但很有意思,所以点赞很多。

因此,表达的主题该是我们多花心思去想的。关于创意的主题,我们在 8.1 节中还会有进一步的讨论。

(a) 狗钻进冰箱里的视频截图 1

(b) 狗钻进冰箱里的视频截图 2

(c) 主页

图 7-9　抖音 52 万点赞内容视频

接下来,我们进入做信息流广告的部分。假设你是一个对广告和创意不了解的同学,怎样提升自己的创意能力呢?

7.3 学习信息流创意的第一步

"我不懂创意,如何把创意做好?"刚做一件事的时候,我们可能都会有这样的疑惑。你可能对信息流广告不熟,我们举一个身边的例子。如果你是一个微信公众号的小编,负责运营公司的公众号,现在刚刚入职,你会先做什么?

别的不说,你总得先去找几篇阅读量10万+的文章看看,学学套路吧?

想要学游泳,总得先沾沾水,进水里泡一泡。在信息流广告中也一样,想做好创意,也得先找优秀的广告看一看,感受一下它们的风格,学学他们的套路,这对你做这行肯定是有好处的。话是这么说,你可能还是不知道要怎么看,咱们说得具体点,拆开来看。

1. 什么是"好的创意"

如同我们评价微信文章一样,阅读量不是绝对的指标,但也非常重要。阅读量10万+的文章不一定非常好,但一定有可取之处;对信息流广告来说,展示数就是核心指标。因为广告展示是要花钱的,所以展示数大的效果就一定不错,不然广告主不会让一条效果不好的广告一直展现、一直花钱。我们先记住一个粗线条的逻辑,即"展示数大、效果就好",然后来看如何在各媒体里找展示数。

对短视频来说,平台一般会提供"播放量"和"点赞量",那播放量大的、点赞多的就是展示数大的视频,就是好的创意,是值得学习的。比如在抖音视频的右边可以看到视频的点赞量、评论量、转发量,如图7-10a所示;在快手视频的下方能看到播放量、点赞量等,如图7-10b所示。具体看哪个指标不重要,选哪个都行,我们只是作为一个概括的指标来衡量。一般在抖音看点赞、快手看播放量就可以了。在抖音,点赞数超过1000的广告效果就比较不错,快手播放量超过10 000的也有一定参考价值。

> **用这些指标来判断广告效果的好坏,准确吗**
>
> 用这些指标来做判断相对准确,而且也没有更好的办法。如果你能看到账户后台,知道具体的消耗和成本那肯定是最准的,但我们看不到啊,所以只能看相对比较接近、又能公开的指标。用点赞量、播放量来做判断还是比较可靠的,火的东西这些指标都高,像我们一般说哪首歌火了,不也就是"在哪儿都能听见"嘛。我们不需要了解得太精确,大致了解它们是火的就行了。

(a) 抖音点赞、评论、转发位置　　　　　　　(b) 快手播放量、点赞量位置

图 7-10　在各媒体里找展示数示例

如果看不到播放量、点赞量怎么办呢？比如图片广告。还有一个更感性的方法：你手机上经常看到的就是好的。比如你连着好几天都能刷到一条广告，那就说明这条广告效果挺好的，是值得学习的。

2. 在哪儿看

知道了什么是好的创意，接下来我们聊聊在哪儿看。在哪儿看呢？当然是"到什么山上唱什么歌"，做哪个产品看哪个产品了。比如，你做抖音广告，那肯定要刷抖音；做 QQ 空间广告，就刷 QQ 空间。如果你做朋友圈广告，那不用刷朋友圈了，因为朋友圈广告太少了，你一天最多只能刷到 3 条，太费劲了，可以利用我们下面介绍的工具来看广告。

3. 看什么呢

还记得我们前面提到过的"广告要像内容"吗？广告和内容是不分家的，因为都是这个产品的用户在看，内容里火的梗在广告里也会火，内容用的表达方式广告也可以用。比如李佳琦卖口红常用比较夸张的表达方式，在广告里用效果也挺好的。

所以，看的时候要看内容和广告。可以侧重看广告，看广告会有直接的帮助，但内容的质量普遍更好的，创意也更新奇。

就只有这些吗？当然不是，还有一些工具可以用。

4. 一些常用的工具

(1) 巨量创意

各媒体都会提供创意学习平台，里边汇集了各行业的广告创意，比如腾讯的叫"腾讯广告创意中心"，快手的叫"开眼快创"，巨量引擎的叫"巨量创意"，我们重点说一下巨量创意，如图 7-11 所示。在主页上可以看到几个功能选项，大家可以重点关注第 2 个"创意灵感"和第 3 个"创作学院"里的内容。学习平台的广告是经过媒体筛选的，一般效果比较好，有图片类的也有视频类的。另外，平台还会收集一些热点内容并同步更新，比如在"抖音热榜"中可以看到各个行业的时下热门内容，对我们广告有一些帮助。除了网页版，它还有 App 版，也叫"巨量创意"，我们在 7.2.2 节中提过，用它可以做视频，现在还知道可以用它看一些创意。

图 7-11 巨量引擎的"巨量创意"平台

刚做这行的朋友，建议你先把自己泡在媒体的创意中心里面，每天看 50 套素材，先看一个礼拜，也不用限制行业，边看边写写"你觉得这个创意做得好吗？好在哪里？如果是你会怎么做？"这样看完 300 多套，写 50 条左右，你对信息流文案的表达方式、图片和视频的风格就基本可以做到心中有数了。我工作中如果有零基础的新同事入职，也会这样要求，是一个快速学习的好方法。在入门之后，很多优化师也都保持着经常刷广告的习惯，对了解"现在什么样的广告比较火"有一定帮助，能拓展思路。

(2) App Growing

除了各媒体单独的创意中心之外，很多优化师也会用一些第三方信息流广告情报工具看素材。这些第三方工具的特点是：可以在一个平台同时查看多个媒体的广告创意。比较方便，广告量级比较高，分析维度也更多一些。

这里介绍其中一个比较知名的广告情报工具：App Growing，如图 7-12 所示。

图 7-12　App Growing 广告素材搜索页面

它的用法很简单，可以点击上方的"行业标签""流量平台"等分类，查看特定行业、媒体的素材。优化师日常用的比较多的方式是直接搜索关键词，可以搜索某个 App 名称或者广告文案关键词，比如搜"淘宝"，就可以看到淘宝 App 投放的广告了；搜"中秋"，就可以搜索出所有与中秋相关的广告文案。

值得注意的是，虽然素材量很多，但我们看的时候还是有筛选，优先看"好的创意"。相对而言，创意展示数大说明广告创意"跑得起来"，也更具参考价值。在 App Growing 里，可以选择"按曝光数降序"排列，曝光数大就是展示数大，相对来说效果会好一些，如图 7-13 所示。

除了看素材、落地页及文案之外，通过 App Growing 还可以看某个具体的产品在不同流量平台的投放分布。选择一个你感兴趣的产品，就可以看到它投了哪些平台，重点投放的是哪一个。图 7-14 是 App Growing 上一个产品的投放数据分析，可以看到它在腾讯平台上的投放量是遥遥领先的，在网易易效、Wi-Fi 万能钥匙、360 点睛等相对小一些的平台上也有投放。

7.3 学习信息流创意的第一步 | 191

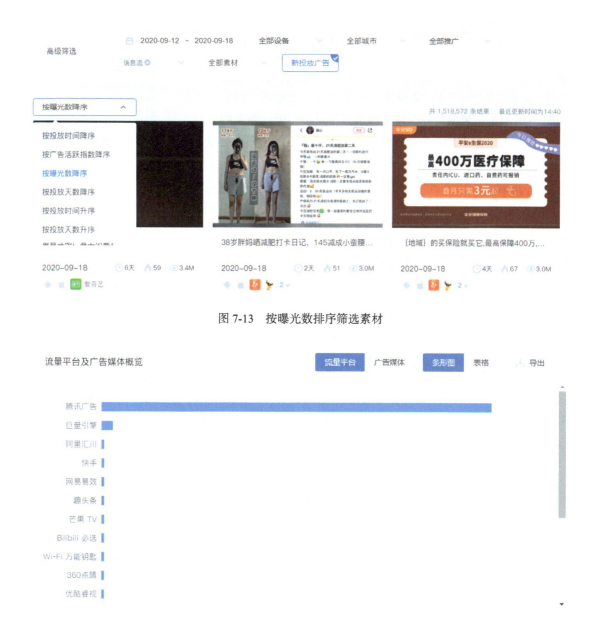

图 7-13 按曝光数排序筛选素材

图 7-14 App Growing 上某 App 的广告投放概览

如果投放的是二类电商广告，那么可以多关注该公司的另一款数据产品：快选品。除了广告素材之外，还可以了解不同二类电商渠道的爆品动态，内含实时销量数据，对二类电商选品有一些参考价值。

(3) 朋友圈广告榜单

前面我们不是说在自己的手机上看到的朋友圈广告很少嘛，微信自己整理了一些朋友圈广告，可以去看看。在微信公众号"微信广告助手"的"微助手"中，有"朋友圈榜单"专栏，如图 7-15 所示，里面会分季度整理出"用户最喜爱的朋友圈广告 Top 10"。朋友圈广告算是信息流广告里的高配，都算是大手笔的制作，经常有明星出现，大家可以感受一下。

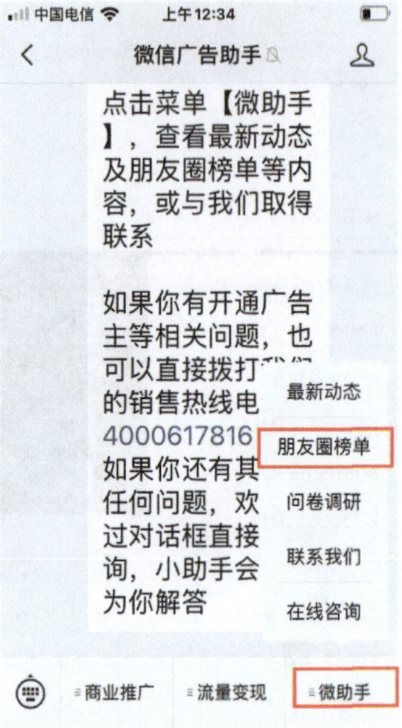

(4) 快手

还有一个必备的看广告方式就是刷快手。从 2019 年开始，快手上广告数量的增速持续加快，广告创意的量还是比较大的。快手的广告主就像一个主播一样，有一个快手号，这个快手号里的内容是所有人可见的，因此你就可以看到这个号发的所有广告了。

如何找到快手号呢？直接搜索就行了。可以直接搜索产品名称，也可以搜索一些相关的名字，比如我们想看电商相关的广告，那么可以搜索"拼多多""特价""特卖""优惠"等关键词。图 7-16a 是搜索"拼多多"之后出现的结果，可以点进去看看是否发布过视频。我们点击"拼多多优选"，就出现了一个有 4700 多条视频创意的主页，如图 7-16b 所示，可以好好学习一下啦！通过看一个账号，可以学习这个产品的完整广告思路，这种机会其实挺难得的。

图 7-15 "朋友圈榜单"入口

(a) 搜索"拼多多"　　　　　　(b) "拼多多优选"主页

图 7-16　在快手里通过搜索查看广告案例

7.4 信息流广告创意的基本原则

只要你经常注意别人的广告创意,哪怕只是拿起手机刷刷微博和抖音,你也会和我一样感叹:广告创意真的是花样繁多、眼花缭乱,充满了各种奇思妙想。对内容的研究是一门大学问,先不考虑怎么做到"优秀",我们先做到"及格",我试图从中总结出一些简单、通用的思路,分享给大家。在讨论原则之前,我们先说说用户的状态。

广告做出来是要给用户看的,多了解用户对我们做创意有很大的帮助。我们先不分产品,粗略地想想:玩信息流产品(今日头条App、抖音、百度App等)的都是什么人呢?

先看一组数据[①]:中国有8.54亿网民,相对于约14亿的总人口来说,互联网普及率达61.2%。其中,手机网民规模8.47亿,使用手机上网的比例接近100%(实际是99%);手机搜索引擎用户规模6.62亿,占手机网民的78.2%;手机网络新闻用户规模达6.60亿,占手机网民的78.0%;短视频用户规模为6.48亿,占网民整体的75.8%。

简单理解一下这些数据,就是说用手机搜索的、看资讯的、看短视频的能占到网民的70%~80%。这么大的规模,差不多覆盖了现实世界里不同年龄层、不同贫富状态、不同性别、不同地区的人。

所以,什么样的人在用信息流产品呢?我们。不论老少,大家都在玩手机。具体到某个产品也是一样,一个产品用的人多了,用户就会越来越多样。以抖音为例,最开始都是年轻人、时尚潮人在用,逐步覆盖了全年龄段,现在男女老少、不同收入水平的人都在用。

我们很难通过分析用户的身份总结出共同点,普罗大众都在用,那有什么共同点呢? 共同点是大家用手机时的状态——大部分是在"玩",是随意的、漫不经心的,发现好玩的停下来看两眼,遇见特别好玩的去看看评论,大部分内容就是一闪而过,甚至用户都没看清楚是什么就滑过去了。

我们以用户小西为例,感受一下刷信息流的状态。

小西工作了一天,下班回家躺在床上,拿出手机玩一会儿。先看了会儿微博,刷了两下发现杨紫发了几张照片,这几张照片风格挺不一样的,挺好看的;接着往下滑又看到一条微博"说普通话的我和说方言的我",这个话题还挺有意思的,点进去看看;看完再往下滑,又滑了几下看见一条"常见聊天记录":

——"我病了"

——"咱俩都这么熟了,我就不用关心你了吧"

[①] 数据来源:中国互联网络信息中心(CNNIC)发布的第44次《中国互联网络发展状况统计报告》,人口数据来源于国家统计局。

太逗了……就是这样，不知不觉刷了1个多小时。

这是你吗？这是我。这就是用户的真实状态，大家在刷信息流的时候不会像做阅读理解题一样逐字逐句看，而是随意地看，手指快速滑动屏幕，眼睛像探测器一样找关键点，有的时候手指比眼睛移动的速度还快。

在这样的环境下，如何让别人看你的广告，还要转化呢？

首先，你的广告要有吸引用户的点，这样才容易让用户停下来看一眼，否则非常容易被用户忽略，淹没在信息海里。其次，对于用户滑动很快这事，相当于你跟一个人说话，想让他做件事，但他根本就不好好听，他可能正在吃饭，可能在地铁上，可能还有别人在跟他说话……这时你要怎么办才能让他去做一件事？你要把重点放在前面，让自己说的话更简练、更明白，重要的地方多强调几遍，这样即使对方处于三心二意的状态，也能明白你的意思。

我们把这两点结合起来，做信息流广告最重要的就是"吸引用户 + 看得明白"，先引起人的兴趣，然后把话说明白。

7.4.1 吸引用户

用户刷信息流，是想得到点啥。他可能想看点搞笑内容找个乐子，也可能想看点有用的东西学习一下，又或者想看娱乐新闻满足一下八卦的心理。

于是在我们做广告的时候，就一定要思考"给用户带来点什么"。给用户啥呢？我们从产品和用户两方面来考虑。从产品的角度来说，介绍"你有什么"；从用户的角度来说，研究"他想要什么"。

1. 产品分析

产品分析就是了解这个产品本身的功能，产品能解决的问题就是你能给用户传达的内容。一般我们都先找产品的核心功能，这就是广告主打的点。

比如一个学英语的产品，核心功能就是帮助成人学习英语，利用零碎时间提高口语水平，课程全部学完可以返学费。那就可以用"没事玩手机？不如花点时间学英语！"这样的广告语来提醒正在玩手机的用户；返学费是一个好活动，我们可以在广告里这么写："你学习，我花钱！课程学完学费全额退！"

怎么找到这样的点呢？产品的核心功能都很好找，因为公司会满世界地宣传，可以百度搜一下产品名称，看看前几条新闻；有官网的产品就去看看它的网站；如果产品是一款App，那么去应用商店看看或者下载试用都是很好的方法。

2. 用户分析

除了了解产品功能外，我们还需要从用户的角度来思考问题，理解用户的感受。比如上面学英语的例子，有些用户可能觉得自己口语不好、不好意思说，那么我们可以鼓励他："别觉得你英语说得不好，用这个 App 让你马上张嘴说英语！"还有些人觉得英语太难了，现在工作了，没必要花那么多时间学，我们可以跟他们说"学英语就像聊天，发发语音就能学"，表示学英语其实没那么难，降低心理门槛。

如果能抓准用户感受，那么写出来的文案就是用户的心里话，用户就愿意买单。先找到用户的需求点，然后用语言表达出来，有啥说啥就行。

在分析用户需求的时候，还有一个思考的窍门：有一些东西是人人都喜欢的，跟产品没什么关系，这就永远都是用户需求。比如"送东西"，我是从来不玩游戏的人，可那天计算机开机"上线送 20 个英雄"的广告就吸引了我，虽然我不太可能会玩，也用不上，但还是想要。再比如"打折"，大家都喜欢，这也是你能给用户的好处，并且适用大部分产品。

有不少实验结果说：金钱和美感能够吸引大部分人的眼球。那么我们就可以应用这两个元素。

首先是金钱。一方面，大家干什么都希望能赚点钱，另一方面，大家在花钱的时候希望能有优惠。人对钱比较敏感，不由自主地停下来多看两眼，这里面也包括一些能代表钱的东西，比如红包、账户余额等。举个例子，理财产品广告的常用方式是送用户体验金，用户可以用体验金模拟进行理财，那如何让用户愿意领这笔体验金来用你的产品呢？我们看一下如图 7-17 所示的这两个页面，你愿意点哪个？

(a) 普通理财广告　　　　(b) 红包形式理财广告

图 7-17　理财广告示例

你可能会选第二个。一般人看到"拆红包"这个界面，还没想明白这是啥呢，手就点了。而第一个呢，满屏都是字，我可能就不想看了。投放的经验也是，在落地页加上"拆红包"的页面，转化成本能降低 60% 以上。

在信息流广告中"金钱"很好用。你想让用户干什么，就告诉他，"干 **，能赚钱！"比如很多产品的 slogan："看视频能赚钱""拍视频能赚钱""邀请好友能赚钱"等，都是很好的广告文案。图 7-18a 就是一个典型的案例，视频一开头就是满屏的红包，这么多红包总会吸引用户看一下，视频里很自然地有人问道："给我这么多钱干嘛？这么多钱哪儿来的？"随后很自然地引出产品："我看新闻赚的呀！"

"给钱→钱从哪来→从 ** 产品赚的"简直是万能的套路，而这么简单的套路，抖音上有 17 万点赞，类似的视频点赞也很多。图 7-18b 的满屏"到账通知"也是一个对金钱元素的应用。

(a) 满屏红包　　　　　　　　　(b) 满屏到账通知

图 7-18　应用金钱元素的广告示例

不能直接给现金，便宜点也可以，打折、赠品、限时免费，都是很好用的点。甚至在没有活动时，只要产品是免费的，也可以突出"免费"字样，用户对于免费有本能的喜爱。

广告大师大卫·奥格威在《一个广告人的自白》（纪念版）中说："在标题中你可以使用的最有分量的两个词是'免费'和'新'。"所以即使现在大部分手机应用类的产品都是免费的，你也可以强调你的产品"免费下载""免费使用"。比如"2019 年流行什么风格？免费获取 4 套装修设计方案！"，这条广告把免费做装修方案这件事说得让用户有很强的获得感，觉得"给我东西了，占便宜了"。

美感呢？爱美之心，人皆有之。大家都喜欢看颜值高的人，无论是男是女。所以，同样一个产品广告，边上放一张"好看的图"会更引起大家的注意。这个套路用了好多年，无论是大街小巷里的小广告，还是奢侈品的大牌广告，漂亮的东西都是常用的元素，没办法，一直好用。并且接下来应该还可以再用很多年。比如小米 6 的宣传海报就是一个漂亮的女孩拿手机，用户看女孩的同时也能顺带着看两眼手机。如图 7-19 所示就是信息流里常见的套路，产品可以自由替换。

图 7-19　应用"美感"的广告示例

你想给用户好处，先要知道用户喜欢什么，投其所好，就像送礼物一样，总要对方喜欢。所以在吸引用户方面，我们要记得从"产品"和"用户"两方面考虑，先做产品和用户分析，再做创意。

既然赚钱这个宣传点能火，如果产品本身没有让用户赚钱的活动，我能不能写呢？

不能，广告要以产品为基础，这是首要的前提。广告和产品的真实功能不相符，转化效果也不会好，而且《广告法》不允许。你觉得某个功能点会有利于宣传、吸引用户，那你可以给这个产品的设计人员提建议，如果产品能够加上这个功能，那你投放广告时可以提，否则不可以。尤其是代理商的优化师，一定要确保广告宣传与产品功能一致，这是投放广告的基本原则。

7.4.2　看得明白

有了吸引点，就能把用户吸引过来，"听你说话"了。下一步就是让他听明白你的内容。可是他很没有耐心，因为信息流的内容普遍比较短，所以故事性不是很强，很难设置"背景→伏笔→矛盾→大结局"的故事走向，一般就是"开头→大结局"的模式，15秒还要整个反转是不太现实的。

让用户看明白有很多技巧，这里我们简单总结3个关键词：少，清晰，好理解。它们刚好分别是1个字、2个字、3个字，所以记得"1、2、3"就能记住这几个词了。先从最简单的"少"开始说。

1. 少

我们在前面提到，想要给用户好处，第一步要知道产品能解决用户哪些问题，我们把它们叫作"卖点"。在实际工作中，经常有这样的现象，你想把这个产品的所有卖点都体现在广告中。比如卖一件衣服，你想说"衣服好看"，还想说"打折"，又想说"Angelababy同款"，最后加上一句"限时特卖"，总觉得少说一句就亏了。这像什么？像一个滔滔不绝的推销员。但是朋友们，你也是用户，"字多不看"，你说这么多，用户可能直接就滑走了，一个字也没记住。

所以，"少"首先是要"字少"。各媒体对文案字数都有要求，常见上限是30个字。很多人刚开始写文案总是喜欢把文案写得很长，达到媒体字数上限，包括我现在也这样，但其实不一定非要写满。你看"怕上火，喝加多宝""饿了别叫妈，叫饿了么"这些文案都很短，读起来很清晰啊。也不是字越多越好。在图片里也是这样，字要少，字多了密密麻麻地排在一块，用户不看就直接滑走了。比如图7-20所示的这个案例，字太多了，不想看。

图7-20　反面典型：字多

"少"还要"意思少"。一条广告说1个点就可以了，最多2个点，多了就无法突出重点。另外图片和文案要有联系，这样文字和图片就是互相辅助、搭配说明的关系。如果说的是两回事，理解起来更费劲。比如下面这两条广告，你觉得哪条看起来更好理解一点呢？

我会觉得图7-21a表达的意思有点多，文案表达的是"不用求人，让你有安全感"，图片表达的是"急用钱,借钱快";图 7-21b 会更好理解一点,文案配合图片一起来说明"急用钱、借钱快"这两个点,没有再加多余的含义。

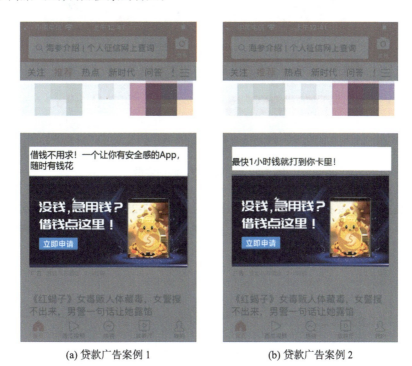

(a) 贷款广告案例 1　　　　(b) 贷款广告案例 2

图 7-21　贷款广告案例

如果是视频,那就要情节少,内容短,因为内容长了用户也不看。抖音里的视频一般在 15 秒以内,朋友圈视频也是 15 秒以内,即使这样,用户也不一定看完,有多少是看两眼就滑过去了呢?信息流是快速消费内容的环境,视频不能长,一般 10~30 秒就可以,也有很多超过 60 秒的视频,其实没有必要,视频越长拍着越麻烦,用户也不看。

总结一下,"少"就是"字少、意思少、情节少"。

2. 清晰

什么是"清晰"呢?有主有次就是清晰,所以得有重点。大家很喜欢在画面里加粗、变颜色,觉得这样会比较突出;但是"万绿丛中一点红"才突出,都是红的也就不突出了。因此,不要太贪心,一个画面只突出一个点就行了。

比如图 7-22,它看起来就不够清晰,背景比较乱,并且画面比较零散,左右两边都有文字,眼睛不知道往哪儿看,是反面典型。

图 7-22　反面典型：画面零散

颜色也是这样，不要在一个画面里放太多颜色，如图 7-23 所示，数一下这么小的一个框里有多少种颜色：外层是白色，背景是蓝色，字体的颜色有黑、黄、红，一共 5 种颜色，到底哪个是重点？搞不清楚。

图 7-23　反面典型：颜色过多

还有就是背景颜色和文字颜色要区分开，不然不好识别。如图 7-24 所示，字体颜色和背景颜色太接近了，字体又加了效果，看起来真的挺模糊的。

图 7-24　反面典型：文字颜色和背景颜色区分不开

我们再看图 7-25，和图 7-24 对比一下，哪张图看起来更清晰？图 7-25 干干净净的，背景和文字对比很明显，虽然字比较多，但看起来不费力。而图 7-24 文字颜色和背景颜色相近，并且加了阴影，更难辨别。我们做广告时首先要记得让用户"看得清楚"，避免类似问题。

图 7-25 表达很清晰的正面案例

总结一下，"清晰"的要点就是有主有次，重点突出，文字颜色和背景色区分开，一眼能看明白。

> **说明**
>
> 在做信息流广告时，尽量用严肃些的字体，比如宋体、微软雅黑等，不要用带花样的字体，方方正正的字体是最容易识别的，表达最清晰。

3. 好理解

用最简单直白的文字来表达就是"好理解"。在信息流里，大家滑得都特别快，所以稍稍说得复杂一点，用户可能就直接滑过去了。

如图 7-26 所示，这张图表达的就比较隐晦，不知道"为你开朵'有钱花'"是什么意思，不如直接说"我能借你钱"，大白话谁都能明白。而且直白表达对写作的人要求也低，直接说你的产品功能就行，不用想那么多弯弯绕绕。

图 7-26　反面典型：表达比较隐晦

本节我们提炼了让用户看明白的 3 个关键词，如果你只能记住一点，就记住"少"这个字。它是"清晰"和"好理解"的前提，内容少点、颜色少点、表达的意思少点，就又清晰又好理解了。

因此，信息流广告的基本原则就两条：一是吸引用户，二是看得明白。吸引用户从产品和用户两个方面考虑，看得明白要做到"少""清晰""好理解"。

7.5　贷款产品创意案例

本节我们看一个案例，学习信息流广告的基本原则是如何应用的。假设我们要给一个贷款产品做创意，它的名字叫"好有钱"，是一个现金贷产品，可以直接放款到手机上。我们现在为它制作图片和文案，了解一下一个优化师思考的过程。

声明：本案例仅作为广告思考过程分析示例，本书坚决反对非法"套路贷"产品。市面上贷款、分期产品收取高额利息的现象严重，请读者朋友们量入为出、谨慎消费。

1. 产品和用户分析

首先进行产品分析，通过分析产品找到吸引用户的点。贷款产品的核心功能就是借钱，你缺钱时我借给你。然后从用户的角度分析，大家平时借钱的时候，都有什么问题呢？如果有人找我借钱，我会担心他是否能按时还钱，如果不还给我，我也不好意思要。我找别人借钱呢？有点尴尬，不好意思说，担心别人不借给我，也担心借钱这件事影响我们的关系。还有，借钱的人一般都着急，希望能快点拿到钱应急。

好，初期想到这些就够用了，时间长了再延展。

2. 写文案

写文案这件事，零基础也可以。信息流文案和你写的朋友圈文案、抖音文案一样，想啥说啥就行。而且我们本来就是在朋友圈、抖音、微博这些 App 上投广告，所以写的时候不用想得太复杂，介绍一个小套路：关键词 + 句式。关键词一般要有实际意义，点出产品或者用户心理；句式是口语化的、疑问的、感叹的都行，仅仅是一种表达方式，没有实际意义，为了吸引用户、帮助用户理解关键词。

比如这里的核心关键词就是"借钱、求人、着急"，我们看一下怎么把它们写成文案。

- 悄悄告诉你，再有人来找你借钱，就直接让他用这个！
- 再也不用向亲戚借钱啦！手机借钱，想借就借！
- 借钱点这里！小额贷款不求人，信用越多钱越多！
- 知道你着急用钱，借你 3000 块，拿去花！
- 哥们人缘不错，要借钱马上就到账！原来在这借的！
- 怎样借钱不丢面子？教你一招借到钱！

这些都是比较常规的信息流文案，是不是还挺口语化的？大家也可以写两条。

3. 图片

在制作图片的过程中，优化师和设计人员的配合方式有两种：一种是优化师提需求，设计人员自由设计；另一种是优化师提前想好风格，提供图片中的文字甚至素材，这样设计人员做出来的图就会更符合优化师的预期。一般，第一种情况需要设计人员比较熟悉产品，比如广告主内部的设计团队或者对产品很了解的乙方，这样配合起来会更顺畅，优化师省事，设计也更能发挥想象力。如果设计人员对产品不那么熟悉，优化师就要提供一些思路和素材。

比如我的需求是：3 张大图，1 张组图。其中大图主要突出借钱，图 7-25 效果特别好，可以沿着那个方向再做一个，剩下的 2 张大图自由发挥；组图想要同一个女生的 3 张图片，文案分别写"没钱花""想借钱""上好有钱"，配合着文字做不同的表情，比如借不到钱很难过，借到钱很开心，图片可以可爱一点。

于是设计做出了如图 7-27 所示的几张图。我觉得还挺满意的！感谢我的设计师许臣臣同学！

(a) 金属感大图　　　　　(b) 表达向上感觉的大图　　　　(c) 图 7-25 同一个方向延伸的大图

(d) 真人模特组图

图 7-27　贷款产品图片示例

总结一下，分析产品功能是基础，优化师给产品做广告之前一定要先自己了解一下产品。如果有 App，起码把 App 下载下来，看看里面的内容。然后百度搜一下这个产品的名称，看看有没有官网、论坛，这些步骤都做了也用不了 20 分钟，但能帮你了解产品最基础、最重要的信息。还有一些稍微复杂一点的方法是应用百度指数、微信指数，看看大家关注的点都有哪些。从产品和用户两方面考虑产品的卖点。

产品方面：我们有什么？

用户方面：他们爱看什么？他们需要什么？

注意，一定要让用户看明白。为了避免"做的人明白，看的人不明白"，有一个很简单的验证方法：把你的素材给一个之前没参与过这个产品的人看一眼，然后问他能不能看明白。"一眼能看懂"就叫看明白，如果他看不懂，用户肯定也看不明白。

第 8 章

视频创意方法

在信息流媒体中,早期的广告创意大多是"图片+文字"的形式(以下简称图文),后来才逐渐加入了视频广告。随着视频行业的发展,视频在广告创意中占的比重越来越大。在一些媒体上,视频创意产生的消耗已经超过了 50%,其中抖音到目前(2019 年 9 月)一直是只支持视频,快手也以视频广告为主。在这样的大环境下,广告主和代理商必然要参与到视频创意当中去。从成本考虑,视频广告就意味着制作成本的上升,做一张图片有时只需要一个设计者就可以,而拍一个视频需要编导、演员、拍摄、剪辑等诸多人的参与。这不仅挑战我,还可以提高自己的能力。对于优化师而言,因为要对广告效果负责,所以也要参与到视频创意中。优化师们入行的时候大多不懂视频,可能是边做边摸索,摸着石头过河。但好在学习门槛没那么高,有一个点子就去拍着试试,测试成本也不高,可以在实践中慢慢提高自己的能力。本章介绍了我以优化师身份参与视频广告时总结出的一些简单思路,不是专业的方法,大家可以参考一下。

先来看一组数据[①]:截止到 2019 年 6 月,中国网络视频用户有 7.59 亿,其中长视频用户有 6.39 亿,短视频用户有 6.48 亿。中国网民也就有 8.54 亿,也就是说,接近 90% 的网民都在看视频,而短视频虽然是近几年才兴起的,但用户比长视频还多一点。信息流广告涉及的视频都是短视频,那到底什么才是视频呢?视频和图片有什么区别?

我们先来思考一下视频的定义。

百度百科上的解释是这样的:视频(video)泛指将静态影像以电信号的方式捕捉、记录、处理、存储、传送与重现的各种技术。根据视觉暂留原理,当连续图像的变化速度超过 24 帧(frame)/秒时,人眼就无法辨别单幅的静态画面,看上去是平滑连续的视觉效果,这样连续的画面叫作视频。我们可以简单理解为"视频就是动态影像,而静态的是照片",这样视频就没什么神秘的了。

---

① 数据来源:中国互联网络信息中心发布的第 44 次《中国互联网络发展状况统计报告》,其中长视频用户指过去半年在网上看过电视剧、综艺和电影的用户,短视频用户指过去半年在网上看过短视频节目的用户。

在一般情况下,我们看到的短视频广告为 10~90 秒,超过 60 秒就算比较长的了。我们可以大胆一点来想:视频最短可以有多短呢?1 秒是不是也可以?当然,但 1 秒可能太短了,5~6 秒可以是一条视频广告,比动图的时间略长一点,这样想象的空间就更大一些。

那视频的特点是什么呢?视频对用户的吸引力更大,信息传递效率更高。比如现在网上有很多"带货主播",他们会在视频中推荐、试用商品,给出使用体验。如果没有视频,单放产品介绍的图片就没那么吸引人,视频更真实,传递出来的信息更多。

接下来,我们聊一聊视频的制作。拍视频需要经历几个步骤呢?一般可以简单分成 3 步:写脚本、拍摄、剪辑。

(1) 写脚本也就是用文字描述视频里的主要内容,包含台词、情节等。

(2) 拍摄首先需要找一个合适的地方,然后有演员、有拍的人,演员要把脚本里的台词提前记好,然后把脚本里的内容演出来。

(3) 剪辑的时候会对拍摄的内容进行一些删减,比如加一些特效、字幕、音乐等,相当于拍照之后的"修图"。

关于视频广告,还一点有值得注意,视频广告都有一个封面。最典型的可以参考快手 App,其中的视频是不会自动播放的。用户先看到的就是视频封面,根据封面来决定要不要看这个视频,所以封面决定了视频的点击率。这个封面可以是视频中某个画面的截图,也可以是单独制作的一张比较好看的图片。

了解了视频的一些基础信息,接下来就开始讨论视频创意的制作思路。

8.1 做创意最重要的是什么

首先,我们来思考一下:做创意最重要的是什么呢?是画面够不够酷炫吗?是模特够不够吸引人吗?我认为都不是,创意最重要的是表达的意思,也就是创意方向。

我们要找到一个点,基于这个点来做创意。这个点好,可能这条广告就"爆了"("爆了"一般指短时间内迅速积累了不错的效果,非常优秀的意思)。我们前面说的找到吸引用户的点就是在找创意的方向,这个方向在很大程度上决定了你的创意好不好,然后才是拍摄质量、演员的演技等。

以游戏广告为例,游戏广告都有哪些好的创意方向呢?大家有没有看到过成龙代言的《超变传奇》游戏广告?成龙大哥说"带着成家班一块去攻沙,蛮热血的",这个创意的点就是游戏好玩。游戏好玩肯定是一个最核心的点,截取一些游戏中的精彩片段作为广告,可以让用户感觉到游戏很有意思，从而吸引用户去玩。图 8-1 所示的是一个游戏里大规模团战的画面，一团火在熊熊燃烧，还挺刺激人的。

游戏除了好玩之外，还有什么点是比较容易爆的呢？最能吸引用户的另一个点：金钱。"金钱"在游戏里的应用之一是装备回收：用户在游戏里打装备，然后装备能回收卖钱，从而让用户赚到钱。游戏装备能回收是一个常年在用的点，效果也比较好。图 8-2 所示的是一个表现玩游戏能赚钱的广告，满屏都是元宝（广告中不能直接出现人民币，常用元宝、金币来指代金钱），通过金钱元素来刺激用户下载。

图 8-1　大规模团战的游戏画面

图 8-2　突出能赚钱的游戏画面

怎么样，是不是能感受到创意方向的重要性了。那么，如何找到好的创意方向呢？

一般创意的方向会从产品的功能和用户的需求这两个方面来思考，方法也很朴素，你先用一下这个产品，看看这个产品的介绍，然后想想如果你是用户，它有什么吸引你的。如果你不是它的用户，去找找这类产品的典型用户，问问他们的想法，这样创意的方向就差不了。

另外一个很重要的思路是：测试。好的创意方向是测试出来的，不太可能一上来就能找到很好的方向，基本都是测试很多方向，然后一旦发现哪一个方向比较好，就迅速朝着这个方向拓展做创意，使劲投。我们将其总结为"从多到一，再从一到多"，意思是"从很多个方向里测出效果好的方向,然后沿着这个方向做一些拓展"。比如,拍视频广告需要经常请不同的演员,如果突然发现某个演员拍的广告效果非常好,那你会怎么做呢?肯定是赶紧把这个演员找来再让他拍几个视频对不对?希望能再出几个效果好的广告。这就是"从很多演员到一个演员,再从这个演员拍一个视频到拍多个视频"。

还有一个经验是可以参考同行业其他产品的创意方向。用户在信息流场景下,很可能分不出广告是哪家的,所以如果某个创意在一个产品上火了,说明用户就喜欢这类创意,那么这类创意在这个行业的其他产品上大火的概率也比较高。

这种互相借鉴的思路不仅可以用在广告里,做产品也一样。比如现在有不少的电商公司,其中拼多多主打低价商品,迅速占领了市场,其他公司发现原来这么干能赚钱啊,也赶紧跟着这么干。思路是一样的,都是一旦发现一个不错的方向,就要使劲用起来。

在找创意方向的时候,还会遇到一个问题:你有了一个方向,投放一段时间之后(短的可能是1周,长的可能是半年),发现这个方向的效果可能没那么好了,这时你就得再去找其他方向,这可能会难一点。

我知道的一个案例是美图秀秀。美图秀秀一般是女生用得比较多,发个自拍、晒个合照。于是他们就想:怎样能让男性用户也使用美图秀秀呢?让男性用户晒自己,大家可能没什么兴趣,经过很多方向的测试,最后发现让男性用户"晒娃"这个点的效果很好,于是赶紧拓展吸引男性晒娃的素材。

找创意方向的能力就是做广告的核心能力,它依赖优化师对产品和用户的了解,也取决于其经验的积累,我们先记住简单的几句话:从产品角度想产品功能,从用户角度想他们想要什么,好的创意方向是不断尝试出来的。对创意方向有想法就去测试,一旦发现一个好的方向就迅速作为重点,使劲投。

8.2 创意内容的常用思路

做广告就像卖东西,有许多游说顾客的方式,这里我们介绍几种常见的思路。

8.2.1 卖家秀:直接使用产品

最简单的一种方式是,卖什么就演示什么。比如我们在商场看到卖不粘锅的,那就现场炒两个菜给大家看看是不是真的不粘,这就是直接演示产品。

互联网产品也一样,你可以直接做一段使用 App 的录屏,非常简单。比如在线相亲产品,就直接录一段大家在线上相亲的过程。比如游戏,就直接录一段游戏内的视频,放一些团战、爆装备这种精彩的段落,不需要多余的说明。还有一种来电秀产品,产品特点是来电话之后会播放一段"来电视频",相比于我们日常的铃声要炫酷很多。那素材就拍一下手机来电话之后,来电视频是什么样的就行了,来电视频选一个好玩一点的,又真实,又简单,都不用人出境。图 8-3 是两个直接放 App 内录屏的案例。

(a) 游戏画面　　　　　　(b) 社交软件使用画面

图 8-3　App 录屏案例

在直接使用产品的时候,我们可以再细分成两类:一类是用得好的,一类是用得不好、出糗的。用得好,这个很好理解,你演示的部分应该是产品使用中的精彩部分,比如你展示游戏好玩,肯定得用级别高的"大号"来录屏,这样打斗才精彩,画面才炫酷,能够吸引人。用得不好是用来搞笑的,比如在线 K 歌产品,你可以录制唱得非常好的,也可以录制唱得很差的——跑调的、扮丑的,效果可能出乎意料得好。如图 8-4 所示,在音遇 App 的广告里有拿唱得好的做素材,用户评论都说"小哥哥你声音好好听";也有用"球球你放过我"这种唱得不好的做素材,效果也挺好。

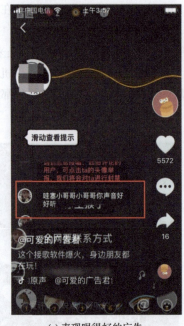 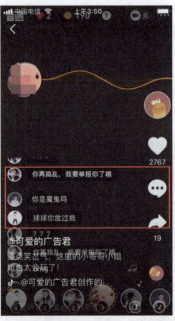

(a) 表现唱得好的广告　　　　　　(b) 表现唱得不好的广告

图 8-4　音遇 App 广告创意

卖家秀还有一种拓展的思路，就是"背后的故事"：以产品内部工作人员的身份做介绍。比如游戏广告可以找游戏的开发人员讲讲这款游戏表达什么样的故事，设计游戏的时候是怎么考虑的；刀具广告可以去刀具的生产车间拍一段视频，看一下这把刀的制作过程，这些信息是顾客平常接触不到的。现在互联网能让顾客和背后的工作人员有交流，也是一个吸引点，走专业路线。

总结一下，广告的第一个常用思路是"卖什么演示什么"，直接使用产品。用的时候可以从用得好和用得不好这两个方面考虑，既可以挑精彩的部分，也可以挑用得不好的来加点乐子。还可以拓展一下，拿"背后的故事"来做创意，这个思路在营销里挺常见。前一段时间，农夫山泉还做了一波介绍"水源地"的广告，通过水源地有很多野生动物来表现水质优良。

有卖家秀，大家自然也能够想到买家秀，接下来我们看一下从买家秀的角度怎么做广告。

8.2.2　买家秀：描述产品使用体验

大家在网上买东西之前是不是都会先看评论？身边有人买了什么东西，你也想买的话，就先问问他用着怎么样，避免自己"被坑"。

伴随着卖家秀的广告,自然也有买家秀形式的广告。核心也很简单,就是"我最近买了什么,用着觉得挺好的"。说的方式就和我们日常生活里一样,可以直接是一个人脱口秀的形式,对着镜头说"我最近买了一个……",也可以是两个人聊天,线上线下都可以,聊聊最近用了什么,感觉怎么样,借助一个方式把这件事说出去就行。

下面看两个案例。如图 8-5 所示,找工作就是一个非常适合用买家秀方式表现的广告。你最近找到工作了吗?找到啦!在哪儿找的啊?boss 直聘啊!这就是一个很自然、也很容易被大家接受的广告。甚至有点不像广告,因为生活中我们发现了好的找工作平台,也会愿意把它介绍给朋友。

这里可以加一些细节,做得更真实一点,比如使用表情包、在视频里保留拼音打字的过程,会更有代入感。

这种聊天方式还很适合相亲、装修类产品,如图 8-6 和图 8-7 所示。

图 8-5 找工作"买家秀"广告示例

图 8-6 找对象"买家秀"广告示例

图 8-7 装修"买家秀"广告示例

是不是还挺百搭的？这种买家秀的创意方式，一定要注意的就是"不要用力过猛"。你和你朋友介绍产品的时候，是不会像卖东西的人那样滔滔不绝，你也记不住那么多广告词，简单提一句即可。毕竟买家秀的创意核心就是"我最近买了什么，用着觉得挺好的"，体现出核心就行了，其他的不重要。

图 8-8 所示的广告就很像是我们和朋友说的话，"里面全是人才！""快去看！！都是神仙在唱歌！"，这些表达就比较真实，也很自然。有一个小技巧是，一条消息不要打太多字，大家平时和朋友聊天的时候，经常是一句话发好几条消息，说话也比较随意，如果一条消息有太多字，又很有逻辑，那对于普通用户就没有那么多代入感。

顺着买家秀的思路拓展，还有一类创意是"测评"形式的。站在第三方的角度，从开箱开始，展示这个产品的使用体验。比如下面的一个视频脚本（视频主要内容的文字版）：

图 8-8 "买家秀"优秀广告示例

　　夏天到了，时不时就会下雨。想要不被雨淋，看天气预报就非常重要了。那有没有什么好用的天气 App 值得推荐呢？今天我们来测评一款天气预报 App，网上说它预报天气挺准的，能精确到几点几分。我来看一下它实际用起来怎么样。

　　首先我们打开这个 App，用着倒还挺简单的，直接识别你的位置，哎，这上面说 52 分钟之后有大雨，这个有意思哈，居然这么具体，我们等等看准不准。

　　52 分钟后……

　　真的下大雨了啊！天呐！这个还挺好用的嘛！

最近测评在内容领域也挺火的，很多人都喜欢看测评，我自己也在快手 App 上关注了一些做测评的主播，觉得他们说得比卖家更实在一些，听他们吐槽还挺有意思的。测评的关键点是立场，你是第三方，不是卖方，不能只说好话。把测评做得像卖东西一样，还有人看吗？内容你都不想看，更何况是广告！所以，还是别用力过猛，有吐槽的点就尽管吐槽，这样才像测评。

快手、抖音、微信上都有很多做测评的主播，你搜"测评"就能出现好多，我们都可以看看，学习一下他们的表达方式。

总结一下，从买家的角度做创意，核心点就是"真实"，多一些聊天的元素、少提产品，切忌"用力过猛"，这样的广告效果就是最自然的，用户也比较容易接受。一看就是广告，用户心里就会有防备，自动屏蔽掉，用户接受度会比较差。

8.2.3 故事引入

前面两种思路逻辑上都比较简单，一个是从卖家的角度说我的产品好，一个是从买家的角度说产品用着不错。还有一种比较常用的思路是"故事引入"。把视频广告做成一个情境短剧，在一个故事里植入产品，有点类似于我们在文章里看到的软文或者主播们带货的短视频。

涉及故事，就可以发挥无穷无尽的想象力，所以视频的内容也丰富多彩起来。大家看了这么多年的电视剧，现在还是爱看，可见故事始终都有吸引力。通常，短视频的故事背景和情节比较简单，有一个看点就行，有点类似于段子。如果短视频说出了用户的心声、有笑点，那么就会很受欢迎。比如像图 8-9 所示的这个视频，有 7 万多人点赞。在外卖单上备注：放个醋包谢谢老板。大家正常都以为是那种类似于方便面调料大小的一包醋，没想到是这么大的一个袋子。这就是一个情境很简单、也很好玩的短视频。

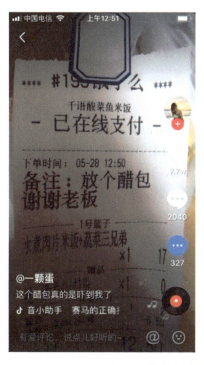

图 8-9　简单且效果好的内容视频示例

有一些专门做情景短剧的账号,他们的视频很值得参考,比如"陈翔六点半"。这里我们总结一个比较常用的三段论,可以作为引入故事的基本思路。哪三段呢?吸引点+矛盾+解决办法。

首先,以一个吸引用户的点开头,这个点可以持续1~3秒,它的作用就是让用户愿意看这个广告一眼。如果前3秒不吸引人,用户可能就不看这个广告,滑过去了。

其次是产生了什么样的矛盾,大家看故事最有意思的地方就是看冲突,有矛盾冲突才有悬念、才有意思。

最后必然就是解决了这个问题,这个时候一般都会带出产品。

举个例子,贷款产品的故事大纲可以是:要用钱+借不到钱+使用贷款App借到了钱。那么脚本可能是下面这样。

一个男生要交房租了,但工资过2天才发,找谁"倒个手"呢?找家里要不好意思,找朋友借朋友也没钱,正犯难的时候,在这个贷款App上借到了钱。

这个时候你去拓展各种"缺钱"的场景就行了。比如朋友结婚随份子、换房子交押金、要买个宠物等。用这个大纲就可以做出许多个视频。这是信息流广告里最常见的大纲,估计以后还会继续用。

这个三段论里的剧情都不复杂,比较重要的是要有一个吸引人的开头。关于开头怎么做,我们总结一些常见的思路。

1. 以吸引人的元素开头

广告大师大卫·奥格威从创意入手,提出了营销的经典"3B原则":beauty(美女)、beast(动物)、baby(婴儿),这3种元素符合人类关注自身生命的天性,更容易赢得消费者的喜欢。在现代社会中,"金钱"也是一个非常吸引人的元素,我们看到"金钱"相关的内容都会下意识地多看一眼。如图8-10所示,开头放一个工资条,就很吸引用户。

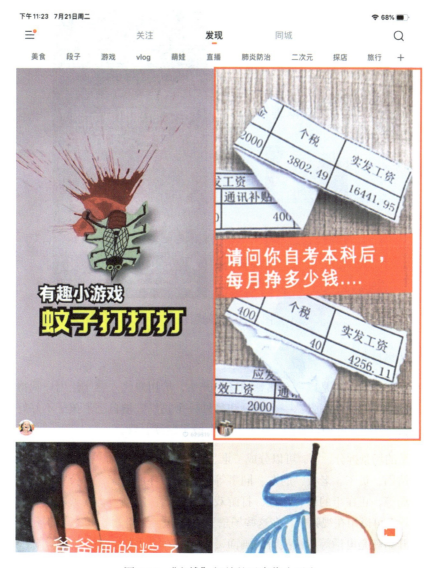

图 8-10 "金钱"相关的元素作为开头

2. 以问题开头

还有一种比较常用的思路:以问题开头。视频的最开始就是一个问题,直截了当。如果这个问题刚好是某类用户感兴趣的,那就会吸引他继续观看,如图 8-11 所示。

图 8-11　以问题开头

3. 以熟悉的场景开头

还有一种更多样化的,是以一个熟悉的场景开头,给用户代入感,让用户觉得这个片子跟自己有关系。比如一个典型场景:一个妈妈和另外一个妈妈吐槽自己家孩子不好好学习,总是很马虎。我们都是这么被吐槽过来的,也愿意当个段子继续看看。

我们把熟悉的场景拆分一下,可以分成"谁、在哪儿、干什么"。常见的人物有父母和孩子、老师、学生、情侣、员工、老板、朋友、同事等,常见的环境有家、办公室、学校、地铁、公交、马路、商场等,正在干的事有吃饭、打游戏、打电话、发语音、视频聊天等。我们生活里比较常见的场景都可以用在视频中。在这些场景里,我会觉得"与手机相关"的场景更吸引用户。比如,视频一开始就是电话等待被接听的画面,两个人在用手机视频的画面,又或者是和朋友聊天记录的界面,这几种都比较吸引用户。我自己刷手机的时候也一样,看到这些与手机相关的视频就会不由自主地滑慢一点、多看一眼,因为这些跟我的生活比较贴近,所以会觉得比较真实,示例如图 8-12 所示。

用户会比较喜欢贴合生活场景的故事。可以有高级的场景,也要有一些"土"一点的场景。

信息流广告的场景也在不断拓宽。在早期的信息流视频广告中,最常用的场景是朋友或同事在办公室里、咖啡厅中以及马路上说话聊天,因为在这些地点拍摄视频比较方便,场景、人、事都是现成的。后来随着用户对视频质量的要求越来越高,场景也变得丰富起来,有一些做得好的代理公司开始搭建了专门的摄影棚,准备好了一些常见场景,比如放一张床搭成家的环境,这样更有代入感。我们也可以参考一下做内容的团队,像"陈翔六点半"这个团队里就有两个大龄演员——"妹爷"和"吴妈",还有一个小孩,这样有老有少,故事的范围就会宽很多。

(a) 打电话场景　　　　　　(b) 拍摄微信打字的屏幕截图

图 8-12　以与手机相关的场景开头

这里简单总结一下,信息流广告的视频都很短,所以剧情也比较简单,一般就是引入一个日常生活里的场景,遇到了什么问题,最终解决了这个问题,并在解决这个问题的过程中带出了广告的产品。这里比较关键的是开头的引入要吸引人,使用吸引用户的元素,或者是给用户代入感的典型场景——从"谁、在哪儿、干什么"来考虑。跟我们写作文似的,开头很重要。上面我写了几个基本思路,抛砖引玉,大家可以在视频里体现更多丰富多样的创意。

8.3　常用的爆款套路

前面我们主要侧重的是"怎么找到创意的关键点",也就是内容的主要思路,但除了内容,形式也很重要。接下来,我们就讨论几个视频里好用的表现形式上的套路。

8.3.1　对比

如果问我什么是简单又好用的表现方式,我一定会说是"对比"。还有什么比"使用前、使用后"的对比更能说服人的吗?比如对于减肥产品的广告来说,一个人使用减肥产品前后的胖瘦对比图就是最有说服力的。再比如清洁剂的广告,如图 8-13 所示,每次我看了这类广告都想下单,一件白衣服变黄了,用清洁剂清洗前后的对比明显,对人有很直接的刺激,非常吸引人。

图 8-13 清洗前后对比广告

再比如装修类广告,通过定制前、定制后的对比图片来展示自己公司的设计,刺激客户来装修。图 8-14 所示的是抖音上的一个广告,有 3 万多的点赞。

图 8-14 装修前后对比广告

在对比的表现上，有一个小技巧，就是突出"最小单元"。你仅展示你想要对比的、有差异的部分，对比效果就会比较突出。如图 8-15 所示，这个纠正动作的健身视频，就把正确的动作和错误的动作都标注出来，然后加上√和 ×，非常清晰，一目了然，这个视频在抖音上有 21.8 万的点赞。

视频博主 papi 酱为开言英语做的广告用的也是对比的方式：公司安排两位员工接待外国客户，一个人英语说得好，一个人英语说得不好，两个人有明显对比，然后英语水平好的人解密说都是因为"我用零碎时间听开言英语"。现在英语类产品大部分是这个套路：在一个需要使用英语的场景下（比如面试、外国人问路、酒店里来了外国客人），对比不同人的英语水平，然后说得不好的人很好奇"你英语这么好，怎么学的啊？"，最后对方很顺畅地代入广告。

对于领券产品，对比也是很好用的思路，看着使用优惠券之前与使用优惠券之后的价格对比，使消费者有种占了巨大便宜的感觉。这样的例子还有很多。

图 8-15　纠正健身动作的内容视频

总结来说，在各个行业里，对比是一种非常好用的表现方式。我们既可对比"使用某一个产品前后的效果"，也可以对比"两个人做同一件事情的结果"，这些都能给人很直观的刺激，推荐使用。

8.3.2　游戏化

一些女生可能常常问男朋友："到底是我重要还是游戏重要？"

说实话，很多人想说"当然是游戏重要啦"。现在大家在游戏上花的时间越来越多，游戏也确实挺好玩的。游戏中的不确定性、互动交流、完成任务后的奖励，这都是游戏吸引人的因素。

那么，我们能不能把广告也做得像游戏一样呢？其实很多产品和活动里都已经在用这样的方式了，比如各种挑战赛、答题比赛，都带着游戏的性质。接下来，我们讨论一下如何把广告做得游戏化一点。

1. 测一测

在广告里,有一个常见的形式"测一测",它带有强烈的游戏性质。让不同的人参与,每个人参与之后会有不一样的结果,这个结果可能还挺好玩,能够给大家一种"我也想试试"的感觉,比较吸引人。

这里典型的例子是懂车帝 App。懂车帝是一个车友聚集的产品,里面有一个娱乐的功能叫"拍人识车"——就像玩游戏一样,拍一张人的照片,系统会给这个人匹配一辆车,这看上去好像跟这个人的"脸"有直接的关系。虽然只是一个娱乐功能,但是趣味性能够吸引不少新用户。不同的人匹配的车好坏不同、价格不同,这里就有很多乐子。图 8-16 是产品的体验流程。

(a) 一个人正在扫脸　　(b) 匹配价值 34 万元的车　　(c) 另一个人匹配 120 万元的车

图 8-16　懂车帝"拍人识车"产品功能

懂车帝发现这个方向好用之后,做了非常多这个类型的广告,换不同的人来扫,里面加入各种戏份,比如一个人扫出来是拖拉机,另一个人扫出来是宝马。这个套路大概用了 2 年,我看到的点赞最多的是近 200 万。如图 8-17 所示,这是我见过的点赞最多的广告。

测一测在贷款产品中应用得也很好。某贷款产品有一个功能:人脸识别。人脸可能会对你的借钱额度有影响,这样广告就可以做成"我扫一下,我能借 1 万元;你扫一下,你能借 5000;他扫一下,居然能借 20 万元"的效果,测试不同人借款金额之间的差异,也比较有意思,容易增加笑点。

具有游戏化功能的产品其实都可以用"测一测"这种广告形式，比如声音交友软件可以用"测一测你的音色是什么"，社交软件可以用"测一测你适合什么样的男/女朋友"，英语学习软件可以用"测一测你的发音能打多少分"，或者"测一测你的英文发音和哪个明星最像"。大家对于不确定性总是带着好奇，如果是跟自己有关的不确定性，就更好奇了，想知道"我测试之后是什么样的"。"测一测"是一个经久不衰的爆款套路。

2. 小互动

如果你的产品没有适合让用户"测一测"的点，可以使用"更轻"的互动方式，其核心思想也是给用户一个互动的选项，比如在落地页里加一个领红包的选项，或者加一个抽奖的转盘，这些都能增加用户的互动感，如图 8-18 所示。

即使在落地页里没办法和用户互动，你在视频前面加一个选项，也能够让用户觉得更好玩。图 8-19 是一个宫斗类游戏的广告，游戏的开始会出现性格选项，有"精明""善良""稳重""泼辣"4种，玩家需要选择一项，然后带着这个性格去经历游戏情节。因为用户看到了性格选择的过程，所以更容易觉得后面的情节跟自己有关系，愿意下载。用户还可能会好奇："如果选择了另一个性格会怎样？"忍不住想试试，于是下载这个游戏。

图 8-17 懂车帝近 200 万点赞的广告

图 8-18 包含"领红包"互动的落地页

图 8-19 在视频开头增加互动广告示例

8.3.3 街边采访

接下来,还有一个常用的形式:街边采访。如图 8-20 所示,街边采访在内容里也很常见,各大电视台、视频平台、主播都在使用这种方式,采访都是对话,而对话的形式是最好理解的,比较口语化。而且街边采访会比较真实,看被采访人的反应也挺好玩的。对话体还是比较受大家喜爱的,现在连小说都能做成对话体了,比如快点阅读 App,里面的小说都不是大段大段的文字,而是一句句独白。

在做街边采访视频时,要尽量真实自然。大家在面对镜头的时候,有时会笑场,有时会有点不好意思,有时思考停顿,还会说"嗯啊"等口头语,这些都可以保留。相反,演员都是提前背好词的,现场非常流利就说出来了,不太会有这种普通人面对镜头的反应。"像是演的"看起来就假一些。还有就是不要太像收了钱、替人说话的,用户会比较排斥。即使你是为了做广告,也不要"用力过猛",下面举个例子。

图 8-20 街边采访内容示例

主持人问:手机卡了,怎么办?

A:删点资料呗!

B:换手机咯!

C:换男朋友咯!

主持人(惊):为什么换男朋友?

C:这点小事都解决不了,要他干嘛?

主持人(汗):你别换男朋友了,推荐你一个软件,** 清理 App,它每天能帮你自动清理垃圾,手机就不卡啦!

C:行吧,那我考虑考虑。

如果主持人说:"你别换男朋友了,推荐你一个软件,** 清理 App,这个 App 只有 5MB,但作用很大。它每天能帮你自动清理垃圾,一键清除掉手机所有的隐藏垃圾,像聊天文件、视频缓存通通都清掉,而且还是免费的!再也不怕手机卡啦!"

这么长的话,就有点从两个人的对话变成了一个人的表演,显得有点多。因此,我觉得说得少会更合适。

8.4 免费小说产品创意案例

说了这么多思路，接下来我们看一个案例，分析一下怎么使用这些思路。假设我们要给一个免费小说 App 做广告，沿着产品分析、用户分析、创意表现形式这 3 步来走，看看要怎么做。

8.4.1 产品分析

首先进行产品分析。给小说 App 做广告，目的是吸引人来看小说。用户看小说是免费的，但是会在小说里插入广告，从广告商那里赚钱盈利。

那么这样的产品有哪些卖点呢？首先，很多小说 App 是要单本付费或充会员的，所以这里免费就是一个很强的吸引点。

对于小说产品，最吸引人的肯定是小说的内容。所以我们要挑比较热门的小说，从中找到吸引人的情节来做创意，吸引用户。因此，这里两个主要的点就是免费和小说内容。

8.4.2 用户分析

我们再来思考用户的想法。我们已经满足了一个消费角度的点：免费。然后小说还有一个很大的分类：男频和女频。针对男性读者和女性读者，广告内容要有差异，所以我们也要区分来看。

先说男频的书，男生普遍渴望成功，所以很主流的一类书是讲逆袭走向人生巅峰的。女频呢？最常见的就是现代言情小说和古代言情小说。

因此从用户的角度来看，男生渴望成功人生，女生渴望被在乎、被爱，这是两类主要的诉求。

8.4.3 创意的表现形式

接下来是创意的表现形式。我们从产品的特点入手，对免费和小说内容这两个点分别做素材。

1. 免费

免费这件事，我们既可以直接写"免费"两个字，也可以用对比的方式来强调这个产品是免费的。比如"这本书在某个 App 上是收费的，章节被锁定了；在我们的 App 上是免费的，直接就能点开了。"这就是常用的套路，效果也非常理想，有 11 万人点赞，如图 8-21 所示。

(a) 强调免费看广告案例　　(b) 强调别家不免费的案例

图 8-21　主打免费的广告示例

2. 小说内容

小说内容就千变万化了，因为小说内容本身的多样性，所以广告的题材也有很多可以做。

第一步是挑书。最简单的方式是参考小说排行榜，一般阅读量排在前面的，都是不错的选择，可以用来推广。选的书一定要热门，基本上爆款的创意来自于爆款的书。比如 2020 年热播的电视剧《庆余年》就能带动小说的阅读，也很适合做广告。

第二步思考表现形式。对于小说类产品，卖家秀比买家秀更好一点。因为小说内容是核心，作者都很会写内容，读者转述可能表达不出原作者的那个意境，这里我们就说说卖家秀怎么做。

卖家秀的核心是展示产品，在小说产品里也就是展示小说内容的吸引点。我们先想想在现实世界里，看小说都有哪些形式呢？

首先，现在大家都经常在手机上看小说，对小说阅读软件的界面是非常熟悉的。

其次，小说还有一些演变形式，像评书、漫画、电视剧、游戏等，那么我们在广告创意里也可以应用这些方式。游戏我们可能用不到，制作成本比较高，但是评书、漫画、电视剧都可以试试。

我们提炼一下平时接触到的小说形式：小说阅读软件是"文字"，评书是"声音"，漫画是"图片"，电视剧是"真人表演"。那么我们在展示小说的过程中就可以使用"文字+图片+声音+真人表演"的形式。下面我们看一些案例。可以找专业的配音演员让他们念一段书里的情节，在视频里放上这段配音，有感情的配音会是很大的吸引力。

如图 8-22a 所示，这是一个直接放小说内容录屏的视频，选一段书里面比较有矛盾冲突的情节，一般第一章的内容都可以拿来做广告，可以有一些删减，再加上一段烘托氛围的背景音乐，然后开始滑屏幕、录屏就行了。

图 8-22b 也是这个套路，但是它在录屏的最上方加了一张图片（简称加头图），图片比较容易营造意境。加头图的方式还是挺常见的，我们平时刷到的大部分广告是这样的。

图 8-22c 的形式比较有意思，就是一张图，配着一段文字。但就是这么一个不会动的视频在 2019 年着实火了一把，我觉得除了文字以外，主要的亮点在于它的声音。它用《九张机》这首歌作为背景音乐，这首歌本身比较火，跟文字的情节也比较搭，文字写得也非常不错。

图 8-22d 就更厉害了，是直接把这段故事拍出来，像拍电影一样，拿这段"电影"去投广告。这种一般是找专门的视频机构来拍的，广告主和代理公司自己的制作水平一般都不能满足要求。媒体平台的制做价格也不是特别高，一个视频 2500 元左右就能买到。

除了这几种之外，把小说里的内容画成漫画也挺吸引用户的。这也需要找专门的人来画，需要一些成本，3~4 幅图大概需要花费 1000 元，然后将其做成一个视频，贵一点的话需要 2500 元左右。

(a) 小说内容录屏广告　(b) 加头图的小说内容录屏广告　(c) 只有一个画面的小说广告　(d) 真人表演的小说广告

图 8-22　主打小说内容的广告示例

总结一下，在小说产品的卖家秀方面，我们先要找到卖什么，因为小说类 App 和其他 App 产品不同，它有很多书可以挑，还要从书中挑出一段章节来投广告，要挑符合读者期待的，比如前面分析的"男生渴望成功人生，女生渴望被在乎、被爱"。

接着，可以应用文字、图片、声音、真人表演这几种元素把创意表现出来。文字就是小说的内容，图片经常加在小说内容的最前面，作为一张头图。背景音乐有纯音乐、歌曲、讲述小说内容等，小说很需要意境，所以声音在小说里非常重要。然后就是真人拍的视频，制作成本最高，但如果做得好的话，效果也普遍最理想。

到这里，创意部分就结束了。回顾一下整体的思路：我们想创意的时候，可以从内容和形式两个方面来考虑。在内容上有几种比较常规的思路，卖家秀、买家秀和故事引入；在形式上除了前面我们提到的"相册类"这种比较简单的方式，还可以用对比、游戏化、街边采访等方式。以上可以作为我们思考创意的框架，大家在实践中逐渐应用改善吧！

数 据 篇

第 9 章

数据分析

信息流广告也称效果广告，它的一个特点是效果在短期内能通过数据直接看出来。因此，数据分析是信息流广告中非常重要的一部分，你要通过分析数据来判断、提升广告效果。本章就来介绍数据分析的那些事儿，我们会沿着"数据从哪儿看、看什么、怎么通过数据分析找出问题、找到问题之后要怎样解决"这条线来进行。

不同媒体账户层级的叫法不同，但数据分析的思路是通用的。为了方便理解，这里我们以巨量引擎为例进行分析，账户层级按照账户、广告组、计划、创意来划分。

9.1 数据从哪儿看

说到数据分析，我们总要先知道数据从哪儿看。在 2.4 节中我们知道，广告投放后一定要监测数据，因为数据监测是数据分析的基础。数据监测的工作既可以交给专业的公司（友盟、热云等）来做，也可以用自己的技术进行监测。监测数据的公司都会有一个看数据的后台，供相关投放人员看，我们就统一将其叫作广告主后台。在广告主后台里，能够看到详细的前后端数据。

除了广告主后台，媒体后台也可以看数据。在 4.6 节中，我们学会了怎样使用巨量引擎的报表功能来看数据，其他媒体也有报表功能，用法大同小异。并且因为转化出价的广泛应用，广告主会把转化数据返给媒体，所以在媒体后台也能看到一部分后端数据。

总结下来，一般会在媒体后台和广告主后台这两个地方看数据：从媒体后台看前端数据和广告主返回给媒体的转化数据，从广告主后台看详细的后端数据。通常，广告主希望后端数据（例如 ROI 和利润等）是保密的，不会告诉媒体，也不会告诉代理商。

所以，如果你是代理商的优化师，一般只看媒体后台的数据和广告主告诉你的后端数据就足够了。广告主可能会以微信、QQ 等形式直接把后台数据发给你，也可能会给你开通一个经过权限设置的后端账户。

如果你是广告主自己的优化师,就可以直接看到媒体后台和广告主后台的数据了。

9.2 数据分析看什么

知道了数据从哪儿看,接下来我们讨论看什么。由于各广告主对后端数据的定义不同,有激活、注册、下单、付费、次留等,这里我们直接以"转化"来指代后端数据。

在广告投放的过程中,用户的所有行为数据都会被记录下来,我们分析的正是这些行为。先看一下图 9-1,这是用户行为的漏斗,用来表示从用户看见广告到点击再到进一步转化的过程。在这个过程中,用户行为逐渐加深、人数逐渐减少。人数一定是越来越少的吗?一定是越来越少的。就像你发一条朋友圈,看到你朋友圈的人和给你点赞的人,哪个更多?一定会有一些人看见了不点赞,所以肯定是看见的人多,点赞的人少。

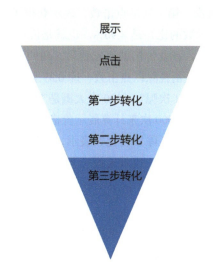

图 9-1 用户行为的漏斗

我们说的"转化率"一般指发生在"两个相邻步骤"之间的转化,以后面一个步骤的名字命名:点击数除以展示数就是点击率,下载数除以点击数就是下载率,激活数除以下载数就是激活率,付费数除以激活数就是付费率等。按照这个逻辑,给你点赞的人数与看到你朋友圈的人数之比可以叫作点赞率。

转化率越高,我们就会越高兴,说明用户流失少;转化率越低,我们就会越忧伤:"人怎么都走了呢?哪儿出问题了呢?"就像发了一条朋友圈但是没人点赞,心里会想:"是我发的内容不好吗?大家怎么都不点赞呢?"

消费除以某步骤的行为数就是该步骤的成本。消费除以展示数就是展示成本,消费除以点击数就是点击成本,消费除以激活数就是激活成本。投放广告需要花钱,成本会反映每一个转化步骤的单价是否合理。

如图 9-2 所示,这是 4.6 节中优化师小刘在巨量引擎后台的报表,我们逐一看一下是什么意思。

时间 ⇕	展示数 ⇕	点击数 ⇕	点击率 ⇕	平均点击单价 ⇕	平均千次展现费用 ⇕	消耗 ⇕	转化成本 ⇕	转化数 ⇕	转化率 ⇕
总计共1条记录	273 096	13 376	4.90%	0.37	18.31	5000.00	13.62	367	2.74%
2019-09-11	273 096	13 376	4.90%	0.37	18.31	5000.00	13.62	367	2.74%

图 9-2　巨量引擎后台报表示例

虚线框圈出的第 1 列是展示数，表示广告获得了约 27 万次曝光，也就是被用户看到了约 27 万次。第 2 列是点击数，表示获得了约 1.3 万次点击。从第 3 列可以看到，点击率（点击数和展示数的比）是 4.90%，也就是说广告被看见 100 次，大约会被点击 5 次。下一列是平均点击单价，涉及价格就要先看第 6 列的消耗（就是花的钱的意思），这里花了 5000 元，平均点击单价就是消耗除以点击数，即 0.37 元。平均千次展现费用反映的是展示价格，为什么要算 1000 次而不是 1 次呢？1000 次大概是 18 元，1 次就是 0.018 元，不到 2 分钱，这个数太小了，不好计算。用 1000 次来计算展示价格，也算是广告行业的共识吧。接着是转化成本，反映的是转化单价，用消耗除以转化数表示，这里转化成本大概是 14 元，转化数为 367。如果这里的转化数指的是激活数，也就是说一天获得了 300 多个激活用户。在没有特殊说明的情况下，转化率指的就是"转化数除以点击数"，转化率是 2.74%。

知道了这些数的含义后，大家可能还会有点疑惑：我知道了点击率是 4.90%，但不知道这是高了还是低了。这里我们介绍几个平均值，大家就明白了。

- **CPM（每千次展示成本）**。它一般反映某媒体的流量贵不贵。竞争越激烈，CPM 就越高。常见的 CPM 在 10 元至 20 元，图 9-2 的 CPM 约为 18 元，就比较正常。抖音的 CPM 相对高一些，一般要 20 元以上；微信朋友圈的 CPM 更高，一般要 30 元以上。
- **CTR（点击率）**。它反映素材对用户的吸引力，CTR 高，说明素材对用户的吸引力强，反之说明用户对素材不感兴趣。一般信息流广告的 CTR 普遍为 2% 左右，图 9-2 的是 4.90%，相对还是比较高的。这里提示一下，抖音的 CTR 普遍不足 1%。这是为什么呢？因为抖音视频默认是自动播放的，用户不需要点击就能看到内容，所以点击率会低一些。
- **CPC（平均点击单价）**。它也算是反映媒体流量贵不贵的间接指标，跟点击率有很大关系。通常点击率高，CPC 就低。普遍来看，一般 CPC 在 0.2 元到 1 元。抖音点击率很低，CPC 一般要几元钱。
- **转化数**。它反映的是广告对广告主的价值。这里不好说平均值，我们直接拿地推来对比吧。我上大学的时候兼职做过地推，给英语培训班拉试听的用户，一天大概能要到 20~30 个电话。投放信息流广告需要开户、充值、审核等流程，如果一个账户一天只能带来 3~5 个转化，那么意义不大，不如找几个兼职的人发传单。同时，广告带来的转化量又可以非常大,像猿辅导、新东方、尚德这些培训机构在招生旺季,一个账户一天就可能带来几千个报名信息,相当于几百个兼职,这个转化量就比较大,对广告主也很有价值。并且一个账户只需要一个人操作,相比于雇人发传单,大大降低了人力成本。

- 转化成本。它跟转化目标有很大关系,如果定义转化目标为激活 App,那么手机垃圾清理 App、拍照 App、短视频 App 等这种小工具的激活成本一般不到 10 元,甚至两三元都有可能。如果转化目标比较"后端",比如定义为下单(让用户买一个培训课程或者买一件衣服)那么下单成本基本都在 100 元以上,甚至超过 1000 元。
- 消耗。它可以用转化数乘以转化成本倒推出来。一个账户一天有几十个转化,最少也要有几百元的消耗,这样才算是有一定价值的,不然就可以推算是转化数太少了。普遍来看,一天消耗过万就算是还不错的账户。消耗没有上限,一个账户一天消耗几百万元也是存在的。

广告投放有这么多数据,到底哪一个才是最重要的呢?我们可以这么理解,有一个卖水果的小摊,"展示"指过来看看,"点击"是问一下多少钱,"转化"是真正给钱买东西。你说哪个重要?当然是真正买了的重要。过来看的人多肯定是好,但最重要的还是给钱这一步。转化相当于"成交量"。

广告投放一般需要关注 3 个核心数据:消耗、转化数和转化成本。消耗指花了多少钱,转化数指带来了多少效果,转化成本指价格合不合理、广告投得亏不亏。

接下来我们看一个抖音账户的案例。这个账户投放的是 App 下载广告,应用的是转化出价,对转化的定义是激活,期待激活成本是 14 元,如图 9-3 所示。

展示数	点击数	点击率	平均点击单价	平均千次展现费用	转化数	转化成本	转化率
2 317 321	37 403	1.61%	2.03	32.75	5521	13.74	14.76%

图 9-3 抖音账户案例

展示数为 2 317 321,也就是每天约有 200 万次曝光。点击数是 37 403,近 4 万次点击,结合平均点击单价计算,花费相对较高,一天就得几万元。点击率是 1.61%,在抖音上算比较高的。平均千次展现费用是 32.75 元,超过了 30 元也算比较高了。但最后转化成本还不错,成本是 13.74 元,低于期待值 14 元,所以 CPM 高不高、CPC 高不高也没那么重要,甚至可以不用关注;每天能带来 5000 多个转化,是一个投放比较成功的账户了。

是不是转化成本越低越好呢

一般来说不是,因为还要考虑转化数。我们从广告主的角度来考虑,怎样使广告主的利益最大化?比如我是一个服装批发商,一个人来我这拿货,每次拿 10 件,每一件我能赚 50 元;另外一个人每次拿 1000 件,每一件我能赚 10 元。你说这两个人谁对我更重要呢?当然是第二个人。因为还得看一下利润,总体算下来第二个人能帮我赚到更多钱。

在投广告的时候,如果你投的量很少,成本一般比较低。想要获得更多转化,成本相应就会上升,因为需要和其他广告主去竞争展示广告。比如一个短视频 App 在某平台投放广告,一天拿 30 个量(即转化数为 30),转化成本是 1 元;一天拿 3000 个量,转化成本要上涨到 8 元,你觉得他会要多少量呢?成本再低,用户量少也没有意义。除非他在其他媒体有很多用户量,否则一定不会选择只要 30 个量。因此在投放广告的时候,对成本的要求不是越低越好,要综合考虑成本和量级。在能拿到一定量的情况下才会进一步考虑降低成本。

9.3 数据分析的基本思路

知道了要看哪些维度的数据后,我们介绍一下数据分析的基本思路:做数据就像破案子,要"从大到小、从多到少、从一天到几天"。我们分别来看是什么意思。

"从大到小"是指"先看账户整体,再分别看组、计划、创意"。先看账户整体成本和量是多少,看一个总数。从总数来判断账户的整体情况,先做到心里有数,再去看细分。一个账户是由许多广告计划组成的,账户的成本高,一定是某些广告计划成本高了,所以要去找到是哪些计划成本变高了。因为操作主要是在计划层级,所以得找到计划才能解决问题,光看整体是看不出问题的。

"从多到少"是什么意思呢?比如你的账户里有 50 条计划,一条一条看完一上午就过去了,要先看哪一条呢?当然是"擒贼先擒王",先看花钱多的,它们对账户成本的影响大,那些只能花几元钱的"虾兵蟹将",影响不了什么。"从多到少"就是"花钱从多到少",把整个账户的数据按消耗降序排列,以 KPI 为"尺子",对着找成本明显高、明显低的,这些是我们需要重点关注的计划。"哦,发现了,有一天计划成本上涨了一倍,而且还花了很多钱,就是它导致的账户整体成本上升!"那它为什么会上升?

单看一天的数据得不出结论,因为数据波动是正常的,所以得"从一天到几天",也就是从一天的数据再往前翻,看近几天的数据,了解该计划的"底细"。就像你锁定了一个嫌疑人,要把它近几天的行踪都过一遍——把问题计划近几天的数据都看完，再下判断。这个时候就能大体判断出是不是新计划，是否在赔付期等。

对于成本明显低的计划也是这个思路，发现一条计划成本低，不能立刻觉得这条计划效果非常好，也要看近几天的数据，这样才能更有把握地认为这条计划成本是低的，可以让它多花钱。

9.4 信息流广告的规律

上一节介绍的数据分析基本思路能够帮助我们找到有问题的计划。为了判断哪条计划是有问题的，我们需要了解一些信息流广告的规律。知道什么是"正常的"，什么是"有问题的"，解决问题时更有针对性。

9.4.1 数据和投放时间的关系

在众多媒体中，广告投放的规律主要体现在账户的第三层级，也就是巨量引擎账户层级中的计划层级，这个层级的设置项最多，出价、成本也都在这个层级体现，所以能够反映出一些广告投放的规律。因此，我们主要关注计划层级的规律，在这些规律中，最重要的一条就是数据和投放时间的关系。

一条计划开始投放，就像一个小孩刚出生；中间的过程，就是这个小孩慢慢长大；计划因效果衰退被关停，就像一个人最终要死亡。人要经历出生、壮年、死亡，计划也一样，没有一个计划可以永远投放，最终都会"死亡"。为了方便理解，我们把计划的几个时期命名为"幼年期""壮年期"和"老年期"。接下来我们逐一看一下各阶段的特点。

1. 幼年期：成本高、消费能力差

幼年期一般指一条计划刚开始投放的 1~4 天，也就是我们前面介绍转化出价时提到的学习期。这个时候系统还不知道这条计划该找什么样的人，处于"撒大网"阶段，所以成本一般会高一些。我们看一下关于转化出价的口诀。

> 广告系统有两下，转化出价顶呱呱。
>
> 累积数据建模型，不要总调行不行。
>
> 要调也别调太大，你和系统是一家。
>
> 啥叫太大？超过一成就叫大！就叫大！
>
> （"一成"指 10%，一天超过两次就叫总调）

幼年期就是"累积数据建模型"的阶段。像一个药品必须要有实验室阶段才能面向市场一样，广告的幼年期也是广告必须经历的过程。幼年期的计划还是一个"小孩"，还在上学、不能干太多活，所以成本比较高，消费能力也比较差，这是广告主必须接受的现象。

这个阶段有的媒体有赔付，像巨量引擎和快手，它们为广告主承担了学习成本；有的媒体没有赔付，就要广告主自己承担，但也没办法，这是躲不过去的，只能盼着计划快点成长。怎样才能长大呢？是时间长就一定能长大吗？也不是。有的计划无法按照预期成长，没量（指不花钱或转化数很少，"量"一般指转化量）或者成本很高，很快就"夭折"了，最终也不知道什么样的用户会在你的广告上转化；有的计划在投放一段时间之后成功积累一定"转化数"（一般为 20 个，最少也要有 5 个），于是进入"壮年期"。

2. 壮年期：成本稳定、消费能力强

壮年期是一条计划最好的阶段，在这个阶段，计划的成本相对稳定，而且消费能力最强。如果使用转化出价，那么转化成本每天上下波动不超过 10% 可以看作稳定。比如昨天的成本是 100 元，那今天的成本在 90 元至 110 元都算比较稳定。今天和昨天的成本能不能达到一毛钱不差？这不太可能。信息流广告是展示给不同的人看的，他是否会转化有很大的不确定性，所以数据波动非常正常，不能要求转化成本完全不变。如图 9-4 所示，转化成本是那条波动的线，不可能是直线。

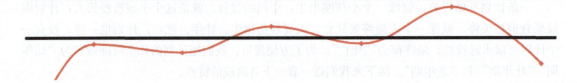

图 9-4 转化成本波动示意图

壮年期计划的消费能力很强，但要注意，不同计划的消费能力可能会相差很大，因此我们无法确定壮年期的计划每天能花多少钱。同样是壮年期的计划，有的一天能花 100 万元，有的一天只能花不到 500 元。

3. 老年期：消费能力下降

如图 9-5 所示，过程①其实就是计划的幼年期，如果计划能找到转化用户就是学习成功了，找不到就学习失败，计划夭折。过程②包含了壮年期和老年期，最开始找的人很多，就是壮年期；找着找着圆形和心形的用户都被找完了，找到的人越来越少，计划就进入了老年期，消费能力也会下降。

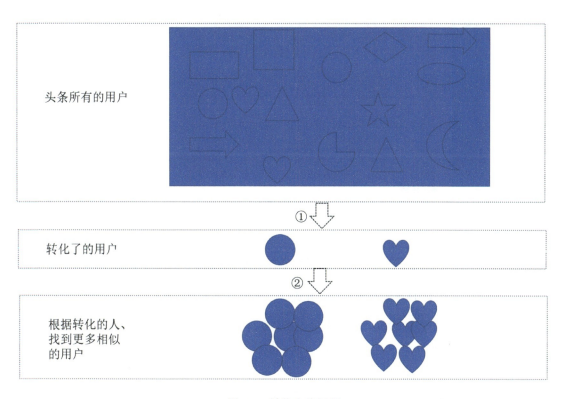

图 9-5 转化出价原理

那老年期的计划成本会变高吗?这不一定,假设壮年期的时候成本是 10 元,到老年期可能会变高到 13 元、14 元甚至更高;也有可能成本不变或者变低,但转化量一定会变少。

老年期计划最终是自己结束,还是被优化师关停呢?自己结束就是指无须优化师操作,它自己就不花钱了。但在实际情况中,优化师最关注的就是成本,如果一条计划成本变高了,并且是连续几天都比较高,那么优化师就会关停它。如果计划的成本比较低,只是转化量比较少,还可以先投着。

下面看一个案例。有一个整体日消耗在 10 万元以上的账户,如果某条计划每天花不到 100 元钱,就没什么意义,100 元的消耗还不到账户整体消耗的千分之一。我们先整体有个概念,再进行分析。需要提示的是,划分幼年期、壮年期、老年期是为了方便理解,看一个大概的时间段就行。

我们以账户里的计划 C 为例进行分析。如图 9-6 所示,该计划 8 月 8 日开始投放,9 月 16 日被彻底关停,我们一起分析一下这条计划各个生命周期的表现。

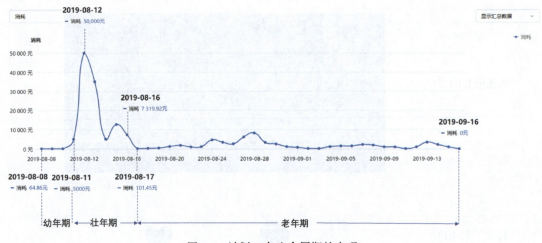

图 9-6 计划 C 各生命周期的表现

8月8日到8月11日是刚开始投放的几天,一天就花几十元,基本没什么转化,算幼年期。

8月11日当天花了 5000 元,消耗明显上涨,8月12日达到峰值,当天花了 50 000 元,后来几天每天能花 10 000 元左右,量也比较大,这是壮年期。

8月17日就只花了100元左右,消耗明显下降,并且连续几天都很少,我们判断计划开始衰退,进入老年期。我们可以在8月19日左右关停计划,也可以让它一直投着,可能也能有点用,比如8月27日那天花了6000元。总之,老年期的计划怎么操作都行,等它自己不花钱或者手动关停,影响不太大。

你会不会觉得计划的壮年期有点短?我们从11日开始算,到17日也就7天的时间,这也"老"得太快了点吧?是的,巨量引擎很多时候是这样,计划"老"得特别快,三五天计划就没有转化了。这也没什么办法,咱们记得关注成本和转化量就行了,成本OK就继续投;成本过高就要调整,调整的思路我们在下一节介绍。

9.4.2 账户内的二八定律

计划和人一样,有自己的生命周期。它还有一个规律也和人类社会很像:二八定律。

二八定律一般指在任何一组东西中,最重要的只占其中一小部分,约 20%,其余 80% 尽管是多数,却是次要的。在广告账户里同样会出现类似的现象,并且两极分化会更严重一些。为了方便记忆,我们也以 20% 和 80% 作为参照,即一个账户的少部分计划(20% 的计划)贡献大部分消耗(80% 的消耗)的现象,甚至一些时候 5% 的计划贡献 80% 的消耗,头部效应很明显。

例如一个账户里有 50 条计划正在投放，可能 80% 的消耗是三五条计划贡献的，这三五条计划的消耗很大，其他计划的消耗都比较小，剩下的四十几条贡献 20% 的消费。也就是说大部分计划是测试失败的，这是普遍现象。

我们看一个比较典型的案例。有一个巨量引擎的账户，一年总消耗约 800 万元，总计投放约 1000 条计划，如果这些计划是平均消耗，那么每条计划约花费 8000 元。但是实际是什么样呢？我们将账户里的计划按消耗占比制作饼图，如图 9-7 所示。可以看到，消耗排名第一的计划自己就能花约 200 万元，占了总消耗的 25% 左右！前 5 条计划的消耗加起来占账户总消耗的 60% 左右。

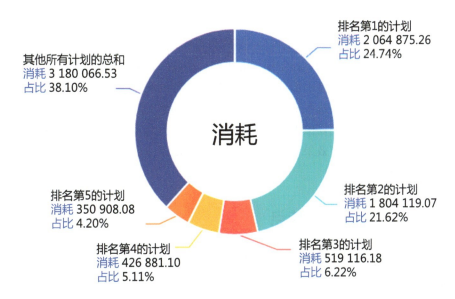

图 9-7　计划消耗饼图

我们再统计一下 Top 10 的计划。如表 9-1 所示，这 10 条计划（计划数占比约 1%）贡献了约 80% 的消耗，计划数和消耗的关系都不是 20% 和 80%，而是 1% 和 80%！

表 9-1　Top 10 的计划消耗及占比情况

Top 10 计划名	总花费（元）	消耗占比
计划 1	2 064 875.26	24.74%
计划 2	1 804 119.07	21.62%
计划 3	519 116.18	6.22%
计划 4	426 881.10	5.11%

(续)

Top 10 计划名	总花费（元）	消耗占比
计划 5	350 908.08	4.20%
计划 6	341 079.75	4.09%
计划 7	277 726.75	3.33%
计划 8	220 797.80	2.65%
计划 9	214 132.83	2.57%
计划 10	200 707.62	2.40%
合计	6 420 344.44	76.93%

总结一下广告投放的两个典型规律：一是广告投放效果跟广告计划所处的生命周期有关，按照投放时间，可以分为幼年期、壮年期、老年期；二是广告账户里也有二八定律，账户中各计划的消耗不是平均分配，而是小部分的计划占据大部分的消耗。也就是说大部分的测试计划是失败的，这是正常现象。那这些不成功的计划能不能不建呢？不能，因为你无法保证你建的某条计划一定是优秀的，我们要像大浪淘沙一样去找到优秀的计划，必须要保证基数。那是不是我胡乱建，数量多就一定有效果好的呢？也不是。大浪淘沙也是有比例的，如果计划的质量太差，全军覆没也是有可能的。

9.5 信息流广告数据的特点

知道了广告投放的规律，投放的时候就要顺应规律，提升广告效果。除了前面介绍的规律以外，信息流广告的一切都基于数据说话，所以我们还需要了解信息流广告数据的两个特点。

1. 数据实时变化

信息流广告数据最大的特点就是实时变化。账户里的钱就像春运的火车票，你刷新一次就少一些。转化成本和消耗都在变化，所以你得一直看着。可能你 10:00 看账户的时候，消耗 2000 元、成本 10 元，10:30 再进来看，就发现消耗了 1 万元，成本 15 元！这也是优化师们最无奈的一个点：广告数据实时变化，那么就要经常查看账户数据，一直盯着。只要广告在投放，你就要为投放效果负责。由于很多广告是全年 365 天、24 小时投放，所以优化师们很难有彻底的假期。整个春节都不用工作？不存在的。你的账户就像你的孩子，你得实时看着它的数据。

一直盯着账户数据的意思是每分每秒都要看吗？感觉好可怕。当然不是，毕竟都是人、不是机器，做不到一刻不停地工作。账户消耗很快的时候(比如晚高峰时,消耗速度比白天快了好多)一个小时左右看一次，甚至可能半个小时就要看一下；普通投放的账户，一天看 3~5 次吧。账户完全没问题的时候,一天至少也要看一次。

这算是优化师的第一课:每天都要看账户,即使你不做任何操作,也得看一下。否则一旦成本超过了要求,而你没有及时停止投放,花了很多钱,那麻烦就大了。

2. 数据量很少的时候,得出的结论不可信

信息流广告数据的另一个特点是"数据量很少的时候,得出的结论是不可信的",因为数据少和数据多的时候,成本可能相差非常大。先看一个案例,如图 9-8 所示。这是一条 App 下载计划,目前的转化率是 50%。在一般情况下,激活转化率能达到 15% 就很高了,这居然有 50%,高得简直离谱,每两个点击就有一个人激活。

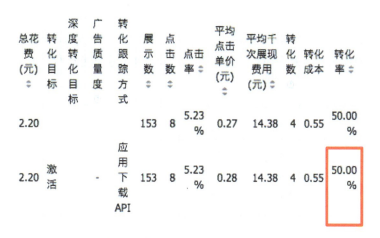

图 9-8 一条在巨量引擎投放 APP 下载广告的计划案例

大家再仔细看看,有没有发现什么问题呢?它的数据量非常少是不是?只有 2.2 元的消耗,带来了 8 个点击,就那么巧,有了 4 个转化,所以转化率有 50%。如果这条计划花到了 100 元,它还能有这么高的转化率吗?不一定吧!

我们换一个生活中的例子感受一下,数据少的时候就下结论,会有怎样的结果。

记者分别问 3 个女生:"你最喜欢的口红颜色是什么?"女生 1 答:"绿色",女生 2 答:"我觉得是绿色",女生 3 答:"绿色"。于是,记者得出结论:"太神奇了!今年口红颜色迎来新潮流,最受欢迎的口红颜色居然是绿色!"

是不是觉得很可笑?怎么能只凭这几个人就得出结论呢?关于数据量的大小,专业的说法叫作"数据置信度",意思是数据量很少的时候,得出的结论是不可信的。只有数据达到一定量了,我们才能得出结论。那么什么叫"一定量"呢?最基本要满足以下几种情况之一:(1) 点击数在 100 个以上；(2) 曝光量在 2000 次以上；(3) 消耗在 50 元以上。总之，不能在消耗还不到 10 元时就说这条计划好或者不好，因为这时数据的偶然性太大了。

9.6 账户调整"三板斧"

我们已经学会了数据分析的基本思路，也了解了账户的一些规律和特点，知道什么是正常的、什么是不正常的，能够找出问题。但找出问题不是最终的目的，解决问题才是。接下来我们就说说发现问题后要"怎么办"，这个过程就叫"账户调整"。

> **说明**
>
> 广告投放的时候可以分成"定向、创意和竞价"3 个部分，它们都对效果有重要影响。定向在第 4 章到第 6 章有过介绍，创意在第 7 章和第 8 章也有过说明，这里我们主要讨论的是竞价。

在 3.4 节中我们介绍过，竞价有两个关键因素："预算"和"出价"，它们分别决定了"你想要花多少钱"和"实际能花出去多少钱"。但其实还有隐含的一项：要不要参与竞价、花钱，也就是"开关"。出价、预算、开关三者合起来就是优化师在竞价里最常用的"三板斧"，如图 9-9 所示。

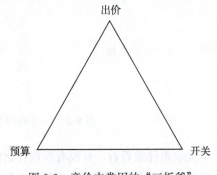

图 9-9 竞价中常用的"三板斧"

在投放广告的时候，大家最关注的是成本和转化量，广告投放常见的问题也是成本高、转化量不够——没人嫌成本低，成本越低越好；转化量大也很容易，只要控制预算就行了，很容易解决。成本高和转化量不够是两个永恒的话题，我们先讨论初步的思路：怎样通过这"三板斧"来解决成本高和转化量不够的问题。

9.6.1 出价

出价是决定成本最直接的因素，尤其是转化出价——你想要多少钱一个转化，就出多少钱。你出价 10 元，系统就帮你去找 10 元左右的人；你出价 20 元，系统就帮你去找 20 元的人。

如果你可以和媒体对接到公司的 KPI（例如公司考核下单量，并且你和媒体对接下单量），那么公司对你的 KPI 要求是多少，你就出多少钱就行了。

出价还会影响到广告的竞争力，也就是 eCPM（eCPM= 转化出价 ×CTR×CVR×1000，详见 3.4.3 节），eCPM 会直接影响到广告的量级（消耗），可以通过调整出价来影响广告的量级。出价的调整思路很简单，无非是加价或降价。

- 如果成本高，但是量级还可以，那就降价。
- 如果成本还可以，但是量级比较小，那可以加价（也叫提升出价，简称提价）。

出价和量级是紧密联系在一起的。提价不用说了，肯定对账户提升量级有正向作用。而降价需要谨慎一点。想象一下，有一个包子店的老板，他租了一个店铺。店铺房租涨了，但是包子价格没涨，他赚的钱就少了，所以他想把面粉的成本降下来一点，就去压面粉的价格。卖面粉的会怎么想呢？他也要看赚不赚钱啊！你降得太多了，他就不卖了呀！对系统来说也是一样的，你降价之后，如果系统还能给你找到人，那就给你找；如果找不到了，那就会"谈崩"不给你找了，计划也就不花钱了。

关于出价我们首先要记住的是"稳定出价"，也就是出价不变。因为再好的计划，转化成本也不是直线，而是波浪线，不能成本一旦高了、低了，就相应提价、降价，可能等一等成本就稳定下来了。稳定出价是最省心也最好用的方式，如果实在有问题，再做调整。调整的时候幅度不要太大，一般在 10% 以下，也有的媒体会说要低于 5%。一天也不要调的次数太多，一天 2 次以上就算多了。

总结一下出价的用法：出价尽量不变；成本高，降价；成本低，消耗不够，提价。

9.6.2 预算

和成本经常连在一起说的是"预算"，它决定了花多少钱。预算设置的核心思路是"成本低的多花钱，成本高的少花钱"。然而成本要花了钱才能看到，花钱以前我们要设置一个初始预算，开始花钱之后也用预算来控制花钱的节奏，所以我们先介绍一下预算分配的节奏。

先是"从大到小"。通常，广告主会给到一个总的预算，优化师根据账户里各条计划的表现把预算金额分到各计划里。例如广告主说每天预算 1 万元，那么优化师可以让 1 条计划来花，也可以让 30 条计划共同来花，具体哪条计划来花、花多少钱，通常是由该计划的数据决定的。预算是"从大到小"分配的。

然后是"从少到多"。广告投放最常见的思路是"先少花点儿钱试试看，如果效果好，再逐渐提升预算"。原因是什么呢？因为计划都先经历幼年期，幼年期的计划成本可能会很高，为了避免成本高的时候花很多钱,就先少花点钱看看效果,一条计划刚开始的预算设置成 300 元、500 元或者 1000 元都比较常见,具体要看账户的日消耗。比如一个账户日消耗 10 000 元,在测试新计划的时候、初始预算设置为 500 元是比较合适的,预算的提升幅度可以参考 500 元→ 2000 元→ 5000 元→ 10 000 元→ 50 000 元,逐步放开。对于新计划,预算是"从少到多"增加的。

当计划实际有了数据之后,就可以根据数据情况调整预算了。如果成本低,可以加预算;如果成本高,就要降预算,甚至不让它再花钱。需要提示的是,我们看成本,不只会看转化成本,也要看后端成本。比如一个教育产品投放广告,很可能投放的是落地页搜索电话号,但最终看的是下单量,只有下单成本低才能多花钱。因此,我们对预算的调整也不能只看媒体后台的转化成本,要以广告主最终考核的成本为准。

这里需要再提示一句,预算和余额是紧紧联系在一起的。如果账户余额为 0,那么无论你设置多少预算都是没意义的,系统都不会让你花钱。一定要每天查看余额,及时充值,避免因为账户没钱了耽误广告主投放。

预算真的是重中之重,我看过许多因为预算没设置好,带来很大损失的例子。比如某广告主委托代理商的优化师投广告,每天预算一万元,但是优化师把预算设置为了"不限",晚上发现花了十几万元,引起了很大的纠纷,广告主要求赔偿。所以优化师们一定要在预算的问题上格外小心。

在预算上总结一个口诀:

> 从大到小分预算,从少到多来花钱;
>
> 花钱多少看成本,成本好就提预算;
>
> 成本高的少花钱,成本低的多花钱;
>
> 紧盯预算和余额,广告投放没灾祸。

(实在不行就限制预算,不花钱了)

9.6.3 开关

开关这是广告投放的终极操作,是决定计划成败的操作。我们一般谈到关计划,就是指已经无法通过调整出价和预算解决问题了,需要彻底放弃。"开"和"关"是两个操作,"开"可以理解成新建一条计划,也可以理解成再观察一段时间,不操作,等待系统来优化;"关"就是关停,不投了。

为什么会有"再观察一段时间,不操作"呢?我们详细解释一下。

- 数据量非常小的时候，不要轻易关掉，建议点击数在 100 个以上，或者曝光量在 2000 次以上，或者消耗在 50 元以上再做判断；
- 超过了上面我们说的数据量后，看媒体有没有赔付，如果有赔付，就不用关了；如果没有赔付，但计划仍处在学习期的时候，如果成本没有高得很离谱（离谱可以参考 KPI 的 2 倍），也可以忍一忍，系统学会了之后就会降下来；
- 过了学习期，计划成本出现波动是正常的，可以以 1 天为时限，如果第二天成本就又好了，就可以不用关；如果一直（连续 2~3 天）很差就可以考虑关掉。

可以记成"2 关 3 不关"。

2 关：成本高的离谱要关；成本连续 2~3 天很高，要关。

3 不关：数据量非常小的时候不关；满足媒体赔付条件不关；短期成本有波动不关。

怎么判断计划是否处在学习期

一般可以通过转化数和投放时间来判断计划是否处于学习期，粗略地说，学习期可以指投放的前 3 天且转化数小于 20 的时间段，这个时期成本不太稳定。如果过了 3 天，转化数仍小于 20，那么大概率就学习失败了；仍处于前 3 天但是转化数超过了 20，也可以认为不在学习期，要求它的成本。

以上的数字（100 个点击、20 个转化、1 天、3 天等）是为了让大家在刚接触的时候有个概念，所以给了一个简单的参考值，实际操作的时候可能会有比较大的变化，大家逐渐摸索，以实际情况为准就可以。

总结一下就是"关停有风险，操作需谨慎"。因为你不能保证新建的计划一定比旧计划好，新开启一条计划也需要学习期，所以关掉一条计划虽然就是"点一下"的事，但还是要谨慎操作。

出价、预算、开关是提升广告效果最常见的 3 个操作项，接下来我们看一下把它们放在一起是怎么用的。

9.6.4 组合应用

在 6.4.3 节中，我们讲了一个故事，说的是优化师和单元（百度的单元相当于巨量引擎的计划，都是账户的第 3 层级，接下来我们用"计划"来指代）之间的关系。广告投放就像是一场跑步比赛，一个个计划是一个个选手，媒体是主办方，优化师是教练。选手上场之后就会有得分，得分是由成本和消耗两方面来决定的。教练可以对选手的表现有一些影响。

当选手遇到问题了，我们看看教练可以怎么办。

① 如果选手表现很好，（成本低、量级大），你要做什么？

如果选手表现很好，作为教练你要给他升职！对计划来说，升职就是"加预算"。给它更大的空间，让它尽情发挥。

成本低、量级大——提预算

② 如果你觉得这个选手很有潜力，可他上场之后一直情绪不太好（不花钱），你要怎么办？

你要给他加油，鼓励他！对计划来说，给它加油就是"提升出价"，让它有更大的竞争力去参加比赛。

计划花钱少——提出价

③ 如果一个选手，明显表现不太好（成本高），你要怎么办？

要给他点压力，告诉他如果再表现不好，他就危险了。给计划压力的方式是"降低出价"。

成本高——降价

④ 如果这个选手最近一直表现不太好（量级一直很小或成本一直高），怎么办？

该鼓励也鼓励了，该给压力也给压力了，教练也很为难，教练要为整体考虑，只能放弃他了。下场！

成本一直高——关停

一直不花钱——关停

总结一下预算、出价、开关这几个操作。

- **多花钱**：提预算、提出价、开计划（新建计划、对已有计划再观察一段时间）
- **少花钱**：降预算、降出价、关计划

关计划是杀伤力最强的操作，关之前确认几种情况：数据量很少的时候不要关；计划满足赔付条件的时候不要关；偶尔波动不用关。那什么时候关？高得离谱（参考 KPI 的 2 倍）或者一直很差（参考时间连续 2~3 天）。

那成本高了怎么办？发现成本高了你可以先控制预算或降价，可能第二天成本自己会降下来。这就是成本正常的波动。

广告投放如果简单来理解就是：设置好了定向和创意，然后开始投放；投放的时候实时盯着数据，主要是盯成本和消耗，如果觉得量少了，就让它多花点钱（提预算、提出价、开计划）；如果成本高了，就让它少花点钱（降预算、降出价、关计划），调整的核心思路是"成本高的少花钱，成本低的多花钱"。

9.7 数据分析的案例

优化师小李听说隔壁小刘很擅长数据分析，于是叫小刘来帮自己看一下账户（如表 9-2 所示，当天为 4 月 2 日，首先看的是前一天的数据）怎么提升量级。小李的账户和巨量引擎对接到了激活，但是考核的是注册，所以不能只看转化成本（也就是激活成本），还要看注册成本。公司考核注册成本要达到 28 元。小李的公司对他没有预算上的要求，只要成本满足要求，花多少钱都行。

表 9-2 小李账户报表

时间	计划名	总花费（元）	转化数	转化成本	转化率	注册	注册/激活	注册成本（元）	出价（元）	预算（元）
0401	计划 1	12 097.49	1386	8.73	1.56%	559	40.42%	21.64	9	20 000
0401	计划 2	5400.54	722	7.48	2.56%	239	33.15%	22.60	8	20 000
0401	计划 3	404.01	61	6.62	8.645	17	27.87%	23.77	8	1000
0401	计划 4	17 554.21	1355	12.96	3.45%	620	45.86%	28.31	14	200 000
0401	计划 5	48 623.30	5801	8.38	4.60%	1711	29.53%	28.42	8	200 000
0401	计划 6	5365.34	513	10.46	2.42%	153	29.94%	35.07	11	10 000
0401	计划 7	1420.10	170	8.35	3.25%	36	21.30%	39.45	8	10 000

小刘先看了一下他前一天的日报，按照习惯，"擒贼先擒王"，按消耗（表里为总花费）从多到少降序排列，降序之后如表 9-3 所示。

表 9-3 按消耗降序之后的报表

时间	计划名	总花费（元）	转化数	转化成本	转化率	注册	注册/激活	注册成本（元）	出价（元）	预算（元）
0401	计划 5	48 623.30	5801	8.38	4.60%	1711	29.53%	28.42	8	200 000
0401	计划 4	17 554.21	1355	12.96	3.45%	620	45.86%	28.31	14	200 000
0401	计划 1	12 097.49	1386	8.73	1.56%	559	40.42%	21.64	9	20 000
0401	计划 2	5400.54	722	7.48	2.56%	239	33.15%	22.60	8	20 000
0401	计划 6	5365.34	513	10.46	2.42%	153	29.94%	35.07	11	10 000
0401	计划 7	1420.10	170	8.35	3.25%	36	21.30%	39.45	8	10 000
0401	计划 3	404.01	61	6.62	8.645	17	27.87%	23.77	8	1000

由于考核的是注册成本，所以优先看注册成本。排在前两名的计划 5 和计划 4 都没有问题，成本分别是 28.4 元和 28.3 元，和 KPI 的 28 元相差不大，基本满足要求，量级也是最大的，是两条非常好的计划，预算已经放到了 20 万元，应该也不会超，所以不用操作，继续投就可以了。

再往下看，他发现计划 1 和计划 2 的注册成本很低，分别只有 21 元和 22 元，这是很少见的，应该"成本低的多花钱"，把它们的预算提升一下，它们现在的预算是 2 万元，都放到 10 万元。

计划 6 和计划 7 的成本比较高，小李提出："是否要立即关停这两条计划来降低成本？"小刘摇摇头，说："计划正常也是有波动的，更何况媒体可能还会有赔付，我们暂时不要关，先看一下这两条计划近几天的数据情况。"于是两人查看了计划 6 与计划 7 最近几天的数据情况，分别如表 9-4 和表 9-5 所示。

表 9-4 计划 6 近几天的数据情况

时间	计划名	总花费（元）	转化数	转化成本	转化率	注册	注册/激活	注册成本（元）
0329	计划 6	558.02	6	93	0.38%	2	33.33%	279.01
0330	计划 6	718.02	34	21.12	1.26%	9	26.47%	79.78
0331	计划 6	1732.57	137	12.65	2.39%	54	39.42%	32.08
0401	计划 6	5365.34	513	10.46	2.42%	153	29.94%	35.07

表 9-5 计划 7 近几天的数据情况

时间	计划名	总花费（元）	转化数	转化成本	转化率	注册	注册/激活	注册成本（元）
0329	计划 7	121.75	13	9.37	2.75%	3	23.08%	40.58
0330	计划 7	22.89	3	7.63	1.46%	0	0.00%	-
0331	计划 7	221.2	23	9.62	1.50%	6	26.09%	36.87
0401	计划 7	1420.1	170	8.35	3.25%	36	21.30%	39.45

计划 6 不仅昨天成本比较高，并且连续几天成本都很高，数据样本已经足够大，成本差得太多，降价的意义不大，可以直接关停。计划 7 前 3 天花费比较少，数据量很少，但是昨天花了 1400 多元，而且注册成本超出要求快 50% 了，可以直接关停。

计划 3 只花了 400 多元，成本 23.77 元，花钱比较少，成本也远低于要求，可以给它提提价，从 8 块提到 9 块。综上所述，账户整体操作情况如表 9-6 所示。

表 9-6 账户整体操作情况

时间	计划名	总花费（元）	转化数	转化成本	出价（元）	预算（元）	分析及操作
0401	计划 5	48 623.30	5801	8.38	8	200 000	无操作，保持投放即可
0401	计划 4	17 554.21	1355	12.96	14	200 000	无操作，保持投放即可
0401	计划 1	12 097.49	1386	8.73	9	20 000	成本非常低，希望能多消费，预算提到高 10 万元
0401	计划 2	5400.54	722	7.48	8	20 000	成本非常低，希望能多消费，预算提到高 10 万元
0401	计划 6	5365.34	513	10.46	11	10 000	数据样本已经足够大，成本远超出 KPI，关停
0401	计划 7	1420.10	170	8.35	8	10 000	数据样本已经足够大，成本远超出 KPI，关停
0401	计划 3	404.01	61	6.62	8	1000	数据样本较小，不足以判断，且消耗慢，提 10% 左右的出价促进消耗，从 8 元提到 9 元

本章到这里就介绍完了，主要是一些实际应用。因为本书旨在入门，所以我们介绍了几种比较简单的情况，大家在实际工作中遇到的情况会比这更复杂，但是万变不离其宗，核心的思路就是这些。在附录 B 里，有一些常用的优化思路，能够帮助刚入行的你。

祝大家都能够成为优秀的优化师！

附录 A

信息流广告常用行话

成本不稳定：要说成本不稳定，得先说什么是"稳定"。成本稳定最直接的意思就是"今天和昨天的成本相差不大"，5% 左右就算比较稳定。大家说"希望成本稳定"还有一个隐含的意思：希望成本稳定的"低"。一天成本低比较容易，如果第二天成本高了，就是"成本不稳定"，让人很"挠头"。大家每次说"成本不稳定"的时候，就是在抱怨为什么之前成本低，现在又高了。

不过，信息流广告的成本原本就是波动的，这也是一个客观规律。

然后我们再说说如何应对。成本稳定主要是媒体层面的事情，优化师其实参与不了太多。优化师的操作会影响成本变化，但有时优化师不做任何操作，成本还是会有比较大的变化，这就让人很无奈。当然，无论是什么原因导致成本不稳定，你都要为这个结果负责。你能做的也就是创意、定向、竞价这几个部分的事情。

出价：在互联网媒体上投广告相当于参加媒体举办的"拍卖会"，广告主各自出价、互相竞争，最终价高者得。出价是指为了获得"一千次曝光""一次点击"或"一个转化"，你愿意付出的最高价格。

创意/素材：广告投放过程中使用到的广告文案、图片和视频的统称，也称为创意，一般不包含落地页。

定向：定向是指选定广告的目标人群，只有这部分人能看到你的广告，也可以理解成"确定广告方向"。

后台：就像饭店除了前厅还会有后厨一样，在你看得见的广告背后，还有一个看不见的"工作间"——后台，在操作着广告的投放。

竞价：媒体的广告资源是有限的，广告主们为了争夺曝光机会，分别出价、相互竞争的过程叫作竞价。

落地页：通常指营销用的"单页"，也可以理解成"传单"或者"调查问卷"。比如我们在街上经常遇见的场景，有人走过来跟你说："美女，我们这新开了一家英语学习机构，可以免费体验一次，感兴趣的话可以留个联系方式。"在网上也类似的宣传，只不过对你说话的不是推销员了，是一个个漂亮的单页，上面写着要说的话，这种单页我们就叫它"落地页"。

落地页还有一个特点，它一般指点击之后的详细页面，比如你在朋友圈看到的广告一般属于"摘要"，需要点击之后跳转到另一个页面才有更详细的介绍（通常是全屏的），因为这个页面起到了承接和进一步介绍的作用，所以也叫"承接页面"，也有叫法是"着陆页"或"引导页"。

投放落地页比较常见的目的有引导下载、搜集信息（例如电话号码）和售卖商品。

内容和广告：内容指供用户查看的内容，比如抖音上的视频；广告指商业推广行为。

跑：就是"投放"。我推测这是因为运行程序的按钮为"run"，而信息流广告基于计算机程序，所以投放也叫"跑"。行业中常说"你把这条计划打开，让它跑一跑"，意思就是"开启这条广告计划"；"这个素材跑得怎么样"意思就是"使用这个素材的广告投放效果怎么样"。

前端行为和后端行为：在信息流广告里，对用户行为有"前端"和"后端"之分。前端指媒体端，后端指广告主端。一般将媒体能直接收集到的行为算作前端行为，将媒体收集不到的行为算作后端行为。投放 App 下载广告，媒体能收集到的最后一步行为是安装完成。常见的前端行为有展示、点击、下载、安装等；常见的后端行为有激活，注册，付费等。

投放 / 推广：都是做广告的意思，目的就是让产品被更多人知道，也常常叫作广告投放、投广告、推广或产品推广。

文案 / 标题：信息流广告的版面比较小，一般由"文字 + 图片 / 视频"组成，一般我们把纯文字的部分叫文案或标题（不是指图片或视频里的文字）。

效果：投放了广告后，最关注的就是获客量和获客成本，所以效果就是指获客量和获客成本，也简称量级和成本。效果好就是指获客量大并且获客成本低，效果不好就是指获客量少或者获客成本高。

信息流广告：也常说"Feed 广告"，是在内容流中穿插展现的广告。常出现在社交网络、资讯媒体和视频平台中，平时刷微博、刷抖音、刷朋友圈看到的广告都属于信息流广告。

学习期：使用转化出价的时候，系统需要先"撒大网"找到一部分转化的人，然后才能进一步分析这类人的特点，针对性推送。这个"撒大网"的阶段就是"学习期"。显而易见，学习期的成本会比较高，等到度过这个时期，知道转化人群的特点后，成本就比较低了。

优化师：想创意、管理广告投放、提升广告效果的人。在广告投放过程中，优化师会协助规划广告的花费、统计获得的用户量、分析广告的效果等，这些工作我们称为"优化"。也有说法是"投手""运营"，这些都可以指广告投放人员。

转化：就是指"用户成为你的用户了"。具体什么标准算"成为你的用户"，需要广告主自己定义。无论你在哪个媒体上投广告，最终都是为了让这个媒体的用户变成你的用户。转化是一个泛指的词，点击之后的行为都可以叫作转化，比如用户下载一个 App 的 3 个步骤——下载、安装、激活都算转化的过程。广告中对转化的常见定义有激活、注册、付费等。

转化出价：一般我们说的按转化出价，都是广告主预先定义好了什么叫转化行为，然后按这种行为来出价。比如我定义付费是转化，一个转化出价 10 元，那么就是指"一个付费出价 10 元"。

撞线：预算就是控制消费的那根"线"，消费达到预算的时候，就叫"撞线"，我们常在预算快用完的时候说"快撞线了"。

附录 B

常用优化思路

整体思路

广告投放简单来理解就是：设置好了定向和创意，然后开始投放。投放的时候实时盯着数据，主要是盯成本和消耗，如果觉得量少了，就让它多花点钱（提预算、提出价、开计划）；如果成本高了，就让它少花点钱（降预算、降出价、关计划），以便让成本和消耗满足你的期待。账户调整的核心思路是"成本高的少花钱，成本低的多花钱"。

【测试】

效果好不好，测了才知道，用数据说话。有想法都可以测，一旦发现哪个方向好，就朝着这个方向多试试。做信息流广告就是不断测试的过程，做1天，测1天；做1年，要测1年。

【设置定向的思路】

在媒体提供的选项基础上，想让什么样的人看你的广告，就去选什么样的人。比如兴趣，你想找对什么感兴趣的人，选哪个兴趣就行了。如果没有和你想要的兴趣正好一致的，就找相近的。比如你想找对牛奶感兴趣的人，但媒体不提供这个，那你就去找相近的，比如和牛奶相关的有"饮料""餐饮美食"。

定向的思路比较开放，只要能说通，能和你的产品搭边就行。定向一般不太会有绝对的对或者不对。

【做创意的基本原则】

一是吸引用户，二是看得明白。要看得明白，内容就要少一些（详见7.4节）。

【数据分析的思路】

从大到小，从多到少，从一天到几天。先看账户整体，再分计划看；先看消耗多的，再看消耗少的。对于需要重点关注的计划不能只看一天的数据，还要看近几天的数据（详见9.3节）。

新计划预算出价的设置思路

【出价】

出价的范围可以在 KPI 的上下 10% 之间。例如考核转化成本 10 元,可以出 8 元到 12 元。(注意:如果 KPI 和转化成本中间还有步骤,就需要有换算,不能直接按 KPI 来出。)

【预算】

新计划小预算,不知道设置多少就设置 500。

账户调整的思路:

【出价】

出价尽量不变;
成本高,降价;
成本低,量不够,提价。

【预算】

成本低的多花钱,成本高的少花钱。

【开关】

2 关:成本高的离谱要关;成本连续 2~3 天一直高,要关。
3 不关:数据量非常小的时候不关;满足媒体赔付条件不关;短期成本有波动不关。

再记住两个口诀,可以提醒你在初期不要遗漏。

关于预算的口诀:

> 从大到小分预算,从少到多来花钱。
> 花钱多少看成本,成本好就提预算
> 成本高的少花钱,成本低的多花钱。
> 紧盯预算和余额,广告投放没灾祸。
> (实在不行就限制预算、不花钱了)

关于出价的口诀:

> 广告系统有两下,转化出价顶呱呱。
> 累积数据建模型,不要总调行不行。
> 要调也别调太大,你和系统是一家。
> 啥叫太大?超过 1 成就叫大!就叫大!
> ("1 成"指"10%",一天超过 2 次就叫总调)

附录 C

一些"凭感觉"的参考值

其实很多参考值不好给出，但新手对于"根据具体情况判断"真的很懵，我在这里分享一些基于个人经验的参考值。

1. 什么叫大预算？什么叫小预算？

一个日消耗 1 万元的账户，对于新建的计划（指账户的第三层级）来说，小预算可以是 500 元，大预算可以时 2000 元；对于稳定投放的计划来说，大预算可以是 5000 元。

日消耗 10 万元的账户，对于稳定投放的计划来说，大预算可以是 50 万元（即不限预算，因为超过 10 万元的预算都不容易花完）。

2. 什么叫高出价？什么叫低出价？

高出价和低出价是以你的目标成本来说的，是一个相对的值，不是说出价 100 元就叫高出价。如果你对接的是工具类 App 的激活，一个转化成本可能只要 3 元；如果你对接的是付费，一个转化可能要 1000 元。

以你的目标成本为基础，目标成本 ×120% 算高出价，目标成本 ×80% 算低出价。

3. 成本高了我降价要降多少？提价怎么提？

降价和提价都不是绝对值，是相对的值。谨慎一点就以转化出价 ×5% 为基准，大胆一点也可以以转化出价 ×10% 为基准，来提价或降价。

以谨慎一点为例：转化出价 20 元，提价可以提到 20.5 元、21 元，20 元和 21 元之间都可以；降价可以降到 19.5 元、19 元，19 元和 20 元之间都可以。太少了可能没啥影响，比如就调 1 分钱，可能什么看不出效果。

提价和降价的操作一天不超过 2 次比较好。尤其初期不调比经常调要好，先相信系统，等你熟练了再多靠自己。

4. 什么叫数据量太少？

点击在 100 个以下，曝光量在 2000 次以下或者消耗在 50 元以下就算数据量太少。

5. 怎么判断计划是否处在学习期？

一般通过转化数和投放时间来判断，粗略地说可以是开始投放前 3 天，并且还没到 20 个转化的时候，都在学习期，成本不太稳定。如果过了 3 天，大概率就学习失败了；还在前三天但是超过了 20 个，也可以认为不在学习期，要求它的成本。

6. 什么叫实时盯着数据？

账户消耗很快的时候（比如晚高峰时，消耗速度比白天快了好多）一个小时左右看一次，甚至可能半个小时就要看一下；普通投放的账户，一天看 3~5 次。账户完全没问题的时候，也至少一天看一次。

7. 怎么判断我刷到的广告效果好不好？

不能直接看成本，但花钱多的广告成本都不会太差，所以可以通过花钱多少来判断。花钱多的表现就是播放量大、点赞多、你经常能刷到。一般抖音点赞过 1000 的广告效果就比较不错，快手播放量超过 1 万也有一定参考价值。

8. 信息流视频广告不能太长了，那多长算长呢？多长合适？

一般视频在 10~30 秒就比较合适，超过 1 分钟算长，超过 1 分 30 秒的视频就算很长了，没有必要。

附录 D

优化师常用的工具和参考资料

这里推荐一些书和工具，帮助大家对这个行业有更多了解。

1. 两本广告相关的书

(1) 大卫·奥格威的《一个广告人的自白》

我刚做这行的时候，很好奇自己是干什么的。我知道自己是信息流广告的从业者，但信息流广告是什么呢？好像自己跟一般意义上的"广告人"也不一样……

信息流广告行业目前没有很经典的规范供大家遵循，但广告行业有，《一个广告人的自白》是广告行业的经典书，能让我们更专业。

(2) 东东枪的《文案的基本修养》

我读到这本书时，觉得如获至宝。《文案的基本修养》讲清楚了做广告的一些基本知识和原则，对非广告专业的信息流广告从业者非常有帮助，这本书简单易懂，推荐每一个优化师都看看。

2. 看数据报告的平台

我刚工作的时候并没有看数据报告的习惯，不知道从哪儿看，也不知道为什么要看。但是，如果你想了解行业发展、了解产品，那么一定要看数据报告。不用看得太细，比如知道"中国有多少网民""信息流广告2018年做了多少钱"。大家可以粗略地记个整数：中国约有8.5亿的网民，信息流广告2018年做了1000亿元。我们要对整个行业有个概念。

(1) 百度指数

百度指数是用来反映网民们都在搜什么的工具，我们在6.4.2中介绍过。当你想要了解一个产品、分析用户需求的时候，都可以来这里搜搜。

(2) 艾瑞咨询

艾瑞咨询有一个微信公众号，上面会定期发一些行业报告，推荐大家关注自己感兴趣的行业。他们的表达方式比较标准，有很多可以学习的地方。

(3) 中国互联网络信息中心（CNNIC）

这里的数据很权威，尤其是每年发布的《中国互联网络发展状况统计报告》，会让我们对整个互联网的现状有一个基础的了解。

3. 广告学习平台

首先我们一定要关注各媒体的学习平台，那里有最官方的学习资料，也是免费的。其次要经常看素材，我经常在 App Growing 看素材，可以从上面找思路。另外，平时要多留意身边的广告，比如地铁、公交、手机上的广告。

也推荐大家关注我的微信公众号"三里屯信息流"，里面有信息流广告的优化方案、素材和经验分享。内容会比这本书略深一点，可以作为进一步了解。

扫码加入知识星球，可以向作者一对一提问，还能获取 1000+ 广告投放精华问答。